BRINDANDO PROMESA

El Viaje De Una Viuda De La Marina Hacia La Esperanza

"No podía dejar este libro. Kris Rystrom Emmert ha pintó un diario inolvidable de su viaje a través de la muerte de su marido, Jon Rystrom, piloto de la marina. Esta es su historia de un matrimonio maravilloso y una pérdida devastadora. Pero la historia sív No termina ahí. A través de este viaje de la tragedia al triunfo, de la devastación hasta el cierre, ha surgido uno de los más increíbles Historias del dolor más profundo a la esperanza eterna que solo se puede encontrar a través de Jesucristo. Esta historia captará tu atención y emociones y te desafiará a ver más allá de las decepciones y tragedias de la vida al consuelo eterno y a la gracia de una fe profunda en Dios. Lee y sé bendecido. Cree y sé transformado".

—**JIMMY DRAPER**, *presidente emérito de Lifeway*

"Para cualquiera que haya sido devastado por la muerte de un ser querido Uno, este libro entregará la verdad y el aliento a cada Uno necesita escuchar mientras pasa por el proceso de duelo. El La autora comparte su viaje de la angustia a la paz mientras camina por camino solitario tras la muerte de su marido. Kris Rystrom Emmert comparte su historia de encontrar esperanza mientras permite que Dios la guíe a través de lo que parecía una montaña insuperable de dolor. Brindando Promesa un libro lleno de energía que le da al lector una increíble historia verdadera de las promesas de redención de Dios y esperanza".

—**PENELOPE CARLEVATO**, *galardonado autor de* Tea on the Titanic, *etiqueta de primera clase, el arte del té de la tarde y el Diario del amante del té*

"Cuando el viaje del dolor es un camino que debes seguir, recuerda que muchos han recorrido ese camino antes. Aprenda de su experiencia. Cada viaje es único, pero hay experiencias compartidas que pueden ayudarnos a guiarnos en el camino. La historia de Kris comenzó hace décadas hace. Su historia es una mirada a los profundos recovecos del dolor. Es un cap-Un viaje tentador, convincente, veraz y una aventura increíble. Del dolor a la esperanza. Es muy instructivo para aquellos que sonTener el privilegio de caminar con alguien en su viaje de pérdiday el dolor. Lea cómo Dios viajó con ella y dio forma a la ex- experiencia. ¡Pon Providing Promese en tu lista de lectura hoy!"

—**CAPELLÁN DAVID MULLIS, USN** *(Retirado)*

"Cuando escuché por primera vez a Kris Rystrom Emmert, me quedé com-Completamente asombrado de ella y de cómo superó el golpe más duro de la vida. Su libro, Providing Promese, cuenta su historia de tragedia, miedo, dolor y sus heroicos esfuerzos por recomponer su vida por sus dos hijas.

Kris Rystrom Emmert es una mujer fuerte y audaz que tomó la gran-A pesar de todo, la mayoría de las personas que se encontraban en el mundo de la salud no podían ser más que una gran cantidad de personas con un gran desafío. la llevaría a través de las promesas que Él nos da a todos. Si usted tener la oportunidad de escucharla hablar, es memorable y cambia la vida al igual que su libro, Providing Promese: A Navy Widows Journey to Hope".

—**JAMIE W. LEWIS, CRMC, RMM,** *Gerente General de Ventas WJBZ FM / Elogio 96.3, Salón de la Fama de la Publicidad de Knoxville 2004, Ganador de la Medalla de Plata Robert McCabe 2019*

Kris te inspirará a confiar en el plan de Dios para tu vida, incluso cuando No se parece en nada a lo que esperabas. A través de un evento trágico que lo cambió todo, Kris comparte su viaje y su lucha con Dios de una manera vulnerable y honesta. Su historia es un regalo para cualquiera que alguna vez se haya preguntado: "¿Dónde estás tú, Señor?"

—**JENNY BUSHKELL**, *locutora de radio cristiana, Crossroads with Jenny Bushkell*

"Mi fe se ha fortalecido con esta historia. La vívida imagery pinta una narrativa fascinante y convincente que simplemente no puedo alejarme. No puedo evitar sentirme inspirado por esta epopeya Historia de amor, pérdida, redención y esperanza. Estoy deseando que ¡Viendo esto en la pantalla grande algún día!"

—**SOFIA J LYONS,** *productora de The Long Goodbye: The Kara La historia de Tippetts*

"En los últimos años, hemos visto simultáneamente un aumento el reconocimiento y el respeto por aquellos que sirven al resto de la y la necesidad de una verdadera narrativa de esperanza. Kris Rystrom Em-El libro de Mert te dejará sin aliento en ambos aspectos. Esta es la historia real de dos héroes; uno que no sobrevivió y el otro que vivió para contarlo. Creo que es un legado necesario para compartir con la próxima generación. Esfuérzate por conseguir una copia, Reúna a su familia y experimente esta historia de verdadero heroísmo, una madre que resurgió de las cenizas y una nueva vida promesas que ni siquiera la muerte pudo destruir".

—**JOANNA SANDERS**, *autora de Mujeres de fuego: pureza sexual y Sumisión para la mujer apasionada*

"Acabo de terminar el libro Providing Promese. Empecé a leerlo, y me tocó tanto que tuve que parar. Mira, en 2018 mi mayor su hijo Jacob fue asesinado en la base de Fort Polk, Louisiana. Alguno-La cosa me dijo que tenía que terminar este libro, así que empecé a las 7 de la tarde. A mediados de la tarde y lo leí hasta las 3 de la madrugada. Yo estaba en el capítulo 13 cuando comencé se interrumpe en el medio. Quiero dar las gracias tú a Kris. A pesar de que nuestras pérdidas son diferentes, la suya es ella esposo y el mío siendo mi hijo, el afligido, la ira, la la tristeza, la confusión, las preguntas sin respuesta, el no saber...sin cierre, sin justicia, mi fe en Dios, mi tristeza con Dios, mis respuestas que quieren, mi sanidad, mis llantos, mi nunca, mis primeras veces. Este libro tocó todos los niveles. Entendí lo que—decía Kris—. Podía relacionarme como si estuviéramos caminando en el mismo zapatos, solo caminos diferentes. Oré por Jacob mientras él iba a la ejército. Rezaba el Salmo 91 todo el tiempo. Ahora me doy cuenta de que la oración no era para él, era para mí y para lo que Dios estaba preparando para sacarme adelante. Sé que han pasado 25 años para Kris, y ella está en paz. Ha pasado casi un año para mí, y todavía lucho, pero sé que algún día encontraré mi paz. Agradezco a Kris de la en el fondo de mi corazón y de mi alma por escribir este libro, no solo por sino por todas las demás personas en el mundo que están de luto sea cual sea su última. Esto no es solo un 'libro muerto', es un libro para hacernos vivos de nuevo. ”

—**BOBBI JO MALCOLM**, *Mamá Estrella de Oro del Ejército*

BRINDANDO PROMESA

El Viaje De Una Viuda De La Marina
Hacia La Esperanza

KRIS RYSTROM EMMERT

CON JULIE VOUDRIE
PREGONADO POR DR. BOB RECCORD

Traducido por Mario Jonatan Sinigalle Portillo

Carpenter's Son Publishing

BRINDANDO PROMESA: El Viaje De Una Viuda De La Marina

Traducido por Mario Jonatan Sinigalle Portillo

Diseño de interiores por Suzanne Lawing

Impreso en los Estados Unidos de América.

ISBN: 978-1-968127-18-3

Dedicatoria

A mis niñas, Jordyn y Taylor,
Su luz y risa han hecho mi vida completa y gozosa.
Me han amado a través de las tormentas, y estoy por siempre agradecida de tenerlas como mis hijas.
Continúen aferrándose a las promesas de Dios en sus vidas,
Y siempre recuerden que su padre las amo profundamente.

Con amor, mamá.

En memoria de mi amado esposo,
El Comandante Jon Alvin Rystrom,
Y la tripulación del
VAW-124 Bear Ace 603.
Perdido mas nunca olvidado.

Contenido

Avance

"Ya que nunca has servido en la milicia, ¿qué te hace pensar que puedes ministrarnos a nosotros que estamos sirviendo al sufrir una tragedia?" La joven y atractiva mujer que acababa de hacer esta pregunta penetrante era la esposa de un teniente comandante de la armada que acababa de ser reclutado a una posición de acción militar. Sabía que su intención no era ser tan áspera, pero estaba honestamente preocupada y en incertidumbre.

Estaba siendo entrevistado por la histórica Primera Iglesia Bautista de Norfolk, Virginia, como el potencialmente nuevo pastor principal. Norfolk es discutiblemente el hogar de la mayor concentración de militares en el mundo. Mientras que ambos, mi padre biológico y mi padre adoptivo habían servido en la milicia, yo no lo había hecho. En ese momento, busqué alguna respuesta increíblemente sabia y profunda que respondiera satisfactoriamente a esa punzante pregunta. Pero nada brillante vino a mi mente. Simplemente supe por experiencia que cuando las personas atraviesan tragedias, tengan el privilegio de estar en la milicia o no, deben transitar por las mismas etapas de duelo.

Las tragedias (más allá del contexto) destrozan la vida, impidiendo que vuelvan a ser iguales otra vez. Y cuando las personas experimentan la tragedia en cualquier lugar (y bajo cualquier condición) ruegan por comprensión, empatía, compasión, amor, y apoyo. Eso fue todo lo que pude ofrecer en ese momento. ¿Quien más que Dios pudo haber sabido, o visto el futuro en el que tan solo unos meses más tarde estaría parado, frente a esta esposa de la Armada para oficiar el funeral de su esposo?

Cuando mi esposa y yo conocimos a Kris en el despertar del desastre, vimos a una mujer con dos hijas jóvenes aporreándose al abismo del abatimiento que trae la tragedia. Aunque estaba ahogándose en el dolor, al asirse por respuestas a sus preguntas, comenzó a tomar pasos de fe que aumentaban significativamente, profundizó su dependencia en Él, y comenzó el largo y a menudo solitario viaje hacia la sanidad. Después de todo Dios no se atemoriza por nuestras preguntas.

Después de un largo viaje que no trajo grandes respuestas de los "porqué" de la vida, Kris comenzó a enfocarse en dos importantes "porque":

- ¿Qué es lo que Dios me está enseñando en la estela de esta tragedia?
- ¿Qué desea Dios cambiar en mí a través de esta tragedia?

Aun ahogándose en medio del duelo, comenzó a tomar pasos importantes en su fe y en profundizar su dependencia en Dios. Luego, lentamente, comenzó el largo viaje hacia la sanidad

Ciertamente encontré que Dios nos moldea mucho más en los valles de dolor del corazón y pérdida que en los picos del éxito y victoria. No es que Él los cause (Él los redime). La recuperación muy a menudo depende de las decisiones que hacemos cuando nos movemos a través de lo que parece imposible. Pero el desenlace final se encuentra muchas veces en 2 Corintios 1:3-4 donde se nos dice que Dios "nos consuela en todas nuestras dificultades para que nosotros podamos consolar a otros. Cuando otros pasen por dificultades, podremos ofrecerles el mismo consuelo que Dios nos ha dado a nosotros." Esta verdad ha salido a la luz repetidas veces en la vida de Kris. Habiendo encontrado que la esperanza sana el corazón roto, ahora trabaja incansablemente para apoyar, preocuparse, y amar a aquellos a los que más lo necesitan.

Así que toma una taza de café o té, encuentra un lugar cómodo y silencioso donde relajarte y adéntrate en este admirable viaje con Kris. Tal vez cambie tu enfoque de lo que es verdaderamente importante, te de esperanza entre los desafíos que estés atravesando, y te muestre que Dios NUNCA termina con nosotros, a pesar de que el dolor nos está sofocando. Y nunca olvides la promesa que Él te ofrece en medio de cada dificultad:

> *"No temas, porque yo te he redimido; te he llamado por tu nombre tú eres mío. Cuando pases por aguas profundas, yo estaré contigo; cuando pases por ríos de dificultad, no te ahogaras. Cuando pases por el fuego de la opresión, no te quemarás; las llamas no te consumirán. Pues yo soy el Señor, tu Dios..."* (Isaías 43:1-3 NTV)

Dr. Robert E. (Bob) Reccord
Autor y fundador de
Total Impact Ministries
15 de Marzo de 2018
Canton, Georgia

Unas palabras del Coautor

Recuerdo el momento cuando Kris me entregó los pedazos de restos que tenía del avión de Jon. Íbamos bien en el proceso de entrevista, y ella continuaba trayendo ítems datados del trágico suceso. Ese día ella trajo algunas cartas enmarcadas especiales, varias fotografías, recortes de periódicos, y cosas así, pero los pedazos de desechos fueron los que más me sorprendieron. Pedazos de panel metálico, pequeños, blancos, arrugados y con bordes afilados. Con no más de 3 pulgadas de ancho, uno con letras estampadas, otro con agujeros de remaches rasgados por el impacto violento del avión contra el mar Jónico. Lloré mientras los sostenía, su peso excede lejanamente al de sus pocos gramos de masa. Yo no debería estar sosteniendo los dos pedazos del fuselaje de un E-2C Hawkeye que una vez alojó 60 millones de dólares en tecnología y el alma de 5 pilotos.

Alcé la vista y me encontré con la mirada penetrante de Kris mientras era testigo de mi reacción inicial. "Lo siento tanto", susurre. No sabía qué más decir. Para ella, la herida era antigua, bien sanada, suavizada con gracia y tiempo. Pero para mí fue experimentar la tragedia poco a poco, mientras Kris me desenvolvió su historia. Pero ese día, la actualidad de su pérdida, la pérdida de otras familias, y la tragedia de cinco preciosas vidas cortadas dolorosamente, se hicieron extremadamente reales para mi, mientras sostenía los desechos en la palma de mi mano.

Restos. Todos los tenemos. Tal vez no pedazos de avión, pero si los pedazos rasgados dejados atrás de las pérdidas que hemos sufrido. Ya sea la pérdida de un ser querido, divorcio, enfermedades crónicas, un negocio fallido, sueños rotos, traumas de la niñez, o relaciones distanciadas, cada uno de nosotros ha sufrido o sufrirá pérdidas. Es simplemente un hecho de la vida. Vivimos en un mundo caído donde cosas malas le suceden a personas buenas. La pregunta no es si sufriremos pérdida, en cambio es, ¿qué hacemos con los pedazos dejados atrás?

¿Pueden las vidas destrozadas ser ensambladas de nuevo? Esa es la pregunta principal que Kris responde en este libro. Kris es transparente al contar sus sufrimientos, luchas con la fe, soledad, y duda en su viaje a través de la pena hacia la esperanza. Así como Kris tan valientemente nos muestra que los pedazos rotos de nuestra vida pueden ser ensamblados de nuevo. Y a pesar de que el proceso no viene sin dolor, lágrimas y pruebas, hay gozo, vida y paz para cualquiera que rinde su corazón roto al Único que lo puede sanar.

Te desafío a enfrentar tus pedazos rotos al leer este libro y tomar coraje de alguien que ha transitado el camino de la pérdida y ha encontrado vida de nuevo. Así como Kris, tú puedes descubrir que hay gozo después del desastre, paz después del dolor del corazón, y propósito después de la pérdida.

> *"El llanto podrá durar toda la noche, pero con la mañana viene la alegría".* (Salmos 30:5)

Bendiciones,
-**Julie Vouldrie**
Autora

Prefacio

" ¿Sabes quién es él?" Pregunté mientras sostenía el cuadro de un retrato familiar y apunté a un hombre que vestía un traje militar, sonriendo con una gran sonrisa, al lado de su esposa y sus dos hijas.

Retrato de la familia Rystrom 1993

"Ese es papá Jon" respondió Isabella cuidadosamente. "Esta eres tú, esta es Taylor, y esta es mami", ella continuó observando detenidamente los rostros de los demás familiares con sus brillantes ojos color avellana. Ya había visto esa foto muchas veces: Estoy yo con pelo ondulado, marrón, a la altura de los hombros, usando perlas y vistiendo un blazer blanco con encaje y hombreras típicas de la moda del comienzo de los 90s. En mi regazo está Taylor cuando era bebé en su vestido rosado con volantes y una cinta rosa en su cabeza casi sin pelo y con un moño blanco, estirando su brazo para alcanzar a su hermana. La cara de Jordyn de tres años se caracteriza por rizos castaños-del mismo color de su padre- con un moño rosa oscuro que combina con su jersey de lunares blancos y mangas cubiertas-sus ojos brillantes son un reflejo de los de Isabella. Detrás de nosotros se encuentra Jon, con su cabello prolijamente recortado y sus ojos azules oscuros adornados con arrugas de sonrisa, luciendo apuesto con su uniforme de la Armada, con su medalla de Servicios Conjuntos y franjas de cintas con decorativas debajo de sus alas doradas. Los cuatro estábamos sonrientes, tan felices, tan juntos, y tan contentos.

Desde que tiene memoria, mi nieta ha visto la foto puesta en el estante junto a otros retratos familiares tomados a lo largo de los años. Y aunque conoce los nombres de las caras y se ríe por mi peinado fuera de moda y por cuan pequeñas fueron su mamá y su tía, pero hay mucho que ella desconoce de esta fotografía. Hay tanto que desconocía en 1993, cuando me ponía mi mejor ropa de domingo, arreglaba a mis hijas con hermosos vestidos y peinaba sus cabellos.

Estaba eufórica mientras Jon llevaba en el coche a nuestra dulce familia al estudio fotográfico Olan Mills un par de semanas antes de que partiera al portaaviones USS Theodore Roosevelt. Ese fue nuestro primer retrato familiar formal que incluía a Taylor, quien había nacido seis meses antes. Mientras pensaba continuamente en la partida de Jon por los próximos seis meses y en el hecho de tener que quedarme sola en el fuerte, estaba agradecida de poder capturar la imagen de nuestra familia que estaba creciendo en ese momento. Mientras posaba para la foto, todo lo que sabía es que, con Jon a mi lado, la vida era buena y el futuro era brillante.

Lo que no sabía es que mi vida de "foto perfecta" estaba a punto de ser rasgada en un millón de pedazos, al hacerse realidad en mi la peor pesadilla que cualquier esposa pudiera tener. Las sonrisas se borrarían y serían reemplazadas por pena desgarradora, los ojos brillantes rebalsarían de lágrimas; y la inocencia de mis hijas sería robada y se perdería por siempre -por una pérdida dura y tangible. Mi optimismo, alegría y felicidad serían vencidas por el dolor de corazón, confusión, duda, enojo, incertidumbre y soledad de formas que nunca hubiese imaginado.

Pero tampoco sabía que debajo de los restos de mi vida destruida, la esperanza volvería. Que fuera del desastre, mi vida emergería, no destruida sino redimida. Que mis hijas-que eran demasiado jóvenes para conocer verdaderamente a su padre-crecerían para transformarse en jóvenes encantadoras llenas de propósito y serían un reflejo del carácter fuerte de su padre. Y que un día la primogénita de Jon tendría una preciosa, vivaz y radiante hija, llamada Isabella, quien llenará nuestras vidas con risas y amor. Y a través de Isabella volvería a disfrutar la personalidad enérgica de Jon una vez más, así como su famoso sentido del humor.

Habían pasado 25 años desde que ese retrato fue tomado, y decidí que era el momento adecuado para quitarlo del estante y contarle a Isabella la historia detrás de la foto. "Papá Jon era muy tierno, amoroso y bondadoso. Él era un auxiliar de vuelo y comisario de a bordo en la Armada y murió en un accidente de avión," explicó Isabella. Supongo que en la mente de una niña de 7 años, un auxiliar de vuelo y un comisario de a bordo de la armada son prácticamente lo mismo.

Jon hubiese sonreído ante su explicación. Se hubiese reído a carcajadas cuando Isabella reaccionó con su foto del equipo de lucha de la universidad tomada en 1970.

" ¿Por qué tenía el pelo esponjoso y usaba esa ropa extraña?" frunció el ceño y arrugó su nariz en señal de desaprobación. Le mostré otra foto de papá Jon en su traje de vuelo y de su avión, el E-2C Hawkeye, junto con algunas insignias de Jon y su chaqueta de aviador.

Isabella estaba llena de preguntas. " ¿Dónde y cuándo nació? ¿Cómo se convirtió en un auxiliar de vuelo? ¿Cómo era capaz de es-

Foto de lucha libre de Nebraska Wesleyan de Jon Rystrom

tar ahí y a la vez obtener buenas notas?¿Por qué fue a la Armada?" Mirando hacia atrás a través de fotos, me preguntó una vez más, " ¿Y por qué era luchador, usaba ropa rara y tenía el pelo esponjoso?" Su sentido del humor heredado estaba luciéndose al máximo. No tenía solamente preguntas sobre papá Jon, también había otras cosas que deseaba saber.

"Me gustaría decirle que a mamá le está yendo muy bien y que obtuvo las calificaciones más altas y pasó la barra." Mi hija mayor Jordyn, se había convertido en abogada recientemente. Isabella bajó el tono de voz notablemente mientras añadió "Realmente lo extraño y desearía que estuviese vivo. No me gustan los finales tristes."

A nadie le gustan los finales tristes, ni desenlaces ni comienzos tristes. Sin embargo, la vida está llena de ellos. Algunos de nosotros teníamos vidas de "foto perfecta", pero otros tuvieron infancias cargadas de preocupaciones y traumas desde el principio. Otros como yo nos encontramos con los ojos vendados por lo impensable y quedamos tambaleando con secuelas que rompen el corazón.

Cuando sea y como sea que tu "tristeza" llegue, las preguntas suelen surgir: ¿Por qué? ¿Por qué yo? ¿Por qué nosotros? ¿Pudo esto ser prevenido, y por qué no lo fue? ¿Cómo voy a sobrevivir? ¿Es acaso posible hacerlo?

Nuestras preguntas se profundizan mientras que nuestro mundo se sacude hasta su núcleo. ¿Dónde está Dios? ¿Por qué no lo detuvo? ¿Por qué no lo arregló? ¿Cómo un Dios amoroso puede dejar suceder algo así? ¿Acaso comprende mi dolor? ¿Me está viendo siquiera? ¿Acaso de verdad le importa? ¿Acaso existe realmente? ¿Hay realmente alguna buena razón para vivir otro día?

Estas son algunas preguntas que me hice y-mientras luchaba para encontrar las respuestas- no podía sino recordar las promesas que Jon hizo, las promesas que nos hicimos mutuamente, las promesas que hice yo misma, y las promesas que hizo Dios. Las cuestioné a cada una de ellas. Pero, así como una brújula giroscópica, las agujas eventualmente vuelven a apuntar al verdadero norte, me encontré volviendo a lo que siempre supe que era verdad.

Isabella entendía sobre promesas y ya había hecho varias de ellas. "No importa lo que suceda mantendré mis promesas al Señor. Nunca, nunca, nunca voy a incumplir mis promesas al Señor, mi familia, y amigos. " Eso es fácil de decir cuando tienes 7 años y estás jugando con tus juguetes. Es mucho más difícil de decir cuando ya transitaste varias décadas y la vida te ha golpeado duro en las entrañas.

¿Y qué de las promesas que Dios nos hizo a nosotros? Isabella también tenía ideas al respecto. "Dios nunca rompe sus promesas, NUNCA. " ¿Y qué hay acerca de toda la maldad, dolor y sufrimiento que hay en el mundo? "El diablo hizo el pecado, " ella explicó. "El diablo es malvado, cruel e injusto. Un día el diablo será destruido. " Isabella continuó con un tono dramático " ¡Finalmente desaparecerá para siempre!"

Puede ser tan simple como la teología de una alumna de segundo grado, aún así resalta algunas preguntas significativas: ¿Acaso Dios rompe sus promesas alguna vez? ¿Mantiene sus promesas seguras? ¿Y cuándo las tormentas de la vida nos sobrepasan, de qué nos sostenemos y que dejamos ir? ¿Cumplimos nuestras propias promesas?

He hecho promesas que pretendo cumplir, y como Isabella dice, no importa que suceda, cumpliré: Promesas que hice a Jon, a mí misma, a mi familia, y a Dios. Este libro nació de ese sentir-no solamente de cumplir mis promesas sino también para proveer promesas a otros-para proveerte promesas a ti. Al compartir mi viaje del dolor a la esperanza, mi deseo es ofrecerte una soga de la cual puedas sostenerte en medio de tu tormenta y sanar los dolores de tu pasado. Si Dios puede enmendar un corazón destrozado como el mío, Él ciertamente puede hacerlo por ti también.

Con este libro deseo dejarles un legado a mis hijas que nunca conocieron a su maravilloso padre, y deseo honrar la memoria de Jon y su sacrificio por nuestro país. Como oradora pública he compartido mi experiencia ante miles de personas pero nunca a este nivel de detalle y nunca por escrito. Con el beneficio de 25 años de perspectiva, ahora es el momento perfecto para presentar estos preciosos y por momentos dolorosos recuerdos tan valiosos de la vida, a través de los cuales he aprendido.

¿Cómo contestar a las preguntas de Isabella acerca de papá Jon? ¿Cómo incluir respuestas a preguntas que en su joven inocencia no sabe preguntar? ¿Y cómo hacer todo mientras proveo promesas a quien sea que lea este libro?

Lo hago a través del poder de una historia, la vida de Jon. La historia de Jon está contada en forma de narración, y está basada en mi testimonio en primera persona y los de sus familiares y amigos, en conjunto a una larga investigación de sus registros de servicio, entrevistas a personal militar, cartas personales de Jon, fotografías, artículos periodísticos, otros documentos y algunos recuerdos significativos.

Para honrar el servicio de Jon en la Armada, su carrera está contada con una exactitud. Tengan por seguro que aunque parezca ficticia, nuestra historia es verdadera.

Si esta fuese la conclusión de la historia, realmente sería muy triste. Pero este es solo el comienzo. Jon era la clase de hombre que solamente conoces una vez en la vida, realmente lo era, y no soy la única que piensa de ese modo. El amor de Jon por la vida, su naturaleza desinteresada, y su fuerte ética laboral se impregnaba en todos los que tuvieron el privilegio de conocerle. casi nunca se quejaba y trataba a todos los que le rodeaban justamente. Amaba a los niños, a los perros, y a los desvalidos. Siempre seré bendecida por haber sido amada por Jon.

Cuando las personas oyen por primera vez sobre mi pérdida, siempre quieren saber cómo sobrevivir, como fue perder a mi esposo y padre de mis hijas, como encontré esperanza. Pero para comprender lo que yo perdí en esa fatal mañana de Marzo, en Seagrass Reach, necesitas percibir la profundidad del extraordinario amor que Jon y yo compartimos, y el impacto permanente de su carácter, seguridad y afecto sobre mi vida. Una vez que sabes lo que perdí podrás apreciar más claramente lo que sufrí así como lo que eventualmente gané.

Permíteme comenzar nuestra historia presentándote a mi amado Jon. Las primeras preguntas de Isabella sobre su abuelo fueron sobre el lugar y el contexto de su nacimiento, así que considero que este en un buen lugar desde el cual comenzar.

La historia de Jon ha marcado muchas vidas, pero es su historia y la mía nada más las que les presento. Nuestra historia es una historia de amor y pérdida, romance y recelo, de corazones rotos y vidas restauradas. Así que queridos lectores, mientras viajan conmigo por los altos más altos y los bajos más bajos, nos haremos algunas preguntas difíciles, y para ser honesta, no tendré todas las respuestas. Pero mi objetivo por sobre todo es Proveerte Promesas a ti, las promesas de Dios. Promesas de gozo. Promesas de Paz. Promesas de Esperanza.

***

Mi querida Isabella, el antiguo retrato familiar se encuentra fuera del estante. Ya es tiempo de que la abuela te cuente la historia, la historia complete.

Capítulo 1

Creciendo

Primavera, 1965
1400 HORAS ZONA HORARIA CENTRAL
STROMSBURG NEBRASKA, EEUU
41.11.53 N, 97.59.16 O

Los pueblos del Medio Oeste tienen un encanto único, y Stromsburg no era la excepción. Con calles distribuidas en cuadrículas perfectas, frentes pintorescos que se alinean frente a la antigua plaza del pueblo y casas modestas datadas de otros tiempos. "La capital sueca de Nebraska" creó una isla de árboles, casas, negocios, e iglesias en un océano de praderas. Localizada en la región del este central del estado, Stromsburg, con una población de un poco más de mil habitantes. Era la ciudad más grande de varias millas alrededor.

A las afueras del pueblo las tierras convergen en amplias praderas e interminables hectáreas de sembradíos interrumpidos ocasionalmente por casas de campo, graneros y filas de árboles como protección contra el viento, todo ese paisaje con un acabado de un cielo tan inmenso que era posible observar tormentas eléctricas a lo lejos. Durante el verano los vientos formaban olas con los pastizales balanceándose de un lado a otro, y montones de nieve en el invierno. Debajo de ese terreno perfecto para cosechar se encontraba una de las tierras más ricas y productivas del mundo. Hay una buena razón por la que Nebraska es conocido como "El estado de los recolectores de maíz."

Junto con sus cinco hijos vivían en una humilde casa de campo blanca, revestida en madera, que había pasado muchos inviernos crudos y veranos sofocantes. La vida de la granja era maravillosa para formar su familia. Con campos de maíz, millo, y trigo para cultivar y una casa que mantener, siempre había mucho trabajo que hacer para Barb, Martin, Laurie, Pat, y Jon. Pero no todo era trabajo. Los edificios que rodeaban la granja eran como un campo de juegos abierto durante todo el año donde, en invierno la nieve podría llegar a alcanzar la altura del techo del granero, y el viejo y estrecho pesebre creaba una cancha de de basquetbol improvisada. Mientras que las tierras de los Rystrom eran ricas, sus cuentas bancarias no lo eran. Como granjeros de medio tiempo, tanto Mervin como Josephine tenían otros trabajos manuales para poder comprar ropa y alimento para la familia, pero la verdad es que sienten que estaban justos de dinero. Una de las cosas de ser criado como un niño pobre, es que en el momento no te das cuenta de ser pobre, especialmente cuando tu familia es rica en amor. Vivir con lo justo puede volverte avaro o agradecido. Para los Rystrom la segunda opción era la verdadera.

> *Promesa*
> *"Pues yo conozco los planes que tengo para ustedes –dice el SEÑOR-. Son planes para lo bueno y no para lo malo, para darles un futuro y una esperanza"*
> *Jeremias 29:11*

Ya desde una edad temprana, Jon tenía cualidades distintivas que seguirán hasta la adultez: una mente táctica y estratégica, combinada con la capacidad de resolver problemas de manera práctica, una actitud persistente del tipo "puedo hacerlo", una

La Casa de la infancia de Jon, la granja Jon Rystrom, Stromsburg, Nebraska

personalidad activa y enérgica; con un sentido del humor contagioso y si, era muy goloso. Cuando se convirtió en un adolescente, su familia y amigos se dieron cuenta que este sueco rubio de ojos azules podía vencerlos fácilmente al jugar deportes de cancha y ajedrez, así como también podía derribarlos fácilmente en lucha (él era parte del equipo de lucha de la escuela secundaria y como tal alcanzó el segundo lugar a nivel estatal, dos veces.)

Pero a nadie le importaba perder contra Jon. Jon era esa clase de persona tan amable que todos querían estar cerca de él. Debido a su crianza de medio oeste, Jon tenía los pies bien puestos en la tierra y tenía valores genuinos en cuanto a las relaciones con las personas que lo marcarían de por vida. Aunque los más cercanos a él se daban cuenta que la típica vida de granja en Nebraska en la cual fue criado no satisfaría su naturaleza aventurera, nadie hubiera adivinado en ese tiempo cuán lejos esas cualidades lo llevarían.

Casi el Paraiso, West Virginia

Mi infancia fue muy diferente a la de Jon. Mi hermano mayor y yo fuimos criados en una familia de clase media en Charleston, la capital de Virginia del este. Mis dos padres Chuck and Doris Windham trabajaban, pero ninguno tenía un trabajo de remuneración alta. Mi padre era un ingeniero civil y mi madre era coreógrafa (una opción laboral bastante única para una mujer allá en 1970). Mi familia no era pero mis padres debían ser creativos para alcanzar a tener todo lo que necesitábamos y deseábamos. Siempre tuvimos autos usados, y nuestras vacaciones generalmente consistían en campamentos cristianos de iglesias evangélicas sureñas en nuestra región.

Crecer en Charleston estaba lleno de actividades divertidas y entretenidas. Mi hermano estaba involucrado en unas pequeñas ligas de baseball y fútbol american local, y yo era porrista de los equipos de Kanawha City Colt. Los días soleados montábamos nuestras bicicletas hasta la escuela, rodeados de unas hermosas casas en nuestra comunidad suburbana. Fue un día muy emocionante el día que Pizza Hut abrió un local muy cerca de mi casa. Se transformó en un punto de encuentro y salidas con mis amigos, íbamos a comer pizzas y aprendíamos a jugar Pacman.

Mis padres eran amorosos y cuidaban de nosotros, estaban felizmente casados, y nunca peleaban entre ellos. Eran cristianos muy fuertes e involucrados en la iglesia local. Aunque tuve una conversión genuina a la edad de 9 años, mi fe era más una formalidad que un estilo de vida. Estaba más interesada en ser popular y en tener todas las cosas que veía que disfrutaban mis compañeros de escuela más ricos.

Ninguno de mis padres quienes me aceptaban de manera increíble, sabían lo lejos que me encontraba de sentirme importante.

Tuve la bendición de tener una familia tan amable, pero me di cuenta de que la vida podría ser dura, incluso siendo una niña. En quinto grado experimenté por primera vez comentarios groseros y apodos crueles por parte de mis compañeros. Yo era una preadolescente un tanto extraña y delgada, y mis compañeros de escuela me hacían bullying sin misericordia, me llamaban "Mujer arbusto" por mi pelo enrulado inflado, y mis ojos anormalmente grandes. Un día en sexto grado, tuve que dar un reporte frente a toda la clase de inglés, y varios muchachos comenzaron a aullar como perros. Algunos simulaban reírse y vomitar mientras yo leía el reporte. Las sesiones de llanto al finalizar los días de escuela se volvieron una norma en mi habitación durante esos tiempos.

Al pasar a la secundaria, me aboque a las actividades extracurriculares para llenar mi vacío y soledad. Tocaba el clarinete en la secundaria Horace Mann Junior, en la banda con marcha, aunque siempre soñaba marchar en frente de la banda con las populares giradoras de bastón.

Estaba determinada a lograr mi objetivo y por lo tanto tomaba un bus municipal al centro de Charleston cada semana para tomar clases de batón en un estudio local. Cada día practicaba mis rutinas de redoble en el patio de enfrente de nuestra modesta casa. Aunque el bullying continuó en la secundaria, no permití que se interpusiera en mi camino de ser parte del grupo de bajonistas. Fue una gran sorpresa para mi cuando me enteré de que logré entrar al grupo, y así mi viaje en búsqueda de popularidad y aceptación dio inicio. Ninguno de mis padres quienes me aceptaron incondicionalmente, sabían de mi tendencia a necesitar sentirme importante.

Mi determinación a sobrepasar los insultos de mis compañeros me guió a trabajar muy duro y así obtener las calificaciones más altas en todas mis clases, pero nada sanaba el dolor del sentimiento de rechazo, y las consecuencias de esos apodos groseros me persiguieron por años.

Krissy Windham como majorette Banda de música de Horace Mann Junior High, Charleston, WV

Capítulo 2

Los Próximos Pasos

26 FEB 1978
1200 HORA CENTRAL DIURNA UTC-5
ESCUELA SECUNDARIA MINDEN
MINDEN, NEBRASKA, EEUU
40°49'54" N, -98°57'20 O"

Habiendo completado el colegio secundario, la ética laboral que aprendió en la granja lo llevó a la universidad Nebraska Wesleyan Universito en Lincoln, Nebraska. Buscó un título en educación y se sumergi ó en la facultad trabajando duro y con determinación. Jon no solo era parte del equipo de lucha Wesleyano sino que trabajaba a tiempo completo en turnos nocturnos para cubrir sus gastos. Luego de graduarse le ofrecieron un trabajo como maestro, consejero guía y entrenador de Football americano y lucha en una secundaria pequeña en el pueblo de Minden Nebraska. Parecía ser una propuesta perfecta.

Aunque Jon creía estar siguiendo sus sueños, luego de años en la educación se sintió desanimado al ver hacia donde su vida se dirigía. El salario básico que tenía parecía una broma, él esperaba más al graduarse de la universidad con un bachillerato en psicología. Ni siquiera le alcanzaba para pagar un alquiler decente y tenía que vivir en uno de los sectores más pobres de ese pueblo en el Medio Oeste. Esa no era la vida que soñaba. Y si alguna vez esperaba tener un futuro con su amor de la universidad, con quien aún salía, necesitaba progresar mucho más.

Cuando un reclutador de la Armada llegó a su universidad un frío día de invierno, Jon, quien también era un guía coordinador de la institución, llevó adelante su visita con varios de los estudiantes. Después de haberse ido, el reclutador miró profundamente a Jon y le preguntó:

" ¿Cuán bueno eres en matemáticas?" Jon sonrió, después de todo él era un profesor de matemáticas en sus días de universidad y le encantaban los desafíos de resolución de problemas. Sonrió una vez más cuando el reclutador le ofreció llevarlo a Florida para que tome el Examen de Selección para la Aviación, para ver si Jon tenía lo necesario para ser un aviador de la Armada. Resultó que sí lo tenía.

¿Debía dejar el salón de clases y transformarse en un oficial de la Armada? Parecía ser el momento oportuno. Había poco que perder por la situación en la que se encontraba, y la Armada ofrecía aventura, seguridad financiera, y una carrera de la cual poder estar orgulloso. Su amor estaba un poco reticente en cuanto a este cambio en la vida de Jon y su carrera al principio, pero pensándolo un poco y con un par de halagos, eventualmente estuvo de acuerdo.

Jon quería volar, y así como cualquier oficial de la armada, ese camino comenzaba en el mismo lugar, la Escuela de Candidatos para Oficiales Aéreos (siglas en en inglés AOCS) en Pensacola, Florida. Sin importar los deberes o donde servirían, todos los aviadores forjaron un vínculo a través del crisol de Pensacola, y Jon deseaba unirse a esta banda de hermanos.

Cuando terminó el año lectivo, Jon sin dudarlo renunció a su puesto de profesor, empacó en su pequeño convertible verde Triumph Spitfire, y partió hacia Florida.

El Saludo del dólar Plateado

26 FEB 1978
1200 HORA CENTRAL DIURNA UTC-5
ESTACIÓN DE LA ARMADA PENSACOLA
PENSACOLA, FLORIDA, EEUU
30 . 35 . 57 N, 87 . 28 . 83 W

Al llegar al icónico edificio 626, el cual es conocido por sus famosas columnas blancas, Jon y los otros candidatos novatos no sabían qué esperar del nuevo campo de entrenamiento y ciertamente no sabían lo que pensar sobre el Sargento de Equipo McAffee, un Marín instructor de driles. McAffee era conocido por inconfundible voz gruesa que impacta al oírse. Daba órdenes tan rápido como una metralla. Si no se seguían las órdenes tal y como las pedía, se encontrarían en el suelo realizando incontables lagartijas.

El sargento era como un padre para los candidatos, él los ponía a dormir de noche y los despertaba cuando todavía estaba oscuro cada mañana. Los hacía marchar hasta su clase, les gritaba en sus interminables horas de entrenamiento físico, y se aseguraba de que comiesen su comida tan rápido que nadie creería que sería humanamente posible hacerlo.

Los cadetes aprendieron que sus tareas serían difíciles pero importantes para proteger los Estados Unidos. La realidad se hizo presente cuando Jon y sus compañeros fueron confrontados por primera vez con bombas de racimo antipersonal. Este objeto pequeño y metálico del tamaño de una pelota de baseball estaba diseñada para arrojar cientos de esquirlas a gran velocidad en todas direcciones con la intención de matar objetivos humanos. 360 de estos trozos estaban empacados en una sola bomba con la capacidad combinada de eliminar una posición enemiga por completo de un solo golpe.

¿Estoy listo para soltar una de estas y matar personas? ¿Sé por qué estoy aquí? Jon fue confrontado con preguntas serias y solo él podía responder esas preguntas. Estoy aquí para convertirme en un oficial aéreo de la armada de los EEUU, para proteger nuestro país de enemigos a lo largo y a lo ancho, y para cumplir órdenes que requerirán que suelte bombas y misiles al enemigo con la intención de matar. Si no estoy aquí por eso, debo irme ahora mismo.

Durante las siguientes semanas, muchos de los compañeros de Jon hicieron exactamente eso. Pidieron la Baja de Solicitud, la opción generalmente elegida por los rigores de la preparación física y las tácticas de presión psicológica. Pero Jon no abandonó y tampoco otros 29 de sus compañeros. Completaron la primera semana.

Jon pensaba que correr a través de los montones de nieve de Nebraska era difícil, pero eso no era nada comparado a arrastrarse a través de millas de arena en el sofocante calor y humedad de Pensacola.

Al pasar las semanas Jon se dio cuenta que él y sus compañeros se estaban transformando en un equipo real, concentrados en la perseverancia, la atención a los detalles y disciplina que necesitan desesperadamente si triunfaba en el ambiente de la Armada.

Cadete de la Marina Jon Rystrom, Escuela de Candidatos a Oficiales de Aviación, Pensacola, Florida 1978

Al mismo tiempo que cada uno de ellos saldría de la Escuela para Candidatos a Oficiales Aéreos con un título Universitario de cuatro años, ellos estaban recibiendo una educación invaluable que los cambiaría por siempre. Al ir avanzando, la atmósfera del campamento militar cambiaba y a los futuros oficiales se le confiaban más responsabilidades. Las clases comenzaron a cubrir temas como el entrenamiento prevelo y la aerodinámica.

Cada candidato, sin importar qué camino tomaría cada uno, los candidatos recibieron entrenamiento de supervivencia para situaciones críticas en mar y tierra, y practicaron como eyectarse de un avión. Luego aprendieron cómo salir de un avión hundido en el agua con la ayuda de "Dilbert Dunker", una cabina en la que se baja por una escalera, y luego se voltea y sumerge en una profunda piscina, y su primo malvado, "Hello Dunker," en el cual los estudiantes eran abrochados en un fuselaje de imitación, eran sumergidos en el agua y dados vuelta en posiciones aleatorias. Nadie ni siquiera Jon quería experimentar un ataque de pánico real. Trece semanas después completaron el curso, y lo único que le restaba a Jon y sus compañeros era ponerse sus uniformes blancos y formar filas para la ceremonia de graduación. Jon estaba complacido al ver que sus padres habían viajado desde Nebraska para ver su graduación y ser comisionado como oficial de la Armada.

Después de cruzar por el escenario y darle un apretón de manos a sus oficiales al mando, Jon se encontró cara a cara con el Sargento McAffee por última vez. McAffee lo miró cuidadosamente de pies a cabeza, el tipo que había conocido hace trece semanas con barba y pelo rizado de permanente, era bastante diferente al hombre joven que veía ahora: hombros erguidos, cabeza en alto, cabello recortado cuidadosamente, cada parte de su uniforme perfectamente es su lugar y zapatos perfectamente pulidos. McAffee tuvo que sonreír a sí mismo. Otro trabajo bien hecho.

"Subalterno Rystrom, buenos días, señor, " dijo el Sargento al saludar a Jon, quien le saludó de inmediato. "Felicitaciones", McAffee sonrió al tomarlo de la mano y saludarlo firmemente. Siguiendo con la tradición de la armada Jon tomó de su bolsillo una moneda de un dólar y se la dio al teniente para pagar por el primer saludo que recibió Jon.

Más tarde ese día, cuando el recientemente asignado se paró debajo de los jet de los Blue Àngels para la foto del final de curso. Jon sintió orgullo y un sentimiento de misión cumplida.

Él había buscado más, más propósito, más emoción, más desafíos. Sabía que su entrenamiento en la armada apenas comenzaba, y apenas podía esperar pasar el siguiente nivel de instrucción como oficial aéreo de la armada y el futuro que su nueva carrera le traería.

Wake Forest Destino

Mientras Jon se embarcaba en su nueva aventura en la Armada, yo estaba lista para partir a una nueva vida propia, ya que me preparaba para graduarme del secundario. A pesar de haber sido acosada sin misericordia en la escuela media me gané el apodo de la "egresada más popular". Pero mi búsqueda de popularidad tenía un lado oscuro, mi necesidad de sentirme importante era como un agujero negro y no importaban todos los premios y reconocimientos que había logrado, o cuantos cumplidos recibiera por mi apariencia, nunca era suficiente.

Mi búsqueda del éxito me garantizaba otra dura lucha para alcanzar el premio; la aceptación a mi opción universitaria número uno, la prestigiosa Wake Forest University en Winston-Salem, Carolina del Norte. Aunque no lo admitía en ese momento, mi elección de ingresar a esta prestigiosa institución estaba basada más en mi orgullo que en cualquier otra cosa.

Con un bajo grado de admisiones, una reputación académicamente dura, y una lista de alumnos respetados, Wake Forest era un imán para los descendientes de sureños adinerados que buscaban propulsar a sus hijos a una vida exitosa. Desesperadamente deseaba ser parte de ese círculo interno para poder finalmente alcanzar un estatus que mis padres de clase media nunca podrían darme. Afortunadamente mis logros académicos, junto con mi posición extracurricular, me garantizaron un puesto en en el primer año de Wake Forest. Como la mayoría de los jóvenes adultos, deseaba abrir mis alas para alejarme tan lejos como fuera posible de mi lugar natal.

Mis padres, trabajadores, no tenían dinero suficiente para pagar la cuota de Wake Forest, pero de alguna manera, entre ayuda del gobierno y el sacrificio de ellos, encontraron la manera. Yo era inconsciente de lo que les costaba mi elección, y estaba tan enfocada en mi propio éxito que no me importaba.

Mi vida giraba en torno al rendimiento y a cumplir metas. ¿Notas altas? Cumplido ¿Buena apariencia? Cumplido ¿Cintura delgada? Cumplido ¿Jefa de porristas? Cumplido ¿La más popular? Cumplido.

Mi fe en Dios apenas entraba en la lista, y solo para tenerla como un cumplimiento más, como una especie de póliza de seguros y una manera de parecer respetable. Quería ser vista como una "chica buena", sin embargo, deseaba el dinero, las apariencias, y una carrera exitosa como las metas más importantes de mi vida. Saqué a Dios del trono de mi corazón y me senté en su lugar. Estaba aprendiendo a conseguir la seguridad que necesitaba a través de mis propios esfuerzos y los impulsos de mi corazón, y no creía necesitar la fe para eso.

Al hacer planes para el baile de graduación y pensaba en cómo evadir a los alumnos de quince años en otoño, Jon continuaba hacia la siguiente fase de su entrenamiento en la Armada, tomando decisiones que tendrían consecuencias que cambiarían nuestras vidas.

Volando alto

14 DE MARZO 1979
0800 HORARIO CENTRAL
VT-10, TRARON TEN
ESTACION AEREA DE LA ARMADA, PENSACOLA
PENSACOLA, FLORIDA, EEUU
30. 35. 04 N, 87. 31 00 O

El T-34 voló hacia la pista debajo de un cielo soleado y vientos calmos. Tirando la barra hacia atrás, el instructor de vuelo elevó suavemente el avión de propulsión única por los aires dejando a lo lejos la pista de Saufley Field. Posterior al instructor se encontraba el subalterno Jon Rystrom, un oficial aéreo de la Armada en entrenamiento. Jon amaba salir del salón de clases y volar. La escotilla en forma de burbuja del T-34 proveía de vistas increíbles de la línea costera de Panhandle Florida.

Antes de llegar al AOCS, cada recluta había recibido un escaneo y estudios de todo el cuerpo para analizar si tenían los parámetros necesarios para las operaciones aéreas. Jon era altamente inteligente y tenía buen estado físico, pero su visión no era lo suficientemente aguda para ser piloto, así que fue asignado como NFO. Por su calificación el no volaría los aviones, pero operaría en las misiones en la parte trasera de la nave. Jon estaba muy entusiasmado por ser parte del mundo de la aviación sin importar la asignación que le tocara.

Aunque Jon entrenaba para ser asistente y no para piloto, estaba aprendiendo valiosas lecciones básicas de vuelo y navegación.

Apenas salidos de la escuela de oficiales aéreos, Jon y los demás nuevos oficiales continuaron su entrenamiento en varios escuadrones, dependiendo de su designación. Todos los escuadrones aéreos para aeronaves de ala fija comenzaban con una "V" y como estudiante de la Armada Jon fue enviado al Escuadrón de Entrenamiento (VT) 10, el cual se encontraba también en la estación Aérea de la Armada en Pensacola. Los VT-10 eran conocidos como los Linces y la declaración de su misión era "Proveer entrenamiento de nivel mundial a Oficiales Aéreos Estudiantes de la Armada de nivel primario e intermedio, y preparar tropas aéreas para volar con coraje, con honor, y liderar con compromiso."

Los jóvenes subalternos, todos sintiéndose satisfechos, estaban convencidos de estar preparados para hacer exactamente eso.

Ansiaban seguir adelante más allá del AOCS y pasar de fase. Sin embargo, rápidamente descubrieron que tenían más que aprender antes de recibir el premio final, Las Alas Doradas de la armada de los EEUU de Norte América, y partir hacia los cielos.

Horas de instrucción en salones de clase, reglamento aéreo, y por supuesto el manual T-34, junto con extensas horas de simulador de vuelo computarizado contribuyeron en su extenso entrenamiento. Los candidatos no necesitaban directrices de la marina para mantenerse en condiciones físicas óptimas; el sentido de orgullo de estos reclutas tenían por ser oficiales de la armada era toda la motivación que necesitaban.

Aunque Jon sabía que quería ser un oficial de a bordo, no sabía en qué aeronave serviría. Durante su estadía en el VT-10, le

presentaron varias opciones basadas en su rendimiento en el entrenamiento. Después de considerar cuidadosamente qué camino tomar, Jon escogió el E-2C Hawkeye, un avión de cinco asientos y motores gemelos propulsores a chorro, con un gran domo rotativo redondo en el parte superior utilizado como un radar de plataforma aérea de advertencias tempranas y coordinación de misiones.

Jon todavía debía ganarse sus alas de oficial aéreo pero luego de completar su entrenamiento de seis meses en el VT-10, ya estaba un paso más cerca. Ya había comenzado a encontrar ese "algo" que había estado buscando y la camaradería que estaba experimentando encajaba muy bien con su personalidad sociable. Pero a los 24 años de edad, Jon ya estaba listo para invertir su vida en algo, algo que valía la pena. Y aunque la pasaba muy bien con sus camaradas, extrañaba la compañía femenina de su novia. Tal vez al terminar su entrenamiento podría casarse al fin con su amor de la universidad, y comenzarían una vida juntos en donde sea que la armada los envíe.

Pero todavía había un arduo trabajo por delante antes de que Jon pudiera comenzar su carrera en la Armada. Por ahora debía concentrarse en el objetivo y desempeñarse de la mejor manera posible si quería escapar de la pobreza y terminar de una vez con la vida que dejó en Nebraska.

El cadete de la Armada Jon Rystrom junto al T-34. Capacitación en la Escuela de Candidatos a Oficiales de Aviación, Pensacola, FL

Capítulo 3

El Hawkeye

Estaba tan emocionada al manejar por la entrada con un perfecto diseño del jardín de Wake Forest Universito al comienzo de mi primer año de estudio. Pero al ir avanzando el semestre esa emoción fue reemplazada por pánico puro, y yo era la única culpable. Al inscribirme en el primer semestre me sentía segura, y escogí las materias más difíciles. Pero una vez comenzadas las clases, no me tomó mucho tiempo el darme cuenta de que iban mucho más allá de mi capacidad. Hasta volví a la fe por la desesperación, y ponía versículos bíblicos en las paredes, buscando la intervención divina.

Se volvió muy claro que mis arduos esfuerzos en la secundaria para tener las mejores calificaciones no eran suficientes en esta universidad de alto rendimiento. Después de tan solo un semestre ya corría peligro de fracasar en mi opción universitaria Nro. 1. Realmente, no pertenecía a ese lugar. Estaba rodeada de alumnos brillantes que estaban mejor preparados para ese ambiente tan demandante. Me encantaba estar en Wake: El pintoresco campus, los estudiantes de primera, la vida de estilo, y los increíbles juegos de fútbol americano. Mis temores de ser expulsada de la universidad de mis sueños y volver avergonzada a mi pueblo natal se estaban transformando en una posibilidad real.

Krissy Windham, animando en un partido de fútbol de la Universidad Wake Forest juego, Winston-Salem, Carolina del Norte 1981

El asistir a esos juegos de fútbol era uno de los pocos alivios de mis tiempos de estudio bajo presión. Reunirme con un grupo de 34.000 fanáticos en el Groves Stadium para ver a los Demon Deacons arrasar a sus enemigos en el torneo de la Costa Atlántica, me llenaba de un sentimiento de orgullo al ser parte de esa distinguida comunidad. En el centro de todo ese entretenimiento estaba el equipo de porristas de Wake Forest, vistiendo con orgullo los colores tradicionales negro y dorado.

Al observar la rutina del equipo, me vi a mí misma haciendo las mismas porras y acrobacias. Aunque no era una gimnasta entrenadora-de hecho, solo era una bailarina de corazón- estaba dispuesta a entrenar duro y ensayar lo necesario para aprender sus habilidades especiales. Encontrar significado en lo académico no estaba resultando, pero tal vez podría ganarme un lugar en el equipo de porristas.

La idea continuaba dando vueltas en mi mente, a duras penas logre aprobar y pasar en todas mis materias y evadir el desastre de volver a casa. Me sentí aliviada al inscribirme para el segundo semestre, y esta vez tuve la sabiduría para anotarme a materias más fáciles. Las pruebas de primavera para ingresar al equipo de porristas no estaban lejos, e ignoré las voces en mi cabeza que me decían "¿Si no puedes con tus materias, qué te hace pensar que puedes ser una porrista del equipo universitario?"

Aportando el mismo trabajo duro que aplique al resto de mi vida, pasé las pruebas estando completamente preparada. Cuando anunciaron el equipo de porristas, estaba anonadada al escuchar que logré entrar al equipo universitario. Mi victoria me mostró que con trabajo duro y determinación no había nada que no pudiese lograr. Finalmente, como porrista universitaria de la NCAA división 1, el status y la popularidad que deseaba tan desesperadamente finalmente estaban al alcance de mi mano.

Ojo en el Cielo

11 FEB 1980
1200 ZONA HORARIA DEL ESTE
RVAW-120, CARAEWTRARON UNO DOS CERO
NAS NORFOLK
NORFOLK, VIRGINIA, EEUU
36. 94. 25 N, 76. 29. 05 O

Sentado en el oscuro interior, en la parte posterior del Hawkeye, rodeado de algunos de los aparatos tecnológicos de vigilancia más avanzados en el planeta, Jon se sentía como un niño en una tienda de dulces. Sesenta millones de dólares comprarían muchos "caramelo", y Jon estaba disfrutando de aprender cómo operar los altamente avanzados sistemas del E-2C.

Dos meses antes Jon había ganado las anheladas "alas doradas" y orgullosamente usaba su título de oficial aéreo de la Armada. Pero el entrenamiento nunca terminaba.

Su asignación al Escuadrón de Entrenamiento de Alerta Temprana Aerotransportado 120 (RVAW-120), fue desafiante desde el principio. Para comenzar, los estudiantes debían conocer el manual del E-2C NATOPS de arriba abajo, de las más de 750 páginas que tenía. Pero ese era solo el comienzo de la enseñanza de Jon.

Múltiples horas conectado a simuladores de sistemas de armamento, instrucciones en salones de clase, y misiones volando en el E-2C para ganar experiencia en situaciones de alto estrés prepararon a Jon y a sus compañeros para unirse a distintos escuadrones que operan alrededor del mundo. Esta larga preparación era lo que sucedía en la parte trasera del avión, donde los 3 oficiales realizaban sus labores. Pero antes de poder comprender esas tareas esenciales, es necesario darle una presentación a la nave.

Apodada como el "Hummer", un Hawkeye era oído antes de ser visto, debido al distintivo sonido de sus motores gemelos a chorro Allison. El Hawkeye no era una nave sexy como lo eran los jets de ataque. De hecho, para una persona no aviadora, su precio de 60 millones de dólares podría parecer un error. Gracias a su gran roto domo, gris y en forma de panqueque encima de su fuselaje, el E-2C contaba con la silueta más particular de todas las naves de la armada de los EEUU. Dentro, en su cabina para dos personas, había muy poco espacio, la visibilidad era escasa, y los instrumentos aparentaban ser rudimentarios.

La función principal del E-2C era conocer la posición del enemigo y que estaban haciendo. Obtener esta información a gran distancia incrementar el tiempo para las fuerzas aéreas, marinas y terrestres para responder a las amenazas enemigas. Sus habilidades sofisticadas le permitían observar todo lo que sucedía en un radio de 300 millas náuticas, o tres millones de millas cúbicas aéreas, haciendo justicia a su apodo Ojo en el Cielo.

Practicante no había ninguna operación de un portaviones que no involucrarse un Hawkeye. En tiempos de paz también asistía en crisis humanitarias, búsquedas y rescates, intersección de drogas y control de tráfico aéreo.

Si bien era cierto que cualquier escuadrón de aviación tenía que trabajar en equipo para ser eficaz, el trabajo en equipo era esencial en un escuadrón de VAW. Para ejecutar estas misiones y capacidades, cada uno de los tres NFO tenía diferentes respons-

> *Promesa*
> *"Jehová guardará tu salida y tu entrada Desde ahora y para siempre."*
> *Salmos 121:8*

abilidades. Las responsabilidades de Jon eran las del Oficial del Centro de Información de Combate (CICO). Al igual que el mariscal de campo de un equipo de fútbol, el CICO supervisaba la coordinación de su equipo y la ejecución de la misión, todo mientras escuchaba seis o más radios, mantenía el estado de la situación, maximizando el rendimiento de su sistema de armas y manteniendo a todos los comandantes de guerra dentro del circuito. El trabajo era tedioso y exigente, requiriendo una gran concentración mental, que se hacía aún más difícil por el poderoso rugido de los motores. Los NFO estarían agotados tanto mental como físicamente cuando su misión estuviera completa.

Conocer al Hummer de punta a cola era fundamental porque la misión de todas las demás aeronaves en el aire dependía de que el E-2C funcionara correctamente. Un NFO E-2C nunca podía dejar de aprender y nunca podría saber lo suficiente. La vida o la muerte, el éxito o el fracaso, podían depender del conocimiento y la habilidad colectiva de la tripulación.

Cuando el tiempo de Jon con RVAW-120 llegaba a su fin, se preparó para recibir órdenes. Pero también se preparó para otra cosa: para el matrimonio. Esperaba casarse con su novia de la universidad de Nebraska desde hace mucho tiempo y comenzar una vida juntos. Su primera gira sería en el servicio marítimo, pero entrenaría varios meses con su nuevo escuadrón antes de desplegarse en un portaaviones. Con suerte, eso les daría a él ya su esposa tiempo para disfrutar de su tiempo como recién casados antes de irse al mar. Se había unido a la marina, en parte, para ver el mundo. Pero ¿qué parte del mundo vería primero?

El E-2C Hawkeye

Capítulo 4

Buque Insignia de la Libertad

Pensé estar lista para lo que tenía por delante al unirme al equipo de porristas de Wake Forest en mi segundo año de universidad. Exteriormente, aparentaba tener todo controlado. Empezaba a ser notada alrededor del campus, estaba disfrutando la vida en la hermandad de mujeres, y amaba todas las fiestas de baile. Ser porrista enfrente a miles de personas en los partidos de fútbol americano y de basquetbol era altamente demandante. Estaba marcando las casillas de "perfección" en mi vida con popularidad y significado una vez más.

Me encantó ser parte de la vida académica de Wake Forest y decidí que el departamento de comunicaciones tenía mucho que ofrecer en mi especialidad. Ahora había encontrado un camino a seguir para encontrar la pareja perfecta para mí profesionalmente. La radiodifusión televisiva y las comunicaciones interpersonales era exactamente lo que quería para mi futura carrera. Una vez que tomé clases en mis áreas de interés, mis calificaciones subieron a la escala A / B (las notas más altas en EEUU). Obtener un 4.0 (nota perfecta) estaba fuera de mi alcance debido a mi horrible primer año, pero ahora podía ver que, en solo dos años, lograría el codiciado premio de convertirme en una graduada de la WFU. Pero había otra escala de clasificación

Promesa
"Parque tú formaste mis entrañas; Tú me hiciste en el vientre de mi madre. Te alabaré; porque formidables, maravillosas son tus obras; Estoy maravillado, Y mi alma lo sabe muy bien."
Salmos 139: 13-14

que luchaba por controlar: mi peso corporal. A veces tomaba un descanso de mi calendario agitado y me despejaba saliendo a trotar de noche alrededor del histórico campus universitario, lleno de árboles. Sin embargo cuando salía a correr por las tardes, escondía un propósito oscuro. Trataba de controlar a mi imagen de éxito, popularidad, y futuro. Al unirme al equipo de porristas controlar mi peso se añadió a la lista. Recuerdo comenzar a cuidar mi peso ya en el verano anterior al entrar a la universidad, teniendo cuidado con mis platos de comida. Pero una vez que ingresé al equipo de animadoras, me propuse una meta personal de mantenerme por debajo de los 55 kilos, y estaba determinada a lograrlo.

Decidí limitar 500 calorías diarias. Esto comenzó a hacerse cada vez más difícil de mantener, especialmente en un campus universitario, donde la pizza, el helado, y las bebidas azucaradas eran la norma. Comencé un diario de calorías, no sólo para chequear mi ingesta de calorías sino también para chequear cuántas calorías quemaba. Al finalizar cada día, hacia números, y si me habías sobrepasado, hacia la diferencia saliendo a trotar o haciendo ejercicios aeróbicos en mi dormitorio. Si no tenía tiempo para ejercitarme, vomitaba en su lugar.

Perdí algo de peso, pero nunca era lo suficientemente delgada, al menos en mis propios ojos. Así fue que comenzó a distorsionarse la imagen de mi cuerpo en mi mente. Una vez alcanzada la meta en mi peso, yo pensaba "podría pesar algunos kilos menos," y duplicaba mis esfuerzos. En poco tiempo, había bajado tanto de peso que paré de menstruar. Y comencé a pensar "¿prefiero morirme de hambre hoy o mañana?." Tal vez era parte del equipo de animadoras de los de

Demon Deacons, pero el demonio de la anorexia se estaba apoderando de mi vida.

Poco sabía que mientras mi vida se estaba saliendo de control, la vida de mi futuro esposo estaba despegando

Estación Gonzo

27 ENE 1981
1400 ZONA HORARIA DEL GOLFO, UTC+4
ESTACION GONZO
USS INDEPENDENCE (CV-62) CON CVW-6, VAW-122
24. 71. 42 N, 58. 72. 47 E

Vientos de más de 30 nudos (35MPH) soplaban sobre la pista de vuelo, de una tripulación de 602 hombres, cinco de ellos procedieron a su E-2C estacionado entre los elevadores uno y dos al estribor de la nave. Vestidos con trajes de vuelo verde oliva, botas aéreas, chalecos de supervivencia, chalecos salvavidas, y cascos, caminaron lentamente alrededor del avión revisando todas las cosas importantes de su lista de pre-vuelo, buscando discrepancias: remaches sueltos, suavidad de la superficie de los propulsores, derrame de fluidos de los motores o sistemas hidráulicos, tubo piloto preparado, etcétera.

Jon en conjunto con otros dos oficiales subieron las escaleras y fueron hasta sus asientos pasando por el angosto pasillo, teniendo cuidado de no enganchar sus equipos con nada de la maquinaria mientras pasaban. Una vez en sus asientos, se abrochaban e ingresaban la información del prevelo al sistema. A la orden del capitán del avión estaban listos para despegar.

En la cabina, los pilotos terminaron sus procedimientos de prevelo y dirigieron el avión hacia donde estaba el guía con chaleco amarillo e iniciaron su carreteo hacia la catapulta. Aunque la pista de vuelo parecía un circo con tantos aviones y personal en constante movimiento, el piloto mantenía sus ojos puestos en una persona, quien utilizaba una variedad de señas e instrucciones para guiar al Hawkeye al punto de despegue.

Jon pudo sentir el cierre y la extensión del avión cuando se conectó el equipo de despegue al poderoso sistema de catapulta, y los motores gemelos turbo propulsados a toda máquina. Como último paso, los oficiales en la parte de atrás se aseguraron de qué sus asientos estaban girados hacia el frente y trabados y de que el visor de sus cascos estuviese bajo.

El Oficial en la parte posterior reportó al piloto que los oficiales estaban listos. El piloto silenciosamente dio una señal de listo para el despegue al guía de chaleco amarillo con un saludo. Y así salieron disparados por la cubierta de vuelo, acelerando de 0mph a 150mph en 2,5 segundos. La fuerza de la aceleración aplastó a los oficiales contra sus asientos.

Desapareciendo detrás de ellos se encontraba el USS Independence, un portaviones de tipo Forestal el cual servía en la Zona Naval de Operaciones en el Golfo de Omán, conocida como la estación Gonzo. El Golfo de Omán, situado entre las penínsulas de Arabia e Irán, era un centro neurálgico de actividad.

Sin embargo, como un principiante aviador en su primer misión en el mar con los Steeljaws del VAW-122, los días de Jon rara vez tenían un alto nivel de emoción. A pero había una importante misión que tanto John como todos los otros principiantes compartían: adaptarse a su nueva vida lejos de casa, en el portaaviones.

Surgió en la Segunda Guerra Mundial, y el portaaviones era una pieza central del poder de la armada y de su estrategia. Considerando que el océano cubre el 70% del planeta, el tener la habilidad de acceder a costas internacionales sin obstáculos con fuerzas militares masivas es una tremenda ventaja. Los portaviones permiten a los EEUU tener una base avería móvil fuera de la costa de cualquier país en el mundo sin necesidad de permisos.

Como muchos presidentes descubrieron, la primer pregunta comúnmente hecha en tiempos de crisis internacional es, " ¿Dónde está el portaaviones más cercano?" comúnmente la mera presencia de un portaaviones de la armada de los Estados Unidos es suficiente para calmar las aguas cuando hay tensiones, y en otras ocasiones ayuda a proteger el transporte de envío de alta importancia, ayudar en crisis humanitarias, o enviar tropas de la Marina.

¿Pero, qué es exactamente un portaaviones? En primer lugar, piensa en su tamaño. Imagina el edificio Empire State (menos su antena) recostado de lado, y puedes comenzar a ver la escala de su largo tamaño. Ahora imagina que ese barco tiene 24 pisos de alto, desde la base hasta la punta del mástil y casi 130mt de ancho en su punto más amplio.

Ahora piensa en su tripulación. Alrededor de 6000 personas se necesitan para hacer funcionar esta ciudad flotante en el mar, el cual posee un aeropuerto de clase mundial, cocinas que preparan cientos de comidas al día, un hospital totalmente funcional, una oficina de correos, servicio de lavado, el diario propio, tiendas, una capilla, una biblioteca, e incluso una cárcel. Con una nave tan grande, es fácil comprender como un navegante apegado al portaaviones puede servir por más de un año y todavía no haber visto todas las partes del barco por completo.

Algo en lo que todos están de acuerdo es que vivir en un portaaviones es siempre ruidoso, e incesante. Hay motores de jets siendo probados, aviones aterrizando y despegando las 24 horas del día los siete días de la semana, se puede decir que es bastante ruidoso. Imagina vivir dentro de una máquina inmensa en movimiento perpetuo junto con otras 6000 personas. El portaaviones es verdaderamente la ciudad que nunca duerme.

Dormir en ese ambiente puede ser un gran desafío, pero luego de dos semanas a bordo, estaba tan cansado que aprendió a dormir con cualquier cosa.

Los largos despliegues que se realizan diariamente en el mar son muy similares. La tripulación del barco que trabajaba debajo de las cubiertas superiores podía pasar semanas sin ver la luz del día. La única forma de comunicarse con la gente en casa era a través del correo postal, con énfasis en el caracol. La monotonía de la vida del portaaviones se rompió con algunas escalas en puertos, los sábados por la noche con pizzas o la ocasional fiesta de acero en la playa donde la cubierta de vuelo se convertía en un mega picnic de barbacoa. Pero estas distracciones eran pocas y espaciadas.

Aun así, Jon no se arrepintió de cambiar de carrera y unirse a la marina y podía verse ascendiendo en las filas y logrando el éxito que siempre había deseado. Sin embargo, su matrimonio estaba sufriendo. Llevaba menos de seis meses casado cuando el Indy inició su crucero por el Océano Índico. Las cartas de su nueva esposa habían sido concisas y críticas, y la separación estaba provocando serias tensiones en su frágil relación. Su esposa tuvo que manejar daños inesperados por una tormenta en su techo y arreglárselas para llegar a fin de mes con el escaso salario de alférez de Jon mientras estaba lejos de la familia y solo. Con suerte, al regresar, podría compensar sus seis meses en el mar y encaminar su matrimonio.

Pero al USS Independence todavía le quedaban algunas semanas de navegación antes de que el ala aérea partiera del portaaviones en masa con un vuelo tradicional y la bienvenida a casa. Después de su primer despliegue, no tenía idea de lo que le esperaba en casa.

Capítulo 5

Soltero y a la Búsqueda

Cuando terminé mi segundo año en Wake Forest, decidí que la emoción de las porristas se estaba desvaneciendo. Después de algunas caídas y lesiones graves, decidí colgar mis pompones y buscar algo más que fuera igual de satisfactorio pero un poco más seguro para llenar mi vida universitaria de "verificación de casillas". Después de tomar una clase en el departamento de danza, tuve ganas de más. Me encantó que me aceptaran en la Wake Forest Dance Company. Además de ocupar puestos de liderazgo en mi hermandad de mujeres y de unirme a otros clubes universitarios, encontré mi propio florecimiento en mi tercer y cuarto año. Mi vida perfecta iba tal como la planeé, pero había otra dura realidad que tenía que enfrentar: mi trastorno alimentario todavía me dominaba.

Debido a que me había matado de hambre durante tanto tiempo, mi metabolismo se ralentizó hasta el punto en el que necesitaba cada vez menos para seguir adelante. Con mi cuerpo en modo de inanición, cuando comía cantidades normales, subía de peso y lo hacía rápidamente, volviéndome regordeta y, al menos a mis ojos, poco atractiva. Volví hacia mi método de contar calorías, pero con mi cuerpo pidiendo comida a gritos, no duré mucho. Como todavía no estaba menstruando, mis cambios de humor podían llevarme a altibajos extremos.

Quería desesperadamente ser "normal" como mis compañeros de clase. Mis amigos parecían estar felices y entusiasmados con la planificación de cenas o pizzerías. Eran ajenos a mis obsesiones por la comida y el peso. Mi mente estaba constantemente atormentada por la pesadez de tomar decisiones alimentarias. "¿Voy a disfrutar la comida con mis amigos sabiendo que me hará engordar?" o "¿Me invento alguna excusa para no unirme a ellos porque estoy en una etapa de hambre ese día?"

A veces trataba de liberarme de la locura y comer lo que quisiera en un frenesí de atracones, pero la depresión y el disgusto volvían, y el ciclo anoréxico / bulímico me consumió. Mientras luchaba a diario con mi trastorno alimentario, voces oscuras me decían que era un desperdicio y que nunca podría encontrar el amor ni la aceptación. No confié en el amor incondicional de Dios por mí, sino que elegí seguir mi propio camino de dudas y eso me perseguiría durante años.

A pesar de mis luchas, había amado mis años en Wake Forest, pero era hora de pasar la página de mis locos días universitarios y dar un paso hacia el futuro de una mujer más madura. Solo esperaba, al dejar atrás a los Demon Deacons, que mis propios demonios personales no me siguieran.

Mis prospectos laborales después de haber terminado la universidad tampoco parecían prometedores. Mi educación en Wake Forest era de primera, pero para ser más comercial en mi título de comunicaciones masivas, necesitaba experiencia y habilidades adicionales. Estudiar una maestría parecía ser la solución lógica, ¿pero ¿dónde?

> *Promesa*
> *"No nos cansemos, pues, de hacer bien; porque a su tiempo segaremos, si no desmayamos."*
> *Gálatas 6:9*

Esto trajo otro problema: esperaba encontrar a alguien que me amara a lo

Krissy Windham, soltera y en busca, Virginia Beach, VA

largo de todo el camino, pero no cualquier hombre. Quería que un hombre de fe me amara, alguien como mi padre, un hombre de Dios quién sería devoto a mí de la misma manera en que mi padre fue devoto a mi madre. Pero necesitaba encontrar un lugar que tuviese más hombres del tipo que se casan, hombres que compartiesen mi fe cristiana. Mi relación con Dios, la cual había dejado atrás en mi búsqueda de la felicidad, era algo a lo que estaba volviendo. Estaba lista para retornar a mis raíces espirituales y tratar de encontrar la paz que había eludido por tanto tiempo.

Mientras buscaba una maestría en comunicación masiva, una opción parecía tener todo lo que estaba buscando: CBN Universito, la cual estaba asociada a la red de radiodifusión cristiana en la hermosa

Virginia Beach, en Virginia. Su programa parecía extremadamente prometedor y el cuerpo estudiantil estaría repleto de hombres cristianos elegibles. Y seguramente mi fe decadente sería encendida en el ambiente espiritual de esta universidad.

Puesto a prueba

06 Junio 1983
0900 ZONA HORARIA DEL ESTE
COMOPTEVFOR
NAS NORFOLK
NORFOLK, VIRGINIA, EEUU
36.92.59 N, 76.29.22 O

Luego de su trabajo en el USS Independence y los Steeljaws del VAW-122, Jon dejó sus tareas en el mar atrás y siguió hacia una nueva costa en la Fuerza Comandante de Evaluación y Pruebas Operacionales de la Armada (COMOPTEVFOR) en Norfolk, Virginia. Recordando los viejos tiempos cuando apenas había comenzado su entrenamiento para el E-2C años antes del RVAW-120, a Jon le vino a la mente cuán emocionado había estado al poner sus manos en la tecnología de avanzada del Hawkeye como oficial en entrenamiento. Aquí en COMOPTEVFOR, Jon tenía un sentimiento similar, pero estaba aún más emocionado.

COMOPTEVFOR realizaba un trabajo crítico para la Armada y el Departamento de Defensa. Su misión era probar y evaluar naves, sistemas, armas, y otros artículos esenciales bajo condiciones de vida real y comprobar su efectividad, durabilidad, y sustentabilidad. Todo lo que la armada necesitara utilizar en sus misiones era puesto bajo prueba, desde las naves destructoras de última generación hasta los chalecos salvavidas de uso cotidiano.

Una luz verde de COMOPTEVFOR era como un sello de aprobación de fiabilidad. Sin el, nada podría ser desplegado, o recibir fondos financieros. Todos los que llevaban adelante las pruebas, sin importar su rango, fuesen oficiales de posiciones elevadas en el pentágono o no, tenían el poder de decidir si algo era aprobado o desaprobado. La tarea de Jon como oficial de E-2C era la de director Operacional de Pruebas de Proyectos de Advertencia Temprana, y su trabajo era considerado clasificado.

El dejó a los Steeljaws sintiéndose altamente confiado, habiendo alcanzado la designación como CICO, y a haber elevado su rango desde ser un simple subalterno a ser un teniente 0-3 alcanzando la posición número uno entre 14 otros tenientes en el escuadrón. Pero a llegar al centro de pruebas, una prueba operacional de gran envergadura ya estaba en marcha, por lo tanto, el debió insertarse y aclimatarse mucho más velozmente de lo que se esperaba de un oficial Jr. en condiciones normales de la división de Guerra aérea. Pero Jon se adaptó, y se apoyó fuertemente a su ética laboral de granjero de Nebraska y sus habilidades de resolución de problemas, de esa manera se transformó un valioso participante en los ensayos, y se ganó el respeto y apoyo de su comandante oficial y otros militares, así como también el del personal civil.

En ese ambiente demandante, las habilidades naturales tácticas que poseía se desataron. En lugar de jugar ajedrez con un rey, alfiles, y caballos, él estaba utilizando tecnologías avanzadas en radares y otras áreas para maximizar las habilidades únicas del Hawkeye en un ambiente de guerra activa. Él se dio cuenta de la oportunidad de beneficiar a toda la comunidad del VAW, sabiendo que los frutos de sus esfuerzos afectarían a toda la flota.

Si tan solo Jon pudiese ser tan exitoso en su vida personal. Luego de su primera misión en el mar, Jon esperaba poder mejorar las cosas con su esposa antes de partir nuevamente al mar por un año. Pero al acercarse su segundo viaje en el USS Independence, su optimismo se vino abajo, la distancia entre él y su mujer había crecido. La vida en la armada no era fácil y su esposa estaba luchando con las largas ausencias de Jon. Durante su tiempo en el Indy se dirigiría hacia el Mediterráneo en donde pararía en muchos puertos, y Jon y su esposa decidieron acordar verse en uno de

estos puertos. Tal vez el poder estar juntos un tiempo en medio de su despliegue harían que la separación de seis meses sea más fácil de sobrellevar.

Esa opción fue repentinamente cancelada cuando Israel invadió el Líbano y el Indy partió hacia el mar, forzando a la sexta flota de los EEUU a cambiar a sumisión.

Finalmente, cuando el USS Independence pudo llegar a puerto, Jon estaba esperando con muchas ansias una muy necesitada reunión con su esposa. Pero en vez de recibirlo con los brazos abiertos, ella lo estaba esperando con los papeles de divorcio en la mano. Las semanas en las que Jon estaba afuera en sus entrenamientos, y los largos meses en el mar eran demasiado para ella, no podía manejarlo. El estrés de la vida en la armada había pagado un precio, y su joven matrimonio no duró más de dos años. Jon estaba deshecho. Él sabía que su relación estaba en problemas, pero realmente no esperaba esto.

Al terminar su viaje, Jon volvió a casa con un corazón triste y trató de convencer a su esposa de cambiar su parecer, pero sus esfuerzos fueron en vano. Ella ya había continuado con su vida y no tenía interés en estar casada con un hombre que rara vez estaba en casa. Jon fue la primera persona en su familia en divorciarse, y no tenía ningún orgullo al respecto. Pasaron meses antes de siquiera darle las tristes noticias a su familia.

Tal vez esa era la razón por la que el respeto y el apoyo que recibió durante su viaje de servicio a la armada en el centro de pruebas significó tanto para él. Jon se sentía como un fracasado, y el éxito que había tenido en varios proyectos importantes para el E-2C era como echarle alcohol a una herida abierta. A los 28 años de edad, este navegante se encontraba solitario, pero él no quería desesperarse en la búsqueda de otra relación a largo plazo. Jon se dio cuenta que no cualquier mujer estaba lista para manejar el estrés de la vida en la armada, pero él esperaba que en alguna parte y en algún lugar hubiese una mujer que pudiese ganar su aprobación, y a cambio él pudiese ganarse la de ella.

Planes que salieron mal

Con mis propios sueños de encontrar un alma gemela, me dirigí a la Universidad CBN, convencida de que rodearme de profesionales cristianos me daría una mejor oportunidad de encontrar un marido y encaminar mi caótica vida.

Pero las cosas no fueron exactamente como se planearon. A los 21 años de edad, yo era la estudiante más joven inscrita en una maestría. La mayoría de mis compañeros eran considerablemente mayores a mí, y muchos de ellos estaban casados con hijos. No era exactamente el mejor ambiente para buscar un esposo.

Tampoco esperaba sentirme incómoda en esta cultura saturada de cristianismo. Algunos de mis compañeros participaban de estudios bíblicos nocturnos y de sesiones de oración de muchas horas, pero yo simplemente deseaba enfocarme en mis estudios, tener buenas notas, y hacer suficiente dinero con trabajo para cubrir mis expensas. Estos súper cristianos eran mucho más serios en su fe comparados a mi, y simplemente no me podía relacionar con ellos.

Un cambio positivo que experimenté fue el poder sanador de la música cristiana contemporánea. Era un mundo nuevo para mí, y me rodeé de canciones de Amy Grant, Russ Taff, DeGarmo and Key, y los Sweet Comfort Band. Mi desorden alimenticio me siguió hasta Virginia Beach, pero la música de estos artistas, junto con las de muchos otros, plantaron las semillas de sanidad en mi alma herida.

Terminé mi maestría en comunicaciones en un tiempo récord de 18 meses. Lo único que quedaba por hacer era completar mi tesis, pero no había apuro en hacerlo. Necesitaba enfocarse en encontrar un trabajo, uno de verdad, no trabajos malos pagos como los que tuve que tomar para pagar mi colegiatura de grado.

Pero encontrar un trabajo decente en comunicaciones masivas era algo muy difícil. Busqué trabajo incansablemente en Charlotte, Carolina del Norte, donde muchos de mis amigos de Wake Forest se habían mudado, pero mis esfuerzos fueron inútiles. Luego encontré un trabajo en Virginia Beach en una revista semanal de moda llamada Port Folio. Port Folio tocaba temas políticos locales, secciones de arte, entretenimiento y viajes, junto con críticas de restaurantes y películas, sección de clasificados, y cosas por el estilo. Ellos estaban en la búsqueda de un ejecutivo en publicidad, y trabajar para una una comisión de una revista que solamente tenía dos años me pareció atractivo.

Charlotte claramente era una puerta cerrada, decidí tomar el trabajo en Port Folio en la primavera de 1985. Tan pronto me lo ofrecieron lo tomé. Finalmente, los años de clases, estudios y exámenes quedaron atrás y pude concentrarme en un trabajo de tiempo completo. Seguramente con las presiones de la escuela y la búsqueda de trabajo detrás de mí, mi trastorno alimenticio a largo plazo se convertiría en un recuerdo lejano, pero mi desesperación interior solo empeoró. Mientras que muchos de mis amigos de la universidad me enviaban invitaciones de boda, estaba renunciando a encontrar el amor verdadero. Disgustado con mi imagen corporal distorsionada y cada vez más cansado de mi trastorno alimenticio, me desesperé brevemente de la vida misma. Había llegado al punto más bajo de toda mi vida, y mis demonios internos habían reemplazado mi personalidad amante de la diversión por quebrantamiento y angustia. La vida no estaba resultando como la había planeado.

Mi trabajo en Portfolio, aunque no era el de alto perfil con el que había soñado cuando era más joven, fue un punto brillante en mi vida dentro de la monotonía. Finalmente, al ganar dinero de verdad, comencé un programa de ahorro para tener un futuro financiero más seguro. Disfruté del ambiente de la oficina. Muchos de mis compañeros de trabajo eran mujeres jóvenes y solteras como yo. Nos reímos y bromeamos entre nosotras y, después de trabajar allí unos meses, nos hicimos buenas amigas. No tenía idea de que esas amigas me harían el mayor favor de la vida.

Las citas no van a ninguna parte

24 MAYO 1985
2315 ZONA HORARIA DEL ESTE
HAMPTON ROADS, VIRGINIA, EEUU
36.88.68 N, 76.23.40 O

Jon estaba listo para unir su vida personal a su vida profesional. En el trabajo, él se sentía seguro, útil y de valor. Ahí estaba desarrollando sus habilidades y responsabilidades. Él estaba listo para recibir entrenamiento como oficial asistente de llamadas de bajas (CACO). Estos eran los oficiales que debían notificar personalmente a los seres queridos que un miembro del servicio había sido herido o muerto en deber. Un CACO acompañaba a los familiares afectados y les ayudaba con los arreglos del funeral y les guiaba en el papeleo necesario para recibir los beneficios correspondientes. Era una responsabilidad solemne que él esperaba no tener que utilizar nunca.

Mientras Jon reflexionaba sobre su acelerado currículum militar con la experiencia adicional en COMOPTEVOR, se sentía cada vez más inquieto con su vida personal. Sabía que tenía que haber una mejor manera de encontrar una compañía femenina significativa que las citas a ciegas y los encuentros del bar. ¿Cómo podría un NFO altamente capacitado como él saber cómo detectar todo tipo de aeronaves a trescientas millas de distancia y no ser capaz de encontrar una mujer compatible en un área metropolitana de casi un millón de personas?

Jon se dio cuenta de que tal vez había estado haciendo todo mal en este asunto de las citas. Había llegado el momento de que pusiera en práctica su amplia formación y sus habilidades para la resolución de problemas una vez más. ¿Cómo podría disminuir los falsos aciertos de fechas incompatibles y aumentar la probabilidad de éxito? Como idea alternativa, Jon había elegido la última edición de la revista local de moda y entretenimiento de Hampton Road llamada Portfolio. Mientras hojeaba las páginas, pasó a los anuncios personales en la parte de atrás.

Mucho antes de que existieran los sitios de búsqueda de contactos en Internet y las aplicaciones de citas, las personas que buscaban el amor recurrían a los anuncios personales confiables que se encontraban en las secciones de clasificados de casi todos los periódicos. Estos avisos breves y sencillos usaban un código especial para comunicar rápidamente información esencial: "S" significaba soltero, "D" para divorciados, "W" para blanco, "B" para negro, "F" para mujer, "M" Para hombres, y así sucesivamente. Un DWM era un hombre blanco divorciado que podría estar buscando un SWF. Aquí había una lista concisa de mujeres cercanas disponibles, junto con sus descripciones, ocupaciones, gustos y disgustos, y detalles sobre lo que buscaban en un hombre.

Jon no estaba seguro de la precisión de las descripciones proporcionadas en los anuncios personales, pero valdría la pena intentarlo, y seguramente no podría hacerlo peor que su última cita a ciegas. Ordenar esos entretenidos anuncios personales parecía prometedor. Todo lo que Jon tuvo que hacer fue enviar una carta y una foto de sí mismo al periódico, hacer referencia al número de casilla de ese anuncio y esperar a ver si recibía una respuesta.

Jon se dio cuenta de que su trabajo no podía brindarle la satisfacción interna que deseaba y, a los treinta años, estaba listo para compartir su vida con alguien especial. Habían pasado casi dos años desde su doloroso divorcio y la vida de soltero ya no le agradaba. Echó otro vistazo a los anuncios personales de Portfolio y decidió actuar.

Capítulo 6

La Señorita de Ojos Verdes

El verano llegó a Virginia Beach, y mis compañeras de trabajo y yo estábamos buscando un poco de diversión para avivar el ambiente en la oficina de Port Folio. Todo comenzó cuando una de nuestras compañeras confesó que había estado pensando en hacer una publicación personal en el diario. Estábamos todas un poco sorprendidas, ya que ella parecía ser la clase de chicas que no tienen problemas encontrando citas. Y quedé todavía más sorprendida cuando ella sugirió que nosotras hagamos lo mismo al mismo tiempo.

La mayoría de mis compañeras de trabajo estaban entusiasmadas con la idea, pero yo no era una de ellas. Pensé que esos anuncios eran ridículos. Solo los perdedores recurrían a tales tácticas, y yo se los dije. Sus historias de parejas felices que se habían conocido de esa manera no me hicieron cambiar de opinión. Pero cuando uno de los redactores se ofreció a escribir mi anuncio, después de que di la excusa de que no sabría qué decir, finalmente cedí.

Antes de terminar el día, las otras cuatro chicas ya tenían listas sus publicaciones. Mi amiga escritora me sonrió con una gran sonrisa al darme un borrador de mi publicación. La leí rápidamente, para asegurarme de que tenga las cosas en orden, pero no era como yo pensaba. Me explicó que la haría sonar exótica y misteriosa. Accedí de mala gana, ya que no tenía mucha confianza en todo este experimento de todas formas. ¿Qué podría salir de una pequeña publicación personal más que cartas de hombres desesperados?

"Tawny"

17 JULIO 1985
1845 ZONA HORARIA DEL ESTE
HAMPTON ROADS, VIRGINIA, EEUU
36.88.68 N, 76.23.40 O

Jon había estado trabajando horas extra en COMOPTEVFOR en el Programa de Actualización E-2C, una tarea que requería su atención detallada. El trabajo lo dejó exhausto. Una noche, después del trabajo, Jon tomó la edición de esa semana de Portfolio y echó otro vistazo a los anuncios personales.

Pasó por alto varios anuncios publicados por mujeres que parecían desesperadas o poco interesantes. Luego vio uno que despertó su interés. Lo leyó una vez y luego lo volvió a leer:

"Señorita de ojos verdes. SWF, 23, publicista ejecutiva, tawny, atlética, enérgica, y divertida. En búsqueda de un SWM, 26-35 que tenga "esa" cualidad exclusiva que puede ser reconocida, nunca definida. Debe ser educado, artístico, divertido, y atractivo. No un macho man, ni tampoco debilucho. Casilla #6575."

"Tawny, ¿que' significa eso?

Volvió a leerlo por tercera vez e hizo algunos cálculos simples. Esta chica tenía la edad correcta, y tenía trabajo. Era rubia oscura, lo que sea que eso quiera decir, sonaba como que sería una buena pareja para su tipo de personalidad muy enérgica. Él estaba en el rango de edad especificado. No sabía si tenía "eso" o no, pero él tenía un nivel de educación universitaria y sabía que era conocido por tener buen sentido del humor. Nunca nadie le había dicho que era un debilucho. Como un ciclista habido, a veces montaba su bicicleta por más de 30km para ir al trabajo, pero no creía que su habilidad de hacer flexiones con un solo abrazo lo pondrían en la categoría de macho. No sabía si se le consideraría artístico o atractivo, pero tal vez ella estaría tan maravillada por su "eso especial" que no se daría cuenta.

Pelo rubio oscuro. Esa característica le intrigaba. El todavía no estaba seguro de lo que quería decir, pero le gustaría averiguarlo. Tenía dudas si debía responderle a otra mujer misteriosa de una de las publicaciones, pero decidió darle una oportunidad.

Premio Mayor

Pasó una semana y una mañana al caminar a través de la puerta de la oficina. Mis compañeras de trabajosonreian y se miraban en complicidad. Al llegar a mi escritorio, descubrí porque estaban sonriendo tanto. Ya que, a un costado, puestas en una pila, había una cantidad enorme de cartas. Más de 60. Me había ganado la lotería. No fui la única con una gran cantidad de respuestas, pero yo había tenido la mayor cantidad. Mi amiga escritora no dejaba de sonreír.

Siguiendo el consejo de una amiga mía, sugerí que nos encontráramos por primera vez en un lugar público, él estuvo de acuerdo. El muchacho era muy amable pero realmente no era de mi estilo. A pesar de que estaba sorprendida por su educación en West Point y también por sus posibilidades laborales, parecía ser algo aburrido y poco interesante. Definitivamente no tenía "eso" que estaba buscando. No había química entre nosotros para nada. Ya podía descartarlo de mi lista.

Mi segunda opción fue otro oficial del ejército también graduado de West Point, pero todo lo que le interesaba a él era la política (lo cual no es mi tema favorito). Y encima de todo resulta que era muy amigo del primer muchacho con el que salí. ¿De 60 cartas como puede encontrarlos a ellos dos? Otro error más.

Pero no era de las que se rendían, así que estaba dispuesta a probar una vez más. Al vivir en una comunidad militar tenía varios hombres del servicio que habían respondido, así que decidí elegir a alguien de una rama diferente. Busqué entre las cartas y encontré a uno que era oficial de la armada, un aviador, quien también tenía varias casas a su nombre y las alquilaba para ganar dinero. Al fin alguien con sentido de negocios. Él había incluido una foto de un grupo- tres muchachos, que se veían increíbles en sus trajes de la armada, al lado de una chica con un vestido fabuloso. Obviamente estaban cumpliendo alguna función formal. La nota decía, "soy el apuesto". Sonreí. O sea que tenía buen sentido del humor también. De los tres que estaban en la foto ninguno era feo, por lo que tal vez podría darle una oportunidad.

Cuando marqué su número, Jon no estaba en su casa. Todavía no estaba lista para darle mi nombre, así que dejé un mensaje que decía "la chica de ojos verdes", llamé y dejé mi número telefónico. No pasó mucho hasta que "el muchacho apuesto" me llamó. Luego de mis experiencias desafortunadas con los oficiales del ejército, no tenía tanto ánimo de ir a una cita, así que hablamos por teléfono varias veces, tomándonos el tiempo para conocernos un poco.

Resultó ser que a Jon le encantaban los perros, y con su experiencia como criador de perros de raza Elkhound Noruegos, me dio consejos valiosos para mi nueva cachorrita. Un par de semanas más tarde, cuando Jon me pidió encontrarnos en persona, estuve de acuerdo. Una vez más pedí que fuera en algún lugar público, lo cual me daba la oportunidad de irme antes si decidía que esta era otra cita desastrosa. Escogimos el próximo lunes al mediodía para encontrarnos en Darril´s, un restaurante casual en Virginia Beach. Tenía esperanzas, pero al mismo tiempo estaba preocupada.

A llegar al restaurant me miré en el reflejo del vidrio de la puerta de entrada. Me había vestido bien para la ocasión, pero seguía sintiéndome con pesar por mi desorden alimenticio. Tal vez, Jon no se daría cuenta. Hasta ese momento, todavía no había visto a Jon en persona, así que me preguntaba cómo seria. Luego camine hacia adentro. Había un hombre sentado en la mesa más cercana a la puerta. Me miró y de una vez se levantó, caminó hacia mi, y extendió su mano.

" ¿Kris?" sonrió.

" Sí. ¿Jon?" respondí, mientras me daba la mano. Y me guio hasta nuestra mesa, mis primeras impresiones sobre él eran un tanto prometedoras. Pero para ser honesta, "el muchacho atractivo" no era tan atractivo, pero su contextura atlética era notablemente distinguida. Estaba bien vestido para nuestra cita, me sentí halagada por su esfuerzo. Su elección de vestuario de camisa de vestir de manga corta color celeste rayada, con pantalones de algodón blancos se veían muy bien. Trate de pasar por alto su nariz distinguidamente puntiaguda, una leve cicatriz facial, y el corte taza militar de su cabello rubio en un intento de, tal vez, hacer un nuevo amigo.

Nuestras largas conversaciones por teléfono durante las últimas semanas habían despertado mi curiosidad, y no iba a descartarlo tan tempranamente en ese mediodía simplemente porque no se veía como un supermodelo. Lo que pasó luego, sin embargo, me tomo por sorpresa. Nos sentamos, me miró, giró su cabeza levemente hacia un lado, y dijo, "sabes, me recuerdas a alguien," hizo una pausa, tratando de recordar el nombre. "Brenda Vaccaro"

"¿Quién?"

"Ya sabes, la actriz con voz ronca."

Jon se dio cuenta por la expresión de confusión en mi rostro que no tenía absolutamente ninguna idea de quién estaba hablando, y si estaba tratando de halagarme, estaba fracasando miserablemente. Me di cuenta de que tenía siete años más que yo, lo que quería decir que tal vez era algo generacional el que no conociese a esa actriz. De todas maneras, fue un momento incómodo para los dos.

Él se dio cuenta de su metida de pata, y luego de algunos segundos dolorosos, simplemente dijo, "un momento." Se levantó y lentamente caminó hacia afuera del restaurant. Estaba tan extrañada- no sabía qué hacer- pero al darme vuelta, lo vi caminar de regreso calmadamente, con una sonrisa en su rostro. Me encaró y extendió su mano.

"Comencemos de nuevo. ¿Kris?"

Tuve que reírme cuando me dio la mano por segunda vez, y se sentó. No solamente le añadió un toque de humor sino también de

confianza. Finalmente rompimos el hielo, comenzamos a hablar, nos presentamos el uno al otro. Y continuamos hablando. Incluso nos fuimos de ese restorán a un restaurante en la playa que seguía abierto hasta más tarde.

Supe mucho acerca de Jon esa noche como por ejemplo que sus padres eran granjeros humildes en Nebraska, lo cual probablemente explicaba el tipo de camioneta que tenía. Como él había sido campeón estatal de lucha, dos veces en un estado en el cual la lucha lo es todo. Supe sobre su año enseñando matemáticas en el secundario y cómo tomó la decisión de unirse a la armada. Sobre el matrimonio fallido con su amor universitario que no estaba hecha para la vida en la armada.

Pero las cosas más importantes que aprendí no eran sobre su trasfondo, sino sobre quién era él. Desde el primer momento en que nos conocimos, su humor y su seguridad eran obvios. Y mientras pasaba la tarde puede pasar por alto su mal corte de pelo, sus cicatrices de acné y ver a un hombre genuinamente amable, personal, inteligente y sabio. Por su apariencia y su vehículo, no era un muchacho realista. Mientras que nos conocíamos mutuamente en esa noche de verano, no pude evitar preguntarme si había conocido al hombre que tenía "eso," esa característica exclusiva que solamente puede ser reconocida pero nunca definida. Yo sabía, sin embargo, que, por primera vez en mi vida, había conocido a un hombre que se preocupaba más por otros que por sí mismo.

El me gustaba, pero en realidad no era el hombre exitoso, guapo, y profesional de mis sueños. En ese momento, no tenía idea de lo que se requería para transformarse en un oficial de vuelos, y ciertamente no tenía idea de las habilidades especializadas que Jon tenia. Él era un verdadero profesional en cada sentido de la palabra, pero yo estaba buscando a un hombre de traje y corbata que tuviese un negocio exitoso o que tuviese un gran título. Después de tantos años de búsqueda de mi estereotipo ideal del "Mr ideal" tenía problemas de ver a Jon como mi "príncipe encantador." Pero por otro lado ¿Cómo me veía él a mí? ¿Acaso vería él a una rechoncha, un poco disfuncional, mujer de 24 años como el amor de sus sueños? Yo me preguntaba que causó que respondiese a mi publicación en primer lugar, así que le pregunté.

"Fue esa palabra que utilizaste 'tawny", contestó con una sonrisa. "Me pareció intrigante." Debo confesar que mi amiga escritora de la oficina había inventado esa palabra y se le ocurrió al ver como mi bronceado dorado apareció luego de los fines de semana en la playa. Al parecer a él le había gustado lo que veía.

A pesar de tener mis reservas, no pude resistirme cuando me beso al despedirnos e irnos por caminos separados. Esa velada fue mucho mejor de lo que había tenido en algún tiempo, pero no fue amor a primera vista. Al manejar de vuelta a casa a través de las calles casi desérticas de Virginia Beach, decidí que si él me invitaba a salir de nuevo probablemente le diría que "sí." Pero me preguntaba de forma realista cuán lejos podría ir esta relación.

El Mejor Día de mi Vida

20 AGO 1985
0912 ZONA HORARIA DEL ESTE
COMOPTEVFOR
NAS Norfolk
Norfolk, VIRGINIA, EEUU
36.92.59 N, 76.29.22 W

Finalmente, después de meses, sin contar los años de búsqueda infructífera, había encontrado a una mujer que tocara su corazón. El 19 de agosto de 1985, quedaría grabado por siempre como uno de los mejores días de su vida.

Él no podía explicarlo, pero desde el momento en que él la miró a sus ojos verdes, Jon supo que Kris era una gema. Y al finalizar la tarde, él sabía que la chica que él había estado buscando era la de ojos verdes. También se dio cuenta lo que quería decir con "Rubio oscuro", decidió que le gustaba, y le gustaba mucho.

Alguien de Relaciones Duraderas

Debido a la noche larga, estaba un poco cansada en el trabajo al día siguiente, pero todas mis amigas querían escuchar sobre mi cita con Jon. Todas se sorprendieron cuando les conté sobre el primer comentario que me hizo, pero sonrieron cuando les dije cómo manejó la situación y como hablamos por horas casi hasta el amanecer. En nuestro horario de almuerzo, me presionaron para que les dé más detalles, estuve muy de acuerdo de que parecía ser un muchacho genuinamente agradable. Pero les dije que realmente él no era de mi estilo y que no pensaba que pudiésemos ser más que amigos.

Tuve que repensar eso que dije más tarde, cuando un arreglo floral de 12 rosas rojas llegó a mi escritorio. La tarjeta decía "Gracias por una tarde tan especial. Jon."

Mis compañeras quedaron sin palabras al ver el hermoso buque, me di cuenta de que él fue sabio al enviar las flores a mi oficina en

vez de a mi casa, él sabía que mis compañeras estarían impresionadas de su gesto romántico, y eso jugaría a su favor. Pero necesitaría más de una docena de rosas para ganar mi corazón.

No perdió tiempo y me volvió a invitar a salir, poco después, comenzamos a pasar más y más tiempo juntos. Sophie pasó a ser parte de nuestra relación, y producto de nuestro amor mutuo por los perros, pude ver mucho más de la naturaleza tierna y amorosa que él tenía, comencé a sentir un calor en mi corazón por este hombre de Nebraska tan vivaz y divertido, pero seguía teniendo mis reservas. Sin embargo, la influencia de Jon en mi vida era tal que otros comenzaron a darse cuenta.

Una compañera me llevó aparte un día y me pregunto si había perdido peso. Al llegar a casa, me subí a la balanza y me di cuenta que había perdido cinco kilos sin siquiera intentarlo. Estaba maravillada. Mi ciclo anoréxico-bulímico había comenzado a desaparecer mientras mi relación con Jon se profundizaba. Poco después de haber comenzado a salir le confesé mi problema de distorsión de mi apariencia propia.

" ¿No crees que soy gorda?" Le pregunté con temor.

"No" respondió moviendo su cabeza con una sonrisa. "Eres robusta." Su respuesta me hizo entender que él no tenía un problema con mi peso, y con el tiempo comencé a verme de la misma manera. La manera en que él encaraba el tema de la comida era liberadora. Era un excelente cocinero y a veces, en vez de salir a comer hacia deliciosas comidas para los dos. Poco después, estaba comiendo tres comidas por día y andando en bicicleta junto a él, caminando en la playa, y jugando tenis. Pero fue su amor incondicional y aceptación lo que hizo la diferencia. Ahora que me sentía valorada, y ya que no me estaba concentrando tanto en el éxito personal, el problema del peso y mi desorden alimenticio de seis años finalmente comenzaban a ser derrotados por el amor gentil de un hombre especial.

De la misma manera en que él me ayudaba con mi desorden alimenticio, yo le ayudaba a ponerse en contacto con su fe. Lo invité a unirse junto a mí a la Primera Iglesia Bautista de Norfolk los domingos, y pude ver como su corazón comenzó a despertar por el amor de Dios. Ya que yo asistía cada semana a la iglesia tenía mucho más conocimiento espiritual de la verdad que él, sin embargo, muy poco de ese conocimiento había penetrado en mi corazón. Al experimentar a Dios juntos, ambos comenzamos a encontrar nuevos propósitos en nuestras vidas espirituales.

Incluso con todo lo que estaba sucediendo entre nosotros, no me sentía segura de que él fuese el hombre correcto para mí. Rechazar la imagen de "hombre perfecto" que deseaba parecía ser algo difícil. Necesitaba claridad y una opinión objetiva de nuestra relación. Ya habíamos salido por algunos meses, y el día de acción de gracias se acercaba. Tal vez era tiempo de llevar a Jon a Charleston, West Virginia, a conocer a mis padres. Tal vez ellos lo verían desde otra perspectiva, y también podría presentarles a Sophie.

Él era un hombre muy relacional, estaba contento de poder conocer a mis padres y quería que pasemos el día de acción de gracias con mi familia. Mi padre había sido un navegante enlistado en la armada durante su juventud, así que sabía que ellos tendrían mucho en común pero no estaba muy segura de cuanto en común tendrían.

Mis padres conocieron tanto a Jon como a Sophie y los recibieron con los brazos abiertos, y casi instantáneamente él y mi padre se llevaron bien como si fueran amigos de toda la vida. El resto del fin de semana, estos amigos pasaron horas jugando ajedrez y otros juegos y reviviendo los días antiguos de mi padre en la armada. No podrían llevarse mejor.

Al terminar el fin de semana mi mamá y yo estábamos en la cocina juntas, le pregunté qué pensaba sobre Jon, me sonrió con lágrimas en sus ojos.

"Krissy, apenas lo vi sostener tu cachorrito me di cuenta de que era alguien que va en serio"

Mamá tenía un sentido innato para darse cuenta de cómo eran las personas que me encantaba, y sus palabras me ayudaron a ver a Jon a través de sus ojos. La relación que se dio con mi padre no era algo fingido de su parte sólo por su beneficio. Su conexión era genuina y cálida, la manera en que lo honraba a mi padre y disfruta de su compañía hablaba mucho acerca del carácter de Jon. Y no podía negar que desde que él llegó a mi vida había experimentado paz y contentamiento como nunca antes. Era como si hubiese pasado por una etapa fea para poder conocerlo a él. Y estaba tan agradecida por lo que tenía. Ese viaje de día de acción de gracias a Charlestón me dio la claridad que necesitaba. Jon era alguien para ir en serio. De camino a casa pude decirle finalmente a este sueco de ojos azules que no tenía los pies en la tierra: "Creo que me estoy enamorando de ti."

Capítulo 7

¡Bienvenida a la Armada, Sra. Rystrom!

Paseo en Bicicleta

07 DICIEMBRE 1985
1500 ZONA HORARIA DEL ESTE
HAMPTON ROADS, VIRGINIA, EEUU
36.88.68 N, 76.23.40 O

Con la Navidad acercándose rápidamente, Jon tenía mucho en su mente y necesitaba ordenar un revoltijo de pensamientos y emociones. Su gira en COMOPTEVFOR fue un éxito pero llegó a su fin. Había sido una fuerza importante en el desarrollo del Programa de desarrollo actualizado E-2C y en las pruebas de los radares APS-138, 139 y 145. Su unidad de alto desempeño había sido galardonada con el Comando de Unidad Naval unos meses antes.

Pero ahora era tiempo de mirar al futuro. Jon recibió sus nuevas órdenes. La armada necesitaba que se transfiera a San Diego, California, comenzando con RAG (grupo aéreo de reemplazo) en los cursos de actualización en la Estación Aérea de la Armada

Miramar para luego volver al trabajo en el mar con el grupo VAW-114 Hormel Hawgs en el portaaviones USS Carl Vinson.

Esto no era una sorpresa para Jon. Las carreras en la armada eran alternadas entre tres años de trabajo marítimo y tres años de trabajo costero, pero el tiempo y la elección de las asignaciones no eran las mejores para la vida personal de Jon. Él había conocido a Kris hacía menos de cuatro meses, y prefería dejar que su relación creciera lentamente a través del tiempo. Si su trabajo marítimo fuese designado en las afueras de Norfolk, sería necesario cambiar muy poco en su relación al menos para el próximo año. Pero el tener que mudarse a miles de kilómetros hasta California significaba que él debía considerar algunos temas significativos mucho antes de lo esperado.

¿Kris estaría dispuesta a mudarse para unirse a la vida de Jon en California? ¿Estaba Jon listo para ese paso? Sabía que no solo Kris tendría que elegir unirse a su vida, sino que él tendría que elegir unirse a la de ella.

Desde el comienzo de su relación, Jon comprendió que la fe era claramente una prioridad para Kris, pero ¿Estaba Jon dispuesto a hacer de la fe una prioridad también? Durante las semanas y los meses que se habían conocido, Jon había sentido un renacimiento de la fe en su propio corazón. Recordó haber ido a un campamento de la iglesia cuando era un adolescente y haber respondido a un tirón dentro de él que lo empujaba hacia Dios y Su gracia. Si bien esa fue una experiencia genuina para Jon, años de negligencia y concentración en el exterior habían reducido esa llama a un tenue parpadeo. Sin embargo, esa pequeña chispa se había reavivado después de estar con Kris, asistir a los servicios de la iglesia con ella y, una vez más, escuchar sobre el asombroso amor y la misericordia de Dios. Si bien Jon todavía tenía muchas preguntas sobre asuntos espirituales, no podía negar el creciente deseo en su espíritu de acercarse más a Cristo. ¿Podría una relación con Dios ser parte del "más" que había estado buscando todo el tiempo?

Con un cambio de gira a San Diego en menos de seis meses, Jon sabía que era el momento de tomar una decisión para él y Kris. El camino a seguir no estaba completamente claro, pero no podía negar el creciente amor en su corazón.

40 o 50 Años

Mientras soñábamos juntos en el Año Nuevo de 1986, Jon y yo teníamos muchas cosas en nuestras mentes. Con su próximo traslado a California, yo tuve algunas conversaciones serias conmigo misma. Mi amor por Jon continuó floreciendo, pero ¿estaba lista para cambiar toda mi vida por un hombre al que solo había conocido durante cinco meses? Había mucha incertidumbre sobre nuestro futuro juntos, especialmente cuando el mundo de los militares estaba involucrado, no había forma de evitar la incertidumbre.

Se acercaba una fiesta especial. Siendo una pareja nueva, estaba ansiosa por ver qué había planeado Jon para nuestro primer Día de San Valentín juntos. Jon y yo habíamos hecho planes para el almuerzo y esperé ansiosamente a que me recogiera en la oficina de Portfolio. Jon llegó, elegantemente vestido con sus pantalones de color azul marino y sosteniendo una gran caja de bombones en forma de corazón. Mi corazón dio un vuelco y no podía esperar a ver qué otras sorpresas tenían esperándome. Mientras estaba de pie en medio de la oficina, abrió casualmente la caja de bombones y dijo en broma: "¿Quieres un chocolate?" Mientras miraba la variedad de trufas y caramelos, mis ojos se dirigieron a la sección central donde un dulce de chocolate había sido reemplazado por un hermoso anillo de diamantes.

Para el deleite de todos mis compañeros de trabajo, Jon se arrodilló rápidamente, tomó mi mano y dijo: "Krissy, ¿te casarás conmigo?"

Sus ojos azules centelleantes se encontraron con los míos en una mirada ansiosa, y mi corazón palpitó fuertemente y mis ojos comenzaron a llenarse de lágrimas.

"¡Sí! ¡Sí, por supuesto lo haré!" Le respondí fervientemente.

Suavemente tomó los chocolates de mi mano y con amor colocó el hermoso anillo de diamantes marquesa en mi dedo. El personal de la oficina aplaudió mientras sellamos el momento sagrado con un beso apasionado.

Qué momento tan surrealista fue. En seis meses, había pasado de debatir si debería colocar un anuncio en nuestra revista a comprometerme a pasar el resto de mi vida con mi amor de anuncios personales. (Y pensar que algunas personas dicen que la publicidad no funciona. Lamento diferir). Durante años, había estado tratando de poner una clavija cuadrada en un agujero redondo, buscando tipos populares, exitosos y de clase alta para llenar el vacío en mi vida. Lo que había necesitado todo el tiempo era un hombre de carácter y sustancia. Había envidiado a todos mis amigos que se habían casado apenas salían de la universidad y estaba desesperada por encontrar un alma gemela propia, pero por fin había encontrado el amor verdadero y no podía haber sido más feliz.

Ya que había dado el sí, un remolino de actividades comenzó rápidamente. Jon debía reportarse a su nuevo escuadrón en California a mitad de junio, así que escogimos el 3 de mayo como nuestra fecha de casamiento. Esto nos daría tiempo para la luna de miel y para mudarnos al otro lado del país. Pero nos daban menos de tres meses para prepararnos. Para mantener las cosas simples, escogimos una ceremonia militar en la base naval Dam Neck, que tenía un gazebo hermoso justo en la playa para la ceremonia, y el club de oficiales que estaba cerca del lugar era perfecto para la recepción.

Mi madre y mis amigas me ayudaron a organizar los detalles en un tiempo récord, pero me sentía como si todo fuese un sueño. Después de tantos años de luchas personales buscando significancia y valor, estaba experimentando por primera vez la promesa de seguridad y amor incondicional de un hombre que pronto sería mi esposo. Todo sucedió tan rápido, no estaba simplemente casándome, también estaba dejando atrás mi trabajo, la costa este, y mi vieja vida. Todo sería diferente de un momento a otro para nosotros dos, pero juntos y con

El día de la boda del teniente Jon Rystrom y Krissy Windham 3 de mayo de 1986, Base Naval Dam Neck, Virginia Beach, VA

Sophie, estábamos ansiosos por comenzar nuestra nueva aventura juntos.

Después de nuestro fugaz compromiso, llegó el día de nuestra boda. La brisa fresca de primavera que venía del océano era tan fuerte que los músicos debían sostener sus partituras con ganchos. Los padrinos de la boda de Jon, que estaban muy bien vestidos con sacos blancos, lucían cómicos al tratar en vano de sostener el endeble pasillo nupcial en la cubierta de madera que llegaba hasta el gazebo.

Tomé el brazo de mi padre y caminé lentamente hacia el altar, pude ver tu orgullo y emoción. Yo estaba ganando un esposo, pero mi padre estaba ganando no sólo un yerno sino también un hijo. Desearía que mi sombrero no se hubiese volado de

repente, pero una vez que encontramos nuestras miradas con Jon, quien estaba parado con una actitud de confianza en el gazebo y se veía tan guapo en su traje blanco de la armada, me olvidé del viento y de las apresuradas semanas que nos llevaron hasta ese día especial. Este era un momento que deseaba apreciar por siempre.

Mi padre tomó mi mano y la puso junto a la de Jon, el ministro nos dio los votos solemnes que estábamos a punto de tomar.

" ¿Jon, tomas a Krista como tu legítima esposa para vivir juntos bajo las órdenes de Dios en el santo estado de matrimonio? ¿La amarás, confortarás, honrarás y obedecerás, estarás con ella tanto en la salud como en la enfermedad estando dispuesto a dejar a un lado todo lo demás por ella hasta que la muerte los separe?"

"Si acepto," respondió Jon. Yo prometí lo mismo. El ministro nos hizo hacer un voto adicional.

Luego del intercambio de anillos, el ministro nos declaró como marido y mujer, luego tuvimos una oración final.

"Ahora Padre, dales la fortaleza para mantener estos votos de manera leal y fiel el uno al otro y que se apoyen mutuamente a través de sus vidas. Que ambos puedan llevar los pesares del otro y puedan compartir así también sus gozos. Ayúdales a ser honestos y pacientes y a ser padres amorosos y sabios un día. En todo su futuro juntos, que puedan regocijarse en la vida del otro y crecer juntos a través del amor mutuo. Manténlos fieles a ti, y que al final de esta vida en la tierra puedas recibirnos y a todos nosotros en tu reino celestial. Amén."

El ministro miró a Jon y le dijo las palabras que todos estábamos esperando.

" ¡Puede besar a la novia!"

Jon no era alguien que cuestionaba las órdenes, así que cumplió con entusiasmo. Estaba tan feliz de ser la señora Krista Rystrom y también estaba aliviada de que mi sombrero no se haya volado durante el final de la oración. Con precisión militar, los oficiales compañeros de Jon marcharon delante de nosotros y crearon un pasillo de sables para que camináramos a través de él. Antes de pasar a los últimos dos oficiales en la fila, pude sentir a Jon deteniéndose, y me sorprendí cuando bajaron los sables y no nos dejaban pasar.

Arco de espadas en la boda Rystrom – 3 de mayo de 1986
Base Naval Dam Neck, Virginia Beach, Virginia

"Bienvenida a la armada Sra. Rystrom," dijo uno de los padrinos de la boda, luego sentí un pequeño golpecito en mi parte trasera ya que uno de ellos muy suavemente me golpeó con un sable. Jon se rió con brillo en sus ojos, deleitado ya que yo estaba completamente sorprendida por esta tradicional bienvenida a la Armada. Me reí junto con ellos y me di cuenta que sería una de muchas otras revelaciones que vendrían. No solamente me había casado con Jon, sino también con la Armada.

Nuestra recepción estuvo llena de brindis y felicitaciones así como de sonrisas alegres.

También hubo lágrimas al decirle adiós a nuestros amigos queridos antes de partir hacia el otro lado del país en California. Después de haber usado un sable para cortar nuestro pastel de bodas, Jon dio unas palabras a todos los invitados.

"Algo que puedo decirles," dijo sonriendo, "es que hace ocho meses atrás no estaba pensando en casarme. No fue hasta que encontré a esta maravillosa señorita que ambos hicimos clic, y espero tener un gran tiempo con ella por los próximos 40 o 50 años que nos queden."

Me sentía de la misma manera, mientras entrábamos a nuestro coche y nos dirigimos hacia nuestra luna de miel recorriendo varios hoteles de día a través de los Estados Unidos. Estábamos seguros que tendríamos los próximos 40 a 50 años para amarnos mutuamente.

La boda Rystrom, portada de Portfolio
Hampton Roads, Virginia, mayo de 1986

Capítulo 8

Autopista a la Zona de Peligro

El temblor del suelo causado por los motores del avión me despertó de mi sueño. Frustrada mire el reloj que estaba hacia un lado de la cama eran las 2:36 A.M. Lo mire a Jon y dormía como un bebé. ¿Cómo era posible? Puse una almohada sobre mi cabeza en un intento fallido de apagar los sonidos mientras que otro avión pasaba.

Odiaba ese ruido, el de un avión de guerra F-14 sobrevolando el techo de nuestro nuevo hogar en una zona desértica, un pequeño apartamento en la Estación Aérea de la Armada Miramar. Afortunadamente sólo debíamos vivir ahí por un corto tiempo antes de mudarnos a un dúplex que habíamos comprado. Pero hasta ese momento debía soportar el bullicio constante provocado por toda la clase de aviones mientras que despegaba al entrenar de día y de noche, en este gigantesco aeropuerto militar. Bienvenida a la Armada Sra. Rystrom.

Al experimentar por primera vez el mundo de una esposa militar, esta llamada de atención a la medianoche por las explosiones de los reactores no era la bienvenida que esperaba.

Jon fue asignado a Miramar para un RAG, en otras palabras, para un entrenamiento de actualización, el cual era requerido para todos

Los Rystroms en el Salón Aeronaval de Miramar, San Diego, California

los aviadores antes de poder reingresar activamente a los vuelos. En cuatro meses cortos, Jon fue reasignado para unirse al Hormel Hawgs del VAW-114, el cual servía en el portaaviones USS Carl Vinson. No haber tenido mucho tiempo para disfrutar de estar casados antes de qué tuviera que irse rumbo al mar era frustrante, y vivir en una base me estaba privando del sueño.

Jon sabía que necesitaba una salida, así que me invito al cine a ver "Top Gun." Esta película popular sobre un piloto luchador de la armada se había estrenado mientras que estábamos en nuestra luna de miel, y Jon estaba muy entusiasmado por verla. Gran parte de esa película fue filmada en Miramar, También conocida como "Pueblo de los luchadores de Estados Unidos." En la vida real, Top Gun, el nombre de la

Escuela de Armas de Luchadores de la Armada de los Estados Unidos, entrenaba aviadores de la armada en acciones tácticas de lucha y ataque. Cada día al manejar desde el trabajo hasta nuestro departamento en la base pasaba junto al hangar en donde el verdadero Top Gun operaba. No estaba nada entusiasmada en comparación a él de ver esa película. Ya estaba satisfecha de aviones, muchas gracias. Pero no quería decepcionarlo, así que accedí a ir.

Sorprendentemente, desde la escena de apertura en la pista de aterrizaje de un portaaviones, me enganché con la película. La música altamente enérgica de Kenny Logins "Danger Zone" llenaba el cine, estaba viendo el mundo de Jon por primera vez. Esta era su vida. El peligro y el drama de las misiones, la intercepción soviética MIG, los intensos entrenamientos, la rudeza de los hombres, y, por supuesto la historia romántica transformó totalmente el molesto ruido de los aviones de noche aún afrodisíaco excitante para esta nueva esposa. Por supuesto que él volaba en un Hawkeye y no en un jet F-14, pero cuando él estaba vestido con su traje de vuelo se veía tan guapo como Tom Cruise.

Después de la película, le pregunté acerca de la muerte del oficial de intercepción de radar (RIO) en la película, cuyo apodo era "Goose," Y sobre los peligros de volar. Trato de resumirlo.

"No te preocupes, Krissy, yo vuelo el avión más seguro de la armada."

El evadió un poco la pregunta, porque no era del todo cierto, pero era el avión más seguro en un portaaviones. "Goose" era un oficial aéreo al igual que Jon, pero él me dijo que no podía eyectarse del E2-C al igual que lo hizo el personaje en el F-14. En su lugar él tenía paracaídas en sus asientos en caso de emergencia, junto con otros instrumentos de supervivencia. Eso ayudó a aliviar mi temor un poco, pero su chiste acerca de los CACOs verdaderamente no lo hizo.

"Si ves un auto blanco estacionado en la calle y un oficial naval en un traje azul acercándose a la puerta sabrás que no sobreviví." Él lo dijo riéndose, pero yo no le encontré la gracia.

Traté de quitarme de la mente la imagen de un oficial naval caminando hacia mi puerta, especialmente cuando el entrenamiento de Jon llegó a su fin y llegó el tiempo de que partiese hacia el mar. Mientras él empacaba sus maletas para su viaje en el océano Índigo, yo estaba desempacando cajas de nuestra mudanza ya que apenas habíamos llegado a nuestro dúplex. Sentí alivio al saber que mientras él no estuviera, no estarías sola. Había hecho nuevas amigas, las esposas del escuadrón de Hormel Hawgs y también compañeras de mi nuevo empleo vendiendo publicidades en los periódicos de San Diego. Del mismo modo Jon y yo nos unimos a la Iglesia y Coro Bautista College Avenue, y formamos nuevas relaciones ahí también.

Promesa
"Nadie te podrá hacer frente en todos los días de tu vida; como estuve con Moisés, estaré contigo; no te dejaré, ni te desampararé. Esfuérzate y sé valiente; porque tú repartirás a este pueblo por heredad la tierra de la cual juré a sus padres que la daría a ellos."
Josué 1:5-6

El portaaviones estaba listo para partir hacia el mar, Jon se uniría al viaje en el Mediterráneo del USS Carl Vinston (O como él lo llamaba "Carlitos V"), eso significaba que él estaría de viaje tan sólo por cuatro meses en vez de seis. "Tan solo" era simplemente un decir, ya que yo no podía imaginar estar siquiera un día sin él. Estaba tremendamente triste por la separación en especial porque nos perderíamos de estar juntos de "los primeros días" como un matrimonio, por ejemplo, mi cumpleaños, el día de acción de gracias, y lo peor de todo Navidad.

Era notorio que él también estaba estresado, en especial por el olor a pastel de chocolate. En nuestros cortos meses de matrimonio, descubrí que, aunque él era optimista, a veces tenía días malos. Y en esas raras ocasiones solía hornear un pastel de chocolate para desahogarse. Yo estaba mejorando en la cocina, pero eran sus esfuerzos haciendo tres comidas al día, los que hacían que mi tendencia al desorden alimenticio se mantuviera inactiva. Iba a extrañar su cocina también su sonrisa, su voz, y sus besos, pero más que todo su presencia. El estar cerca de él me hacía sentir muy segura y amada. Yo sabía que su primer matrimonio no había sobrevivido debido al estrés de sus largas ausencias. Solo imaginaba como eso nos afectaría en nuestro matrimonio.

Ya que Jon debía unirse al portaaviones que se encontraba en algún lugar del océano Índigo, nos despedimos en el aeropuerto internacional de San Diego. Me volví en el coche en un charco de lágrimas, apenas si lograba funcionar, y terminé pidiendo la tarde libre en el trabajo. El abrir la puerta y entrar a la casa la cual estaba tan vacía y silenciosa, el estar totalmente sola a excepción de mi perrita Shopie, simplemente era demasiado. Apenas habían pasado unas horas de su primer viaje como esposa de la armada, y no estabas segura de poder lograrlo.

Querido Jon

Pero antes de poder hacer una cruz en el primer día del calendario de Jon en su viaje al Carlitos V de 1986 a 1987, necesitaba escribirle una carta. Antes de que existieran los celulares, los e-mails, los mensajes de texto, el video llamadas y el Internet, la única manera de comunicarse de una manera regular con un marinero en alta mar era a través de las cartas. Y si piensas que el servicio de correos es lento, imagina tratar de hacer llegar y traer cartas a una nave en el medio del océano. El tiempo de demora entre el envío de una carta y el recibimiento de la respuesta podría variar entre algunos días a un mes, el promedio era de 10 días. ¡Todo dependía del clima, la ubicación de la nave, la misión en la que se encontraba, e incluso de sí bolsas postales caían fuera de borda!

Pero eso solamente era una parte del desafío. El otro problema era que las cartas podían quedarse varadas por días tanto en la costa como en la nave, esperando a que un avión llamado COD aterrizara para transportarlas. Como resultado las cartas nunca llegaron en el orden en el que habían sido escritas o enviadas. Enumerar las cartas era muy importante ya que, de otro modo, nunca sabrías cual leer primero o no sabrías si había una que no había llegado aún.

Con dos cruceros anteriores de experiencia, Jon sabía todo acerca de escribir cartas, pero esta era una nueva experiencia para mí. Antes de irse, hicimos un juramento "la promesa Rystrom" que consistía en escribirnos una carta cada día de su viaje. Estábamos determinados a que nuestro matrimonio fuese incluso más fuerte cuando él volviese, y esta inversión diaria de tiempo y amor salió de nuestro compromiso mutuo.

Al preparar papel y pluma, pensé sobre qué escribir. No quería que Jon se preocupara por mí, así que ¿debía escribir de manera valiente y actuar como si mi primer día hubiese pasado como la brisa, o debía arriesgarme a que se sintiera culpable al decirle cuánto lloré y cuán terrible fue nuestro primer día separados? Me decidí por la última opción. Yo sabía que él quería que sea completamente honesta y abierta con él, y no había otra manera para poder crecer juntos si intentaba esconder mis sentimientos y problemáticas más profundas. Sabiendo que mis palabras viajarían alrededor del mundo hasta el corazón de mi esposo, me senté en mi sofá, encendí el televisor para relajarme, y comencé a escribir.

6 de octubre de 1986

¡Hola mi amor!

Bueno, aquí va mi primera carta de muchas a mi amado, dulce, maravilloso, fuerte y sexy esposo de la armada. son las 10 p.m. del lunes a la noche y sophie está husmeando el tacho de basura y rascando sus pulgas. Yo estoy sentada en el sofá mirando a cagney y lancey. Ha sido un día duro...

Cuatro páginas después, firmé mi carta y la puse en un sobre, asegurándose de añadir el número "1" en el parte posterior justo como Jon me había enseñado. Fui un paso más allá y comencé un calendario de cartas propio para hacer un seguimiento de fechas de cartas y paquetes que le enviaba durante sus viajes. Esto no lo traería antes de tiempo a casa, pero me daba un sentido de apoyo y era una manera de hacer una cuenta regresiva de los días.

Al llegar a casa del trabajo el martes y revisar mi buzón de cartas, casi salto de la emoción al encontrar mi primera carta de parte de Jon. La marca postal decía Los Ángeles, y ya que la próxima sería desde el exterior sabía que pasarían varios días hasta que recibiera otra. Corrí hacia adentro de la casa y me recosté sobre el sofá, Sophie se acurrucó junto a mi mientras que abrí el sobre y leí mi primera carta escrita con su caligrafía inconfundible.

6 Oct. 86 1335

(por supuesto, él utilizaba el formato de fechas y horario militar. Debía restarle 12 a los primeros dos números para saber que eran las 1:35 P.M.)

Hola Krissy,

Aquí va la carta número uno y espero que entiendas mi caligrafía. ¡En primer lugar, te amo!

(Esta parte estaba escrita con letras más grandes y subrayada tres veces, sus palabras eran como abrazos cálidos.)

Ahora que pude sacar eso de mi pecho, te cuento que estoy sentado en el aeropuerto internacional de Los Ángeles son las 1335 y tuve que esperar más de una hora para conseguir mi pasaje, no voy a parar en Corea, voy a ir a Tokio, y luego a Filipinas. Todavía no me he dado cuenta de que no te veré por un tiempo. No creo que mencionaré números reales, ya que eso me deprimirá.

(De esa manera me sentía. No podía ni mirar el calendario, febrero parecía estar muy lejos)

Solamente espero y oro que nada muy importante ocurra tan pronto y que puedas desarrollar una rutina.

(Que dulce, aunque no sabía si alguna vez podría acostumbrarme a la vida de la armada.)

Bueno cariño, es tiempo de concluir la carta para poder enviarla antes de irme. Te escribiré cada día, de mis miedos, alegrías, deseos, de los amigos que conozca, y de mi tema favorito, mi chica (mejor dicho, mi mujer), Krissy.

Te extraño,

Con amor, Jon

Saboreé esas palabras salidas de su corazón, Sophie recostó su cabeza en mi regazo mientras yo pensaba que ella compartía mi tristeza. Recibir estas cartas era una bendición, pero el saber que esta era la forma en la que me relacionaría con Jon por el próximo par de meses era un pensamiento muy fuerte. Estaba alegre de que no compartiríamos solamente nuestros hechos cotidianos sino también nuestros sentimientos más profundos. Tal vez esto sería una luz en medio de esta nube oscura. Volví a leer otra vez la carta y me di cuenta de que él llegaría al USS Carl Vinston en cualquier momento, y me preguntaba en que parte del otro lado del mundo se encontraba mi dulce esposo y que estaba haciendo.

Diego Garcia

16:42 IOT TIEMPO, UTC+6
10 DE OCTUBRE 1986
USS CARL VINSTON
00.05.57 S, 65.32.28 E

Jon miró hacia la derecha, fuera de la pequeña escotilla para ver el agua azul del océano Índico ecuatorial mientras que el 601 hacía su acercamiento final a la pista de aterrizaje del USS Carl Vinson. El Hawkeye era el último avión en aterrizar, y Jon estaba agradecido de tener su primer vuelo del viaje en el bolsillo. Los dos pilotos soltaron el gancho y comenzaron su carrera contra reloj sobre el portaaviones. Bajaron el equipo de aterrizaje, mientras que giraban por última vez para encarar la popa de la nave, Jon pudo finalmente mirar las aguas turbulentas blancas producidas por el portaaviones, lo cual era su clave para ver que tan sólo en unos momentos estaría a bordo de "Madre" una vez más, ese era el apodo tradicional del portaaviones, que era su hogar lejos de su hogar. Estaba contento de estar de vuelta en el agua.

La prisa de aterrizar en un portaaviones y estar en su amado Hawkeye le dio a Jon un placer que era difícil de explicar. Los ritmos cardíacos de los pilotos a menudo eran más altos a los pocos segundos de aterrizar en un portaaviones. Los cables de detención (cables de acero largos y gruesos extendidos a unos cincuenta pies de distancia a lo largo del área de aterrizaje), así como un sistema más grande de cables y cilindros hidráulicos ubicados debajo de la cubierta de vuelo, podrían hacer que un avión a reacción volara a ciento cincuenta millas por hora y frenara por completo en unos dos segundos.

Después de una pausa de casi cuatro años desde la vida fuera del portaaviones, Jon descubrió que, en su mayor parte, poco había cambiado.

Luego de acostarse temprano, Jon estaba completamente despierto a las 3:30 a.m. El estrés de viajar y reajustarse a la vida de portador era suficiente para hacer que el horario de sueño de cualquiera se desordene.

Jon se dio cuenta, ya que no podía dormir, qué sería una buena idea escribirle a Kris su carta del día. Se encontraba ansioso esperando su primera carta de parte de ella, sin embargo él sabía que estaba en camino. Mientras tanto no podía esperar a contarle los cumplidos que había recibido de su foto en el calendario y a desearle un feliz cumpleaños.

Krista,

Simplemente te deseo que tengas el cumpleaños más feliz posible. Sé que no estoy ahí contigo, pero te amo y te amo más de lo que alguna vez pensé poder amar a alguien.

Jon se quedó mirando un largo rato al portarretratos de nuestra foto de casamiento que tenía en su escritorio y suspiró.

No quiero perderte nunca...

continuó la carta. Si tan sólo él pudiese estar para celebrar conmigo.

Teniente Jon Rystrom, E2C de VAW-114 Hormel Hawg

Capítulo 9

Cartas de Amor Al Otro Lado del Mar

El perdernos de días especiales juntos fue uno de los muchos cambios qué tuve que hacer en mi vida como esposa de la armada. Pero el ritual de escritura de cartas creado por nuestra separación fue uno de los regalos más grandes que recibí en esa temporada de mi vida.

Estas cartas diarias profundizaron y fortalecieron mi amor por Jon. No me malinterpreten, ciertamente lo amaba antes, pero incluso en nuestro corto periodo de conocernos y más corto tiempo de compromiso, no estaba repleta con la clase de amor tierno de mi sueco Cornhusker. La seguridad que el me dio desde el principio de nuestra relación fue lo que me atrajo hacia él. Pero el hombre que descubrí, al entrar en el matrimonio y soportar este tiempo obligado de distancia, fue mucho

> *Promesa*
> *"Esforzaos y cobrad ánimo; no temáis, ni tengáis miedo de ellos, porque Jehová tu Dios es el que va contigo; no te dejará, ni te desamparará."*
> *Deuteronomio 31:6*

más allá de una necesidad básica y tocó una parte muy profunda en mi alma que no sabía que existía.

Después de mi cumpleaños, algunas de sus cartas comenzaron a llegar a mi casa y a veces a mi trabajo. Pero nos tomó algunas semanas darnos cuenta de que estábamos recibiendo nuestras cartas. Fue gracioso para mi que él recibiera mi primera carta el día de mi cumpleaños, ocho días después de haberla escrito el 6 de octubre.

Para mi maravillosa esposa cumpleañera,

Que grandioso día, mi amor cumplió 25, me estoy sintiendo mejor, y yo Jon Rystrom, recibí tu primera carta, me encanta. No me di cuenta de cómo una persona puede hacerme sentir tan efusivo por dentro. Te juro que ya leí la carta 10 veces. Oh, verdaderamente te amo.

Cuando me contaste en la primera carta como fue tu primer día mi corazón lloró. Pude sentir las mismas emociones que tú estabas sintiendo. Estoy seguro de que realmente te encontrabas mal en esas horas que te tomaste para despedirme.

Ambos luchábamos con la irregularidad de las cartas y él entendía mi frustración.

Te prometo mi amor que te he escrito cada día y que lo seguiré haciendo al menos una carta al día para mi persona favorita en el mundo. Supongo que recibir las cartas es la parte más difícil para tí porque no hay nadie cerca tuyo para decirte si se han recibido cartas del barco o no. Me siento muy bien por tus cartas ya que cada vez que tenemos un llamado de correo he recibido una carta y eso es más que el mundo para mí.

Estoy muy contento de que finalmente recibas mi correo. pronto como puedes ver te he estado escribiendo todos los días. Ahora que han pasado varios días sin contacto conmigo hasta que llegaron las cartas, podrás entender de que te hablaba cuando te conté lo importante que el correo en el barco. En realidad, es un ida y vuelta, el correo es tan importante como lo es para tí. Oh, cuánto te amo.

Mi corazón explotaba de gozo cuando mi casilla de correo estaba llena.

Como joven recién casada ansiosamente compartía mis sentimientos cálidos, cruzando a través de miles de kilómetros para hacerle saber a Jon lo que su amor significaba para mí.

Antes de que te vayas a dormir esta noche, quiero que leas esta carta una vez más y pienses en mí. Debes saber en tu corazón que tienes a una mujer que te atesora, jonathan, te adora, te alaba y que siempre estará ahí, esperándote, amándote, dándote un hogar feliz, quien te dará a tus hijos, quien te apoyará en tu carrera y vivirá a tu lado, tomando cada paso contigo mientras vivas. Recuerda eso al cerrar tus ojos mi amor, ya que tu esposa te envía estas verdades a través de kilómetros hasta tu almohada.

Estoy enamorada de este hombre. Él ha partido en un portaaviones justo ahora, para proteger a nuestro país. Él es el "entrenador" arriba en los aires, tiene piernas fuertes, hermosos ojos que cantan con alegría y felicidad cuando sonríe, y tiene un corazón tierno y amante que ningún otro hombre en la tierra tiene. Su nombre es jon y yo soy su esposa por siempre... te amo jonathan, más de lo que nunca jamás podrás saber. Pienso en ti constantemente. te doy lo mejor que puedo dar. Sin condiciones, sin demandas, sin expectativas... sólo yo con todas mis faltas y flaquezas, el paquete completo... y es enteramente para ti por siempre.

Jon no era un poeta, pero él tenía su manera única de utilizar las palabras, especialmente cuando venían directo de su corazón.

Pienso en ti más de lo que debiera, porque cuando lo hago me doy cuenta de cuánto tengo que esperar para poder tenerte en mis brazos de nuevo. Pero para poder animar mi espíritu, pienso en términos relativos- que son cuatro meses de 40 o 50 años- ¡Y también sé lo que sentimos el uno por el otro y eso me hace sentir increíble! Ahora puedo enfrentar lo que sea.

He ganado tanto conocimiento y sabiduría a través de ti en tus cartas. A veces puedo sentir tu dolor, tu herida, tu gozo, tu intenso deseo de complacerme. Cuando leo tus cartas leo entre líneas y simplemente me maravillo de la increíble mujer con la cual me casé. Kris, yo supe desde el primer día en que te conocí que eras una persona especial en mi vida y no me has decepcionado en lo más mínimo. He crecido más en mi amor y cuidado por ti cada día. ¡¡¡Simplemente me encanta!!!

Supongo que te darás cuenta que mis dos cosas favoritas en todo el mundo son el amarte a ti y el fútbol americano universitario. ¡¡¡En ese orden!!!

El extrañarlo era uno de los temas más comunes en mis cartas, pero escribirle me ayudaba a procesar mis sentimientos de soledad.

Parece tan raro el no estar contigo. Has hecho muy bien al mantenerme ocupada, pero de noche cuando cierro la casa, enciende la alarma, y le doy de comer a sophie, miró a mi costado ese espacio vacío y te extraño... sólo han pasado seis días, pero parece que fue por siempre...

Pareciera que te hubieses ido por siempre. Es casi como si estuviera casada con un hombre, viviera en su casa, durmiera en su cama, mirara su televisión, y manejara su auto, pero no hay ningún hombre alrededor. Sé que suena raro, pero todo a mi alrededor me hace parecer que estuvieses aquí, pero la ropa para lavar es sólo mía, el desorden para acomodar es sólo mío, y las conversaciones que tengo también son sólo conmigo. Pero no te preocupes, no me estoy volviendo loca. Solo estoy explicando mis sentimientos mientras atravieso esta primera etapa. A veces llamo al número de casa para escuchar tu voz en el contestador de llamadas... ¡Qué risa! Te extrañe más hoy por qué no recibí una carta... pero tú sabes que soy muy paciente estos días, gracias al señor que nos fortalece en nuestras frustraciones y esperas. Realmente me estaba preparando para lo que venía más adelante. ¿Bastante tierno, no lo crees?

Pareces estar tan lejos ahora. es increíble que entre las millones de personas en el mundo hay un pequeño niño de un lado amando a una pequeña niña del otro lado y viceversa, y todo por una pequeña publicación de agosto de 1985. ¿No es increíble? Te amo mi amor más y más cada día.

Estaba pensando en ti tanto ayer a la mañana que me metí en tu clóset a sentir el olor de tu ropa. ¡Y hasta me puse una de tus camisas para poder sentir tu fragancia toda la tarde!

Siempre qué alguien que amamos está lejos nos preocupamos por su seguridad. Pero imagina cuánto te preocupabas si tu esposo estuviese volando desde un agitado portaaviones a miles de kilómetros a través del océano. Mi ansiedad aparecía hasta en mis sueños.

Hola mi amor. Es viernes y son las 7:30 a.m. y no estoy en el trabajo. me desperté esta mañana a las 5 a.m., porque tuve una pesadilla terrible. Morías en un accidente. Realmente me perturbó, así que comencé a orar por tu seguridad. ¡Te amo te amo te amo! eres la felicidad en mi vida. krissy

Tal vez fue porque Jon tenía un título en psicología, o tal vez fue su personalidad optimista, pero él parecía inmutable y con la cabeza fría en cada situación. Él no los expresaba como yo, y sabía manejar mi amplio rango de emociones.

Hoy acabo de recibir tu pequeña nota que escribiste el 17 y mi amor espero que no tengas más pesadillas, porque estoy bien, honestamente, y no dejaré que nada me pase ¿OK?

Incluso a la distancia Jon, continuaba preocupándose por mi, especialmente si le escribía por mis pobres opciones alimenticias y pérdida de peso.

¡Ve a la tienda! Sabía que ibas a comer mal cuando estés lejos. Cuando estaba sólo comía cereal o espaguetis. Pero por favor trata de comer una dieta balanceada, comprar muchas comidas congeladas. No tengo una respuesta, pero trata de comer de manera más balanceada y comprar algunas vitaminas. Ya es suficiente.

55 kilos es excelente, pero Kris te digo en serio. ¿No te está volviendo anoréxica verdad? Si estas comiendo, pero sigues perdiendo peso. OK, pero te amo y te quiero saludable. Me preocupo por ti ¿OK? Mantenme al día.

Durante este primer viaje aprendimos la importancia de fortalecernos constantemente el uno al otro a través de las cartas. Palabras de esperanza y afirmación se leían cada vez que los días eran difíciles Y tu amante no estaba cerca. Yo tenía familiares y amigos cercanos que me llamaban para levantarme el ánimo, pero solamente Jon tenía las palabras justas en cartas como estas:

... acabo de terminar de ver " un oficial y un caballero." muchacho, vaya eso me puso la piel de gallina. Estoy tan orgulloso de ti cada vez que pienso por lo que has tenido que atravesar y por lo que estás pasando justo ahora. Soy tan afortunado de haber encontrado a alguien tan dedicada, esforzada, legal, y amante como tú. Te amaré hasta el día en que muera y aún ahí te amaré porque estaremos juntos en el cielo...

... te amo más y más cada día, jon, y hay muchas personas orando por tu seguridad. sigue trabajando en tus buenas obras y simplemente recuerda que tienes un hogar feliz, seguro, y amoroso al cual volver hoy y por siempre. Te amo y te extraño pero estoy bien. tu esposa, krissy.

Las palabras tiernas de Jon me ayudaban a atravesar los tiempos de duda y frustración, en especial cuando se rompían los artefactos del hogar, o si mi auto necesitaba reparación, o si la máquina de cortar césped tenía problemas. Me preguntaba a mí misma: ¿Qué haría Jon? ¿cómo lo manejaría? Al pasar las semanas y los meses, me encontré a mí misma encargándose de problemas domésticos y reparaciones y creciendo en mi propia confianza. Su optimismo natural comenzó a contagiarse en mí y me dio una perspectiva más sana de la vida.

... si no tuvieses un día terrible de vez en cuando, no serías capaz de sentirte tan bien cuando tienes un buen día. Espero que esto tenga sentido porque estoy tratando de sobrellevar la vida en general. También siento que cuando estoy mal, simplemente pienso en ti y tu amor por mí, e *inmediatamente me siento mejor y sé qué puedo encarar lo que sea con esa clase de amor dentro mío. Kris, nunca he deseado ser amado por alguien tan fuertemente en toda mi vida como quiero que tú me ames. Pienso en tiempos pasados cuando estábamos juntos, más la emoción del futuro, y simplemente me llena de energía como no podrías creerlo. El saber que tengo la mayor parte de los próximos 50 años con la mujer que amo, simplemente no puedo tener un mal día sabiendo eso.*

Siempre he tenido la mayor de las confianzas en ti Kris. Supe la gema que eras en el momento en que te conocí. Ni siquiera me acuerdo de haber dudado de que tú eras la mujer para mí. Simplemente lo sabía. El amor es grandioso si lo es. Te das cuenta, mientras más crees en ti y más te aprecias, hay más de ti de lo que puedes darme a mí. ...

Tú puedes hacerlo, Kris. ¡Tengo fe en ti!

Jon era muy bueno dando consejos, pero había momentos en los cuales él se veía forzado a seguir sus propios consejos. Incluso el imperturbable Jon tenía un día malo de vez en cuando. Y cuando ese día llegó nos afectó a los dos.

Buenas Noticias, Malas Noticias

04 DEC 1986

23:32 ZONA HORARIA IOT, UTC+6

DIEGO GARCÍA

USS CARL VINSON

7.18.11 S, 72.24.38 E

La vida en un crucero era típicamente mundana y aburrida, pero este día se destacó como uno para recordar.

A Jon se le presentó la oportunidad de ser parte de la Junta de Guerra Antiaérea, en donde él ayudaría a planificar cómo defender de la mejor manera el portaaviones ante un ataque en un escenario de guerra. Encima de eso, fue oficialmente calificado como CICO con los Hawgs y podría finalmente formar su propia patrulla. Él definitivamente era uno más de la banda ahora y un miembro valioso del equipo. Mientras se sentaba en su escritorio para escribir su carta del día a Kris, sonrió con satisfacción ante su situación.

Todo está cayendo en su lugar, mi preciosa esposa, y me está yendo bien en el trabajo. Dios cuida a todos los que lo reciben en sus vidas. Estoy tan feliz de habernos encontrado. Nunca he estado más feliz o contento en toda mi vida.

El pequeño marco con la foto de su día de casamiento le llamó la atención.

Gracias Kris, por decir "sí."

Jon concluyó su carta antes de apagar las luces.

Estoy exhausto, así que es hora de concluir. Te amo, te amo, te amo.

A la mañana siguiente, cuando Jon comenzó su rutina matutina, no anticipó el dolor en su pie derecho. En unos minutos, el dolor era tan intenso que no podía soportar ni mucho menos caminar. Jon se dio cuenta de que se trataba de un problema grave y necesitaba una evaluación médica rápida. Una vez en la sala médica, el cirujano de vuelo le informó a Jon que el mismo deslizamiento de disco que lo había atormentado durante sus días de lucha en la escuela secundaria, pellizcando su nervio ciático, había vuelto a estallar y el tratamiento era el mismo: reposo en cama durante al menos uno. semana. La vida le había parecido tan perfecto la noche anterior.

¿Qué tan rápido pueden cambiar las cosas? Jon se sintió humillado por lo repentino de la situación, pero no entró en pánico. Si su último ataque con dolor de espalda era una indicación, tendría dolor severo por tres días y volvería a la normalidad en menos de diez. Hasta entonces, sabía que tendría que dejar que Kris lo supiese, pero tampoco quería que ella se preocupara.

Hola, Krista Kaye.

¿Cómo está mi amante número uno y amiga? Tengo algunas noticias buenas y algunas malas. La buena que te amo cada día más y más. De hecho, no puedo sacarte de mi mente. Es grandioso. La mala noticia es que estoy acostado boca arriba en la guardia del hospital porque mi espalda me está trayendo problemas de nuevo. Ahora no te preocupes. El principio no te quería contar hasta estar volando de nuevo, pero sabía que debía ser honesto contigo. Es como la vez pasada, que el cirujano dijo lo mismo: una semana de descanso en cama y luego continuaremos desde ahí, así que crucemos los dedos. ...

Durante los siguientes días la condición de Jon había mejorado. Él tenía muy poco para poder distraerse de su dolor, a excepción de la rápida visita de la famosa cantante de música country

Loretta Lynn quien estaba haciendo una parada de celebridad en la nave ese día para brindar ánimo a las tropas. Incluso él logró sacarse una foto con ella.

Ahora, Kris, no te preocupes demasiado por esto. No voy a morir, no amenaza a mi vida, es exactamente lo mismo que pasó en enero, y tengo a siete doctores cuidándome, así que estoy en buenas manos.

Pero él demostró una grieta en su armadura de confianza, al escribirme,

Me pregunto si tendré esto por el resto de mi vida, no como una pierna rota que se cura, pero esto no será definitivo, así que inclúyeme en tus oraciones y yo oraré por ti.

Luego de 11 días de cuidado, el cirujano a cargo le dio a Jon tres opciones: 1. Recuperarse, la opción obvia para él. 2. Permanecer en cama por otra semana hasta el último día en que la nave permanecerá en el puerto en Perth, Australia; o 3. Si permanecía sin poder levantarse sin dolor debería ser enviado en avión al hospital militar en Filipinas para realizar más pruebas y una posible cirugía.

Esta no era la navidad que Jon anticipa.

Navidad Miserable

Nuestra primera Navidad como recién casados no fue lo que ninguno de los dos había esperado. Jon estaba atrapado en un hospital militar en Filipinas sin una mejora real mientras yo estaba solo y preocupado al otro lado del océano. Qué Navidad más miserable sería. El día antes de la víspera de Navidad, le escribí esta sentida carta:

Querido Jonathan,

Hoy es martes a la noche y hablé contigo hoy. Oh no sabes cuánto necesitaba escuchar tu voz, solamente

para reafirmar que estabas bien. Lloré por una hora después de haber cortado el teléfono, por el dolor que estás pasando, por tu soledad, tu frustración, porque estás aburrido, y por ti. Me fui directo a la cama y me dormi exhausta por mis emociones.

Supongo que todo me golpeó el día de hoy, el temor, la preocupación, la frustración, el esperar para estar a tu lado para confortarte, para hacerte sonreír y reír. El saber qué estarás pasando la navidad sólo, en un hospital y en cama, me hace llorar. Si tan sólo tuviera el dinero volaría hacia allá ahora mismo para estar a tu lado y simplemente para sostenerte y decirte lo mucho que te amo. pero solamente puedo hacer eso en mis pensamientos, oraciones, cartas y sueños.

Debe haber una razón para todo esto. ¿Cuál será? solamente dios sabe. Nosotros simplemente podemos intuir. Tal vez nos hemos vuelto demasiado seguros y presumidos con la armada y tu éxito. Tal vez esto está dirigido a mi por sostenerme de tu profesión como una garantía. Simplemente no entiendo cómo podemos tener tantos problemas en estos primeros ocho meses de matrimonio. ¿Por qué? ¿Qué hemos hecho? ¿Es esto para hacernos más fuertes? ¿Para afianzar nuestro amor mutuo? ¿Para prepararnos para batallas más duras en el futuro que normalmente pueden ser devastadoras no sólo para nosotros, ya que hemos sobrevivido a través de tanto? ¿Es esto para fortalecer nuestra fe en cristo?

Nadie sabe en realidad, más que el sol sale cada día hay tres cosas seguras para nosotros: 1. Siempre hay *un mañana 2. Dios nos ama mucho 3. Nosotros nos amamos más que cualquier esposo y esposa. ¡con estas cosas, jon, podemos hacer lo que sea! ¡Créeme, me estoy diciendo esto más a mí misma que a ti, porque después de hoy, lo necesito! Te amo mi amor, y seguiré viviendo un día a la vez mirando al día en que tus labios vengan a mí de nuevo...*

Te amo, Kris

El próximo día, en noche buena, llame a Jon de nuevo. Qué manera de pasar nuestra primera Navidad como matrimonio. Cuanto deseaba poder viajar a través del teléfono para estar ahí físicamente con él en esa habitación de hospital. Al escribirme la carta esa noche estaba claro que él se sentía exactamente igual.

Cuando me llamaste hoy, solamente quería atravesar el teléfono para poder sostenerte en mis brazos y acurrucarnos y mimarnos. Kris, simplemente quiero gritar. Quería estar tan cerca de tí. Tu voz y tu amor significan tanto para mí. Las palabras nunca serán suficientes para expresar totalmente lo enamorado que estoy de tí pero voy a tratar de hacerlo. Quiero llevarte en mis brazos para no tener que preocuparme nunca más. Sé que eso es imposible, pero por favor no te preocupes tanto porque Dios me está cuidando.

Nunca olvidaré ese día de enero en el que finalmente Jon volvió a casa. No llegó como un héroe junto con un escuadrón de celebración volando. En su lugar, llegó en silla de ruedas desde un pequeño avión militar y luego en nuestro auto. Al mismo tiempo que estamos emocionados por el reencuentro, el volver a casa fue agridulce. Pero al pasar los días, fuimos bendecidos, ya que su espalda se recuperó totalmente, y se reunió a sus tareas con el escuadrón de los Hormel Hawgs cuando ellos regresaron a casa más tarde en febrero.

El viaje no fue para nada lo que yo esperaba, pero estaba agradecida por la experiencia. ¿Habíamos cambiado, él y yo? Absolutamente. Nuestra meta de fortalecer nuestra relación había sido alcanzada exitosamente. Nuestro amor y comprensión mutua había crecido y se había profundizado aún más. Por mi parte, gané tremenda confianza e independencia al darme cuenta que era capaz de mucho más de lo que alguna vez pensé. Como decía Jon, nunca sabes lo que puedes hacer hasta qué tienes que hacerlo. Y resultó ser que esta esposa de la armada podía hacer bastante.

Capítulo 10

De Vuelta al Mar

Jon y yo nos sonreímos mutuamente mientras nos poníamos nuestro equipo de snorkel y nos zambullimos desde un lado del bote a un mundo mágico debajo de nosotros. Las aguas cristalinas a lo largo de la costa de San Diego y las brillantes tardes de sol se combinaban para exhibir los peces tropicales de colores vividos, que danzaban a través de una gran variedad de corales como si fuese un desfile. La increíble belleza de este paraíso submarino era tan inspiradora que cuando volvimos al barco decidimos convertirnos en buzos certificados.

¿Y por qué no? Con el recuerdo cercano de la lesión en la espalda que tuvo Jon, simplemente queríamos mirar hacia delante para recuperar el tiempo perdido y disfrutar plenamente de la vida. Seguíamos siendo recién casados después de todo, y con el estrés de habernos mudado de una punta del país a la otra y con el primer viaje de Jon apenas terminado, al fin teníamos el lujo de simplemente

disfrutar el uno del otro. Después de trabajar durante la semana viajábamos todos los fines de semana para ir a algún lugar cerca de la playa o del agua. También añadimos un nuevo miembro a la familia, Max Deacon, un adorable cachorro de raza pastor noruego. Sophie y Max solían venir con nosotros a nuestras aventuras en la playa.

> *Promesa*
> *"Porque te sostengo tu mano derecha, yo, el Señor tu Dios. Y yo os digo: 'No tengas miedo, yo lo estoy Estoy aquí para ayudarte."*
> *Isaías 41:13*

Ahora que Jon estaba en casa, volvió a unirse conmigo al coro de la iglesia, y asistíamos a estudios bíblicos profundos juntos. Jon nunca había sido disciplinado en su fe, pero esta temporada de Biblia sólida y de relaciones significativas con otros cristianos pusieron un fundamento en sus creencias.

Tanto Jon como yo teníamos una profunda necesidad sentirnos importantes y seguridad, y luchamos para entregarle esto a Dios y dejar que Él lo manejara. Desde nuestra casa bellamente decorada, hasta mis trajes de negocios de alta calidad, era obvio que todavía tenía deseos de rodearme de las trampas del éxito. Pero en el fondo de todo, ambos sabíamos que no teníamos ningún control real sobre nuestras vidas, y la única manera de seguir adelante era encontrar significado en nuestra relación con Cristo.

Su carrera en la armada estaba avanzando de acuerdo a lo planificado, ya que estábamos esperando su promoción a Teniente Comandante. Jon y el resto de los Hawgs comenzarían un entrenamiento en el otoño- los periodos de entrenamiento de "" hola y adiós" en los cuales el partiría de semana en semana para prepararse para el viaje en el USS Carl Vinson de 1988. Él estaba muy unido a su escuadrón, el estrés de ser el chico nuevo ya había terminado. Se estaba acercando a dar un paso muy importante como Oficial Aéreo. 2000 horas de vuelo en el E-2C Hawkeye eran considerados como todo un logro.

A medida que se acercaba la partida de Jon en 1988, finalizamos nuestros planes para su despliegue de seis meses. Estábamos emocionados por vernos cinco meses después en Hong Kong, donde el barco tenía un puerto de escala. Para mantenernos conectados y crecer en nuestra fe, Jon y yo estaríamos leyendo el mismo devocional matrimonial mientras él no estaba.

Por primera vez, experimenté una despedida adecuada del escuadrón, reuniéndome con otras familias en el hangar Miramar VAW-114 del Hormel Hawgs para ver a nuestros chicos volar para encontrarse con el USS Carl Vinson en el mar. Estaba mucho mejor preparado para otro adiós, pero sabía que el "sombrero de esposa azul marino" tendría que volver a estar en su lugar.

Como comenzaba el USS Carl Vinson su viaje de seis meses, la vida en el portaviones reanudó sus actividades normales actividades y deberes. El comienzo de este despliegue parecía diferente para Jon, ya que estaba siendo considerado para su tan esperado ascenso a teniente comandante. La junta de ascensos estaba en proceso de revisión y pronto se enteraría de su futuro con la marina. Su perspectiva para los próximos seis meses estaría determinada por una cosa: el vestido de las codiciadas rayas de teniente comandante. Las rayas cosidas en los uniformes de los oficiales eran significativas y, como esposa de un oficial naval, estas rayas eventualmente se convertirían en una visión inquietante por el resto de mi vida.

Si tan solo Jon pudiera ver su futuro, pero por ahora, tendría que confiar en Dios que su futuro estaba en Sus manos.

Nube Nueve

El 4 de julio llegó un par de semanas después de que Jon partirse. A pesar de que yo había asistido a una gran fiesta, me sentía muy sola y extrañaba a Jon terriblemente, Especialmente en un día tan patriótico. El significado de ese día seguía en mi mente mientras le escribía a Jon mi carta diaria en esa tarde.

¡¡¡Feliz 4 de julio!!!

Te amo y estoy tan orgullosa de ti. Pensé en ti todo el día sabiendo que gracias a ti, somos capaces de celebrar la libertad cada día y en especial hoy. Gracias por permitirme tener libertad, mi amor. Eres un hombre muy especial y honorable por dar tanto de ti por este país…

Una de nuestras amigas le estaba diciendo a la gente lo poderoso que eres. Ella dijo qué eres tan especial, de la clase de personas que conoces una vez cada 20 años. ¡Estoy totalmente de acuerdo con ella! Eres radiante y cálido. Esa es la razón por la cual me casé contigo y por sobre todo porque te amo- porque para mí tú eres la clase de hombre que se conoce una vez en la vida. Te amo. gracias por elegirme a mí para vivir la vida contigo.

Jon dijo que me llamaría al llegar a Filipinas. Pero no esperaba que el teléfono sonara tan temprano esa mañana. Todavía estaba medio dormido cuando contesté el teléfono. “ ¿Jon, eres tú?”

“Solo llámame Teniente Comandante Rystrom” exclamó con entusiasmo, incluso la estática de la llamada desde el extranjero no pudo evitar transmitir el gozo en su voz.

Estamos muy animados por su promoción, pero eso no fue todo. Él también había estado involucrado en la primera intercepción de un avión de guerra soviético en el viaje, y lo mejor de todo es que había sido nominado para el galardón Hawkeye del año, un gran honor en la comunidad VAW. Sin duda él estaba en las nubes, y yo estaba tan orgullosa de él como feliz por nosotros. Ahora ambos podíamos relajarnos y esperar a reunirnos en Hong Kong.

Pero teníamos otros asuntos que considerar y una decisión muy importante para hacer. El viaje con los Hormel Hawgs iba a terminar unos meses después porque su crucero llegaría a su fin. El próximo lugar donde el iba a servir era muy importante, porque tenía el objetivo de comandar un escuadrón VAW algún día, y para poder hacerlo necesitaba seguir cierto camino. Él consideró mucho sus opciones durante los próximos meses.

Día a Dìa

Mientras Jon sobrevolaba el océano, yo me estaba sumergiendo en el. Una de mis estrategias para sobrepasar los viajes de Jon era ponerme proyectos para realizar y mantenerme ocupada y activa. En su segundo viaje tomé clases para ganarme un certificado de buceo avanzado. Una de mis inmersiones favoritas fue frente a la isla Catalina. Nos sumergiríamos a más de 50 m de profundidad en donde una boya estaba anclada al lecho marino. El agua era fría y clara, pero no había mucho que ver tan en lo profundo: no había peces ni tiburones tampoco había corales ni naufragios como los que habíamos visto en otras inmersiones; nada interesante, excepto que nuestros trajes azules se veían morados a esa profundidad.

Me sorprendía de lo cómoda que estaba en el agua y de cuanto disfrutaba ganarme mi certificado de buceo avanzado. No podía esperar a bucear con Jon cuando el regresara a casa.

Otra cosa que no podía esperar eran sus cartas. después de experimentar los tipicos retrasos del correo durante el primer viaje pensarias que estaria bien que las cartas tardaran en llegar esta segunda vez. Pero ese no era el caso. A veces podía soportar el problema. pero otras veces, por la falta de cartas, me deprimía.

Otro día sin una carta, pero hoy estoy más preparada... pienso en las familias de los submarinistas que no reciben correos por meses... parece que estas tan lejos, casi como si fueses un hombre en mis sueños. Me estoy dando cuenta que, para poder lidiar con este vacio terrible, ya que no eh tenido ningún contacto contigo, pongo mis sentimientos realmente profundos muy por detrás en mi mente para poder así sobrellevarlo cada día. Cuando estoy a solas pienso mucho en nuestro futuro, nuestros próximos años, y los próximos meses antes de poder verte. Realmente te extraño mucho... ¿Por qué nos estamos metiendo en esto? ¿Realmente tiene sentido? Vaya, el no recibir cartas tuyas debe ser lo más duro. El pensar en perderte, y tu amor por mí, o incluso tu deseo por mi... eso literalmente romperia mi corazón.

Por supuesto que eventualmente las cartas llegaban, y con el tiempo aprendí a tener fe incluso si no estaba sabiendo algo sobre mi esposo el día en que yo quería, sabía que él me amaba y se preocupaba por mí. Esta esposa de la marina estaba aprendiendo a confiar. Poco sabía cuánto iba a necesitar de esto más que nunca en los días venideros.

Sophie y Max Deacon Rystrom

Capítulo 11

Hong Kong Regreso a Casa

Al ver mi buzón lleno de cartas una vez más me di cuenta de que Jon tenía razón: alcé mi cabeza y fortalecí mi corazón, las cartas llegaron. Pero algunas de las cosas que escribió después fueron muy fuertes y había imágenes de miedo muy difíciles de sacar de mi mente.

¡Vaya día! Un VF-111 perdió un jet F-14 hoy a la noche. De hecho, hace tan solo tres horas, mi tripulación estuvo involucrada en el rescate. De principio a fin el proceso llevó 55 minutos.

El F-14 había caído a 45 millas del USS Carl Vinson. El oficial tenía lesiones en la espalda, no sabemos cuán serias, quedó en shock en el helicóptero, pero ahora está estable. El piloto, estaba bien. ¿Cuál fue la causa del choque? Nadie dice nada. Estoy seguro de que sabremos más en uno o dos días. Bueno, esas son las grandes noticias, y no, no fuimos héroes, sólo hicimos nuestro trabajo.

A pesar de lo que dijo, yo lo consideraba un héroe, y los hombres que servían con él también lo eran. Pero temía por su seguridad.

Promesa
"Deléitate en el Señor y Él te concederá los deseos de tu corazón."
Salmos 37:4

Otra imagen que apareció en ese mismo periodo, una que me perseguiría por años. No era una carta de mi esposo, era la portada de un periódico local. Al vivir en una comunidad militar, estaba acostumbrada a ver artículos de aviones y personas en el servicio todo el tiempo. Pero algo acerca de esta imagen me tomó del cuello y no me soltaba.

Era la foto de una joven viuda de un aviador de la armada, sosteniendo una bandera plegada que le había sido entregada en el funeral de su esposo. El avión jet F-14 estaba en una rutina de entrenamiento cuando comenzó a tener problemas mecánicos. Tanto el piloto como el oficial se eyectaron del avión, pero el oficial quedó colgado de unos cables de electricidad y se rompió el cuello. Murió por sus heridas al próximo día. El avión chocó contra un aeropuerto local dejando a muchos heridos en tierra.

Al ver esa imagen de duelo y el dolor en la cara de esa viuda, este pensamiento vino a mi mente: Un día, esa seré yo. ¿Por qué pensaría tal cosa? Su esposo había volado uno de los aviones de combate más peligrosos de la armada, el muy conocido F-14 Tomcat. Jon volaba el avión "más seguro de la armada,". Temblaba por ese pensamiento y trataba de borrarlo de mi mente. Pero la imagen y el recuerdo de esa foto de portada me asustaba en mi subconsciente, que resurgía cuando menos lo esperaba

Una Vez en la Vida

Trataba de empujar sacar estas oscuras premoniciones de mi mente y enfocar mis energías en algo que era muy placentero: nuestro muy cercano encuentro en Hong Kong. No podía esperar a sentirme segura y a salvo en los brazos de Jon otra vez. El muy anticipado día llegó en noviembre, el experimentar la maravilla exótica de esta atractiva ciudad me dio ímpetu, no había nada en comparación a la emoción de reunirme de nuevo con mi amado Jon.

Jon y yo pasamos alrededor de una semana juntos en el lujoso Hotel Kowloon, visitamos el puerto, fuimos a comprar perlas, compramos trajes de seda hechos a medida, y experimentamos la cocina única de Hong Kong. Compartimos muchas actividades con otras parejas del escuadrón, pero también tuvimos mucho tiempo solos para reconectarnos y reavivar nuestro amor.

Jon se veía tan entusiasmado descubriendo y comprándome tesoros en Hong Kong, así como yo lo estaba de recibirlos. Él no era para nada egoísta, al menos no en lo que a mí me importaba. Se sacrificó mucho para asegurarse de que tuviera momentos inolvidables de esta aventura de una vez en la vida.

Al final de nuestra visita, todas las esposas subimos a un barco hasta el USS Carl Viston en donde los esposos nos dieron un tour guiado en el portaaviones, incluyendo su camarote personal. Era muy surreal estar sentada en el mismo cuarto que había visto en el video gracioso unos meses atrás.

Despedir a mi esposo por segunda vez en este viaje no fue más fácil que la primera vez. Pero sabíamos que faltaba menos de un mes para que él y el resto de sus compañeros volvieran a casa a tiempo para Navidad, un verdadero regreso a casa de Navidad. A mediados de diciembre de ese año, me uní a las otras familias del escuadrón VAW-114 en la base de operaciones de los Hawg para preparar un regreso a casa especial para nuestros aviadores. A medida que el barco se acercaba a su puerto de San Diego, el ala aérea se preparó para el vuelo de entrada, donde todos los aviones abandonaron el portaaviones y regresaron a sus bases de operaciones por todo Estados Unidos.

Con San Diego tan cerca de la Estación Aeronaval de Miramar, me había acostumbrado a las explosiones de los motores de los aviones F-14 y los emocionantes sobrevuelos de los Blue Angels en formación cerrada. Pero nada conmovió mi corazón como la vista y el sonido inconfundibles de Hummers en el cielo. Mientras Jon y sus compañeros

Kris visitando el camarote de Jon en el USS Carl Vinson durante su Reunión de Hong Kong

de escuadrón caminaban por la pista vestidos con sus chaquetas de vuelo, este fue el regreso a casa que siempre había esperado. Cuando Jon y yo nos abrazamos, nuestros besos se mezclaron con lágrimas de alegría y alivio.

Tu me completas

Recordé nuestro primer viaje de seis meses, no solamente nos mantuvimos bien, sino que también hicimos crecer la unión en nuestra relación. Más allá de nuestro viaje de cuento de hadas a Hong Kong, mi recuerdo más especial de ese viaje podría resumirse en como expresamos nuestro amor el uno por el otro en nuestras cartas diarias.

Para jon Alvin Rystorm:

Hace tres años atrás exactamente esta noche conocí a un hombre que cambiaría mi vida. Este hombre me enseñaría acerca de la armada, acerca de finanzas, a comprar una casa, a usar un taladro, acerca del fútbol americano en nebraska, acerca de los pastores noruegos, a mudarme al otro lado del país, a manejar un reproductor de video casetes, el estéreo, y una televisión al mismo tiempo, sobre la paciencia, a escuchar, a dar, a aceptar, a hacer el amor, a acurrucarnos, a ser responsable, a ser segura, a esperar, a ser flexible y positiva en mis actitudes, acerca del matrimonio, acerca del... amor.

Voy a apreciar el maravilloso recuerdo de cuando nos conocimos, por el resto de mi vida. Oh, pensar que han pasado tres años, mira por todo lo que ya hemos pasado y lo que nos queda por adelante. Que pensamiento tan emocionante. Te amo con todo mi corazón. Gracias por ser el hombre por el que oré toda mi vida, y por sobretodo por darme amor y volver a darle una oportunidad en tu vida al amor. ¡Porque esta vez, bebé... funcionó!

Has cambiado mi vida y me has enseñado cómo vivirla. Gracias, Jon Alvin. Te amaré eternamente.

Tu "Mujer de Ojos Verdes"

***

Soy tan afortunado de tenerte como mi otra mitad. Te adoro absolutamente. Amo que mis compañeros se quejen por la cantidad de cartas que recibo, porque ellos no se dan cuenta de que se trata de un ida y vuelta. Si no escribiera tanto como lo hago, seguramente sería difícil para ti escribirme así. Estoy alegre de que nos hayamos puesto de acuerdo para tratar de escribirnos cada día, y pienso que a pesar de todo lo hicimos muy bien. No estoy seguro de saber manejar bien el dolor de muchas cosas (como perder en una pulseada o perder la promoción de mi puesto por primera vez). Pero gracias a que te tengo en mi vida, me has abierto los ojos a Dios de nuevo, ahora puedo aceptar las pequeñas cosas que salen mal- mientras que Dios esté de mi lado y tenga mi fe y nuestro amor el uno por el otro.

Te amo

Jon y Kris en Balboa Park, San Diego, CA

Capítulo 12

Vamos Big Red

Junto con el Año Nuevo llegó el tiempo de decidir cuál sería el destino final en la orden de Jon. Un viaje de Servicio Conjunto, en donde él serviría a la par de otros miembros del servicio de otras ramas militares, sería el mejor movimiento para su carrera e incrementaría las futuras probabilidades de ser promovido a comandante. Eso reducía nuestras opciones a dos muy diferentes viajes de servicio. Una opción era Nebraska. El Puesto de Comando Aéreo de Emergencia Nacional (siglas en inglés NEACP), o también conocida como "la Casa Blanca voladora," se encontraba en la base de la Fuerza Aérea Offutt, justo al sur de Omaha. Jon necesitaría credenciales especiales para calificar en esa posición, pero, a él le habían dicho que NEACP era, en secreto, la mejor opción de viajes de servicio por el tiempo que podías pasar en casa. Al pensar en Nebraska, nos imaginaba paleando nieve que llega hasta el nivel del pecho, estando despiertos por las alertas de tornado, y estando rodeados de plantaciones de maíz sin fin.

Nebraska tenía un punto a su favor, y era uno muy grande. Al estar en una carrera en la Armada las visitas de Jon a su familia eran muy pocas y muy distanciadas. La posibilidad de estar tan cerca de sus padres y de la mayoría de sus hermanos era muy importante para nosotros dos y al estar NEACP en la mesa, ambos oramos mucho y muy fuertemente por la posibilidad que debíamos elegir, le pedimos a Dios que nos dé una guía clara sobre qué dirección tomar. Para ser honesta, Nebraska no era mi primera opción, pero estaba lista para ir sí era la voluntad de Dios para nosotros, pero ambos teníamos paz de que era Dios guiando nuestras decisiones. Mi esposo Cornhusker estaba por volver a su hogar natal.

Bebé Bellevue

Antes de pasar al nuevo puesto de Jon en mayo, pasamos los últimos meses en San Diego atando cabos sueltos y despidiéndonos de nuestra casa y patio trasero, con sus cítricos y rosales que Jon plantó para mí. Echar raíces de la vida que habíamos establecido en San Diego era otra dura realidad de la vida naval que había elegido.

Promesa
"En lo profundo de vuestros corazones sabéis que todas las promesas del Señor vuestro Dios se han cumplido".
Josué 23:14

Sin embargo, esa realidad se volvió mucho más dulce cuando descubrí algo más justo después de que aceptamos la gira NEACP: ¡estaba embarazada! El próximo capítulo de nuestras vidas incluiría a Baby Rystrom. La guía de Dios de dejar las playas del sur de California por los campos de maíz de Nebraska ahora tenía mucho sentido.

Decidimos alquilar nuestro dúplex en lugar de venderlo, manteniéndolo como una inversión en el creciente mercado inmobiliario. A medida que se empaquetaban las cajas, mis propias casillas de verificación personal cambiaban.

¿Buena casa? dejándola

¿Gran trabajo para mí? Dejando eso también. Decidimos que hasta que llegara Baby Rystrom, sería una esposa que se quedaría en casa. Podría volver a mi carrera después.

¿Gran matrimonio? Sí, esa casilla todavía estaba marcada.

¿Fe? Nos encantaba la casa de nuestra iglesia en San Diego y me sentía cómoda con mi relación con Dios. Encontrar un nuevo hogar para la iglesia sería una prioridad.

¿Gran familia? Mi barriga en crecimiento era un recordatorio constante de que la vida estaba a punto de cambiar para nosotros para siempre. Cualesquiera que fueran las aventuras que se avecinaban, Jon y yo las afrontamos juntos.

Mudarnos a nuestra nueva casa en Bellevue, Nebraska, un suburbio rodeado de campos de maíz y situado a unas treinta millas de Omaha, no se parecía en nada al estilo de vida acelerado y centrado en la playa al que estábamos acostumbrados. Varias familias de militares vivían en nuestro vecindario y estaba agradecido de que me aceptaran rápidamente en su círculo. A medida que se acercaba el nacimiento de Baby Rystrom, nos resultó más fácil reducir la velocidad y adoptar un estilo de vida más simple y tranquilo. Cambiamos nuestro Jeep por una minivan, nuestras vacaciones por viajes para ver a la familia de Jon y salidas nocturnas para comidas al aire libre y barbacoas con los nuevos compañeros de equipo de Jon.

En septiembre, cuatro meses después de mudarnos a niña llamada Jordyn Deay Rystrom. Su segundo nombre proviene del apellido de soltera de la madre de Jon, y compartir su nacimiento con la familia de Jon hizo que este hito fuera aún más preciado. Mientras sostenía a mi hija recién nacida en mis brazos, toda mi vida se transformó.

De la misma manera que el amor incondicional de Jon había sanado mi trastorno alimentario, convertirme en madre y experimentar el vínculo afectivo que compartía con Jordyn sanó mi necesidad de significado. Mi intención había sido volver al Nebraska, experimentamos uno de los mejores días de nuestras vidas: la llegada de nuestra primogénita, una trabajo poco después del parto, pero una vez que nació Jordyn, mi corazón estaba lleno y mi deseo de ganar afirmación al ascender en una carrera disminuyó.

Jon se sorprendió de que su esposa-mujer de negocios, una vez altamente competitiva, ahora se contentara con quedarse en casa con nuestra niña y pasar el rato con otras mamás y sus hijos. Si alguien me hubiera dicho en San Diego que adoptaría la vida de mamá, no lo habría creído.

Jon y yo encontramos una iglesia significativa en Christa Comunista, una iglesia de la Alianza Misionera en Omaha. Allí, en la dedicación del bebé de Jordyn, Jon y yo prometimos ante Dios, la congregación y entre nosotros criar a nuestra hija en la fe y en un hogar que honrara a Cristo, rodearla con el pueblo de Dios y enseñarle las verdades. encuentra en la Palabra de Dios.

La Guardia Nocturna del Presidente

La flota de NEACAP estaba compuesta por cuatro Boeing 747 conocidos como el avión Domada o Nightwatch. Disfrazada para parecerse al Air Forcé Une, la versión militar desempeñó un papel fundamental en la estrategia de defensa de los Estados Unidos. En caso de un ataque nuclear u otra emergencia nacional, el presidente y el Secretario de Defensa, junto con el Estado Mayor Conjunto, podrían llevar a cabo sus funciones de manera segura desde el aire durante días, de ser necesario, sin tener que bajar a tierra para recargar. Para llevar a cabo esta misión, el masivo jet estaba equipado con la última tecnología, altamente secreta y era operado por un equipo de tripulación altamente calificado. Las tripulaciones de NEACP rotaron los relojes para que un avión estuviera listo para partir las 24 horas del día, los 7 días de la semana. Jon estaba orgulloso de su asignación con NEACP, trabajando principalmente como oficial de operaciones estratégicas. Decir que el trabajo de Jon estaba clasificado era quedarse corto.

Para una esposa de la marina que había pasado casi la mitad de su matrimonio separada de su esposo, el nuevo horario de trabajo de Jon era una felicidad total. Sirvió en una de las tres tripulaciones de la NEACP que rotaban las responsabilidades semanalmente asegurando el espacio aéreo dentro de las doscientas millas del presidente George H. W. Bush. Estaba acostumbrado a trabajar a todas horas del día y de la noche, por lo que ayudar con el cuidado de la bebé Jordyn en las primeras horas de la mañana fue un placer para él. Y su horario de rotación nos permitía viajar y divertirnos si no nos alejamos demasiado de la base cuando estaba de guardia. Estuvimos de acuerdo en que la gira NEACP era de hecho el secreto mejor guardado de la marina.

La "vigilancia nocturna" del presidente"
Base de la Fuerza Aérea Offutt, Bellevue, Nebraska

Una vez más su familia tuvo una revelación de la seriedad de su trabajo y la del NEACP. Que privilegio el poder haber echado un vistazo al mundo secreto de Jon. Sus familiares, en especial sus padres, no podían estar más orgullosos.

Familia de Nebraska

Como un miembro de los servicios unidos, Jon tenía el honor de servir junto con miembros de otras ramas militares: el Ejército, la Fuerza Aérea, y los Marines. La camaradería construida entre los miembros de la tripulación era profunda y duraría para toda una vida. Muchos estaban de acuerdo con que las mejores relaciones que habían desarrollado en su carrera militar estaban forjadas en el NEACP. Las largas horas que pasaban juntos estando de servicio lejos de casa, el estrés por las responsabilidades tan grandes, la cooperación, confianza, y el profesionalismo requería cumplir con la misión forjando una unión especial entre los compañeros de la tripulación.

Y esa unión se traducía a sus familias también. Yo era la esposa del oficial más joven con un bebé, me encantaba pasar horas con esas mujeres con más experiencia en lo militar, me uní mucho a ellas. Compartimos almuerzos, comidas al aire libre, incluyendo encuentros especiales en un tráiler enorme cerca de la base, que estaba puesto para poder pasar tiempo con nuestros maridos cuando estaban en el servicio.

Esto era en especial significativo si mi esposo estaba de servicio en Navidad u otros días especiales así que no teníamos que pasar tantos feriados separados. Por supuesto si una tormenta eléctrica u otra emergencia interrumpía nuestra comida con una alarma, los muchachos saltarían, saldrían de la puerta e irían directo al avión.

Aunque pasar tiempo con las familias del NEACP era muy especial, pero lo que hizo que nuestro tiempo en Nebraska fuese único fue el tiempo que pudimos compartir con la familia de Jon. Su pueblo natal estaba tan sólo a 90 minutos en auto, solíamos viajar a través de millas de prados y campos de maíz hasta el humilde hogar de dos cuartos de sus padres en Stromsburg para pasar cumpleaños y aniversarios o simplemente para visitar.

Al ir de visita, en cuestión de minutos, estaba en la cocina con su madre, mientras "Jonny" y su padre saldrían a trabajar en algún proyecto.

Qué poco común era para un oficial de la armada estar trabajando en Nebraska, cerca de su casa natal y su familia, con una tarea que le daba mucho tiempo para estar con las personas que amaba. La vida era fácil, y aunque sus responsabilidades eran considerables, no estábamos en guerra. Seguíamos siendo recién casados en muchos sentidos, y el bajo nivel de estrés nos permitió tener una temporada única para disfrutarnos mutuamente y a nuestra familia. A Jon le fue excelente en su trabajo y ganó la medalla más alta hasta esa fecha, la Medalla de Elogio del Servicio Unificado. Y en cuanto a mí, una vez que Jordyn se transformó en una pequeña niña, encontré la manera de poder trabajar a medio tiempo como profesora adjunta de la Universidad de Nebraska en Omaha, en donde di clases de publicidad.

Pero ese viaje no duró para siempre, y al finalizar en el año 1990, llegó el tiempo de recibir nuevas órdenes. Una vez más teníamos opciones, pero sea lo que sea que Jon eligiese, sabíamos que el próximo viaje sería tiempo en el mar. Para seguir adelante en su carrera como oficial mayor, él necesitaba estar a la cabeza de un departamento del VAW.

Podríamos haber vuelto a San Diego, pero ahora con una hija, queríamos evadir los altos costos y el estilo de vida bullicioso de California, y también queríamos estar más cerca de mis padres en West Virginia. Al final, decidimos volver a Norfolk en donde los dos teníamos raíces. Sería como volver a casa.

En agosto de 1991, empacamos nuestras pertenencias, nos despedimos con lágrimas de nuestros nuevos amigos y familiares, y nos dirigimos hacia nuestra próxima aventura. Después de completar el entrenamiento de refrescamiento obligatorio de cuatro meses (RAG), Jon se uniría a los Bear Aces del VAW-124, luego partiría al portaaviones Theodore Roosevelt, para un crucero Mediterráneo desde marzo a Septiembre de 1993.

Capítulo 13

Seagrass Reach

Cuando regresamos a Norfolk, yo era sin dudas una mujer diferente en comparación a la que había partido hace cinco años atrás. Seguía teniendo mi naturaleza competitiva, pero amaba la "vida de madre," estaba mucho más relajada y contaba con más experiencia en relación con mi rol de esposa de la armada.

Nuestra decisión de mantener nuestros dúplex en San Diego y alquilarlo mientras vivíamos en Nebraska resultó ser una decisión sabia. Gracias al floreciente mercado de bienes raíces en California, tuvimos bastante ganancia cuando fue tiempo de vender. En comparación a California, los precios de las tierras eran mucho más económicos en Chesapeake, un área en desarrollo al sur de Norfolk en donde muchas familias militares conseguían casas a precio accesible. Eso quería decir que podríamos construir la casa de nuestros sueños sin verme forzada a trabajar. Elegimos un lote alineado a unos árboles de pino en un barrio en construcción llamado "Riverwalk en té Elizabeth," en donde podríamos invertir mejor nuestros dólares, aunque eso significaba que el tiempo en Norfolk para Jon sería un poco más largo. Incluso el nombre de nuestra calle sonaba como al de un bosque encantado: Seagrass Reach.

La casa de Jon y Kris en Seagrass Reach esta en construcción.

Planeamos todos los detalles del diseño en nuestra casa. Elegimos el hermoso estilo gregoriano de dos pisos, con ladrillos expuestos, con escaleras de ladrillos curvos que ya daban a una puerta doble de vidrio. La entrada el echa de azulejos color naranja estaba acompañada de una escalinata blanca que llevaba al piso de arriba, en donde había cuartos, incluyendo una sala de estar encima de un garaje doble. En la planta baja estaba el living que incluía un comedor y una cocina grande.

Algunas personas dicen que desean divorciarse después de pasar por el estrés del proyecto de construir una casa, pero nosotros no. No tuvimos peleas ni discusiones. Deseábamos hacernos felices mutuamente. La manera en la que manejamos esta gran tarea reflejada la confianza, honor, y espacio que estamos dispuestos a darnos de buena manera. Jon visitaba el lugar en construcción cada día para asegurarse que todo estuviese siendo hecho de acuerdo a sus altos estándares. El planeó hacer algunos de los trabajos en el exterior de la casa personalmente. Como poner cercas, el sistema de riego, y luego la jardinería.

Marcar Casillas

Una vez más, me encontraba vaciando cajas. Pareciera ser que ser una esposa de la armada se trataba de estar constantemente armando y desarmando cajas, para mover y desempacar. Mientras que mentalmente vaciaba mis propias "cajas," la vida no podía ser más perfecta. ¿Casa perfecta? Sí, mucho más de lo que había imaginado. ¿Matrimonio perfecto? Por supuesto, y mejorando cada vez. ¿Familia perfecta? Oh sí, en especial con nuestro segundo hijo en camino para agosto, y ahora viviendo más cerca de mis padres en West Virginia.

¿Iglesia perfecta? Luego de estar viviendo al otro lado del país estamos emocionados de volver a nuestras raíces y elegimos a la Primera Iglesia Bautista de Norfolk como tal. Probamos ir a Iglesias más cercanas a nuestra casa, pero no parecíamos encajar en ninguna de ellas. La calidad del equipo, las enseñanzas sólidas de nuestro nuevo pastor, el Dr. Bob Reccord, y la calidez de una congregación de más de 6.000 personas hacían que el largo camino hasta la primera Iglesia Bautista valiera la pena. De inmediato, ambos nos unimos a las clases del coro de matrimonios los domingos. Comenzamos a enseñarle a los más pequeños en el programa Misión Friends e inscribimos a nuestra hija Jordyn en el preescolar de la iglesia.

¿Amigos perfectos? El volver a nuestros viejos amigos, y también hacer nuevos del escuadrón de Jon, el vecindario y nuestra iglesia nos proveyó muchas oportunidades para sembrar relaciones. En cada lugar en donde vivimos, ambos nos sumergimos en la comunidad, y nuestra mudanza a Norfolk no fue diferente. Además de nuestras actividades en la iglesia, íbamos a comer al aire libre junto al escuadrón de Jon, pudiendo así conocer a nuestros vecinos. Una amiga especial fue Jennifer, que solía estar sola, porque su esposo era un oficial de la armada que servía en un submarino. Vivía al final de la cuadra, ella y Jon disfrutaban de hablar de jardinería. ¿ Finanzas perfectas? Teníamos una base sólida, a pesar de que yo siempre parecía estar preocupada. ¿Trabajo perfecto? Jon estaba muy seguro en su carrera en la armada, al volver a Norfolk estaba lista para el futuro. La Regent Universito, la actual CBN Universito, me permitió volver a unirme a su programa de maestría para completar mi tesis. Jon término su entrenamiento RAG y se unió a los Bear Aces en enero. Le seguiría estar con su nuevo escuadrón en Panamá para misiones de intersección de drogas, pero me di cuenta de que podía manejar con efectividad el ser una madre embarazada de una niña de preescolar, completar mi tesis para la maestría, y seguir instalándome en mi nueva casa, sola. Seguía siendo muy esforzada.

Lo único que bajaba el ánimo en mi vida, era que mi querida vieja amiga, Sophie, murió justo antes de mudarnos a nuestra nueva casa. Estaba devastada por perder a mi dulce compañía de más de seis años, pero al menos el fiel Max, nuestro pastor noruego, que parecía una pelota esponjosa, seguía con nosotros.

Saludos y despedidas

Los meses siguientes pasaron muy rápido. Me hacía cargo de todas mis responsabilidades prácticamente sola. Como Jon estaba en Panamá, podíamos hacernos llamadas ocasionalmente, pero la cantidad de cartas diarias disminuyeron. Le compartí a Jon como Jordyn estaba lidiando con su ausencia prolongada por primera vez.

Hola bebé,

Bueno, este es el comienzo de otra relación por cartas entre kris y jon. estoy segura de que que este viaje servirá para que podamos ahorrar más dinero... de camino volviendo de la iglesia, jordyn me preguntó en dónde estabas. Cuando le dije que trabajabas en el avión, comenzó a llorar. ¡Así que le dije que estabas en búsqueda de hombres malos y luego se calmó!

Jordyn se ha portado muy bien, siempre me hace reír con sus payasadas. Hoy comenzó a llorar, porque quería a su papi. De tanto en tanto me sorprende esperándote.

Aunque nos estábamos escribiendo cartas de nuevo, nuestros temas eran muy diferentes en comparación a las cartas románticas de nuestros días de recién casados. Muchas de ellas estaban centradas en la paternidad. Trataba de mantener a mi esposo al tanto de los detalles de la vida de Jordyn que él se perdía: Un viaje a la playa y el amor creciente de ella por el océano, los tiempos divertidos que pasábamos con otras familias y sus hijos, y por supuesto su salud.

¡¡Me di cuenta de que jordyn tenía temperatura muy elevada, así que le tomé la temperatura y tenía 39° c!! ¡Pobre criatura tenía fiebre! así que durante las cinco semanas que estuviste ausente, ha tenido un fuerte virus estomacal, sinusitis y ahora 39° de fiebre. ¡No me está gustando el ver lo que va a ser tener dos hijos mientras estés en el mar por seis meses!

Estoy muy preocupada por los viajes. Con suerte la presencia del bebé hará que los días pasen más rápido, y para entonces estaré de vuelta en el coro, estudio bíblico, y tal vez haciendo ejercicios de nuevo.

De todas maneras, me he mantenido ocupada, pero sigue habiendo un vacío, una soledad en casa y me canso mucho... pero una vez más, eso puede ser por el embarazo y el peso de terminar esta tesis. Ufff.

Mientras leía las cartas de Jon, comencé a aprender sobre algunos de sus compañeros de escuadrón. Tenía muchas ganas de conocer a sus esposas. Sabía por experiencia que se formaban fuertes hermandades con otras esposas durante los despliegues. Sin embargo, este crucero sería diferente a los anteriores de Jon, ya que ahora era mamá de dos niñas pequeñas. Esta vez confiar en las esposas de Bear Ace para el apoyo de los padres.

Su servicio en Panamá terminó a mediados de mayo, pero a mediados de junio los entrenamientos para el USS Theodore Roosevelt comenzaron, y tuvo que partir una vez más hacia el mar. Otro periodo de hola y adiós comenzó, pero él esperaba que sea uno de los últimos. Tenía una buena oportunidad de ser promovido al rango de comandante en la siguiente junta de promociones, justo después de comenzar su viaje de 1993. Pero se dio cuenta que debido a los puestos disponibles en el escuadrón, en el camino de su carrera no tendría la posibilidad de comandar un escuadrón propio. Por mi parte me di cuenta, por esta carta que me escribió durante el tiempo de entrenamiento, que sus prioridades estaban cambiando.

Hola, mi amor,

Bueno, otro periodo de estar separados, pero al mismo tiempo me doy cuenta que estás tan ocupada de Jordyn que la soledad no es tanta, excepto en algunos momentos. Oro para que no te enfermes y para que Jordyn se mantenga saludable mientras estoy lejos. No estoy mucho tiempo en mi cuarto. Finalmente voy a terminar un libro, la Biblia como en 30 días, la Biblia tiene 66 libros.

Kris, ir al mar ya no es lo que era. Te extraño y también a Jordyn, demasiado, y las amo como loco. Simplemente oro para que este viaje nos dé lo que esperamos para mi carrera. Sé que, si está en mi poder, en realidad el poder de Dios, después de este viaje, no habrá más viajes en el mar para nosotros. Te amo y te extraño. ¡Jordyn, dale a mami un abrazo! Con amor, J

Llamadas de Teléfono Inesperadas

Una tarde, mientras nos preparábamos para ir a dormir, sonó el teléfono. Contestó Jon y a pesar de que no podía escuchar quien hablaba del otro lado, la mirada en sus ojos me decía que algo andaba muy, muy mal. Luego de hacer algunas preguntas, colgó el teléfono y se sentó en la cama desesperado.

"¿Qué sucede, Jon?" Le pregunté, con un nudo en mi estómago. Dio un suspiro tratando de encontrar las palabras correctas.

"Hubo un accidente, en un E-2C, no era de mi escuadrón." Hizo una pausa. "Los cinco a bordo murieron."

Mi corazón se congeló. ¿Murieron? ¿Los cinco? Jon me dio más detalles de lo sucedido. Un E-2C del VAW-126, los Sea Hawks, estaba volviendo de un vuelo de rutina de entrenamiento cerca de Puerto Rico, salieron del portaaviones USS John Fitzgerald Kennedy. Estaban a minutos de aterrizar cuando se encendió fuego en la cabina, el avión se llenó de humo muy espeso. Dieron un aviso de emergencia, pero a tan sólo 6 km de la nave, el avión cayó del cielo contra el agua. Un cuerpo pudo

> *Promesa*
> *"No temas, porque yo estoy contigo; no desmayes, porque yo soy tu Dios que te esfuerzo; siempre te ayudaré, siempre te sustentaré con la diestra de mi justicia."*
> *Isaías 41:10*

ser recuperado, pero los demás restos de los otros cuatro hombres nunca fueron encontrados, y fueron declarados perdidos en el mar.

La comunidad VAW era una comunidad muy unida, y aunque estos hombres no eran del escuadrón de Jon, se los consideraba hermanos de igual manera. El choque del Sea Hawk 602 sacudió a la comunidad VAW por completo. Y también me sacudió a mi.

Jon me había dicho que ese avión nunca chocaría. Obviamente, no era el caso. El avión no había caído por mal clima, o por un error fatal de los pilotos. El problema fue el avión en sí mismo, y esos pobres hombres no tuvieron el tiempo de solucionar el problema. Sólo podía imaginarme lo que las esposas y los niños de esos hombres estaban atravesando. Era lo único que podía hacer para mantener fuera del control de mi mente, la memoria de la primera plana de esa joven viuda de la armada sosteniendo la bandera plegada de su esposo, la que había visto en San Diego años atrás.

Nuestra Bebé Chesapeake

Mientras Jon comenzaba a prepararse para su próximo despliegue de seis meses con los Bear Aces, pudimos tener picnics y cenas con los aviadores del escuadrón y sus familias.

Me encantó finalmente poder unir a las esposas con los muchachos del escuadrón después de haber oído hablar de tantos de ellos a través de las cartas de Jon cuando se unió al escuadrón por primera vez en Panamá. Me había contado sobre el esposo de Shelly Messier, John, también conocido como Frenchy, a quien Jon consideraba el mejor piloto del escuadrón. Ya le había llevado una comida a Paola Dyer, la esposa de otro piloto, Billy Ray, después del nacimiento de su hijo.

Finalmente conocí al mejor compañero de ajedrez de Jon, el soltero Patrick Ardaiz, Aardvark. Luego estaba el esposo de Katy Forwalder, Bob, quien estaba entrenando para ser un CICO como Jon. Estaban esperando su primer hijo en la primavera durante el despliegue. Todos estábamos decepcionados de que Bob no pudiera quedarse en casa para el nacimiento de su hijo y luego reunirse con el transportista. Desafortunadamente, los militares tuvieron la última palabra en esa decisión.

Aunque todos nos estábamos preparando para el próximo despliegue de nuestros esposos, las esposas disfrutaron de conocerse en nuestras reuniones mensuales juntas. Las esposas de los aviadores tienen un vínculo único y yo estaba agradecida de ser parte de esta comunidad unida. El despliegue de Jon iba a ser más fácil de llevar a cabo con tantas damas divertidas en nuestro grupo.

Llegó el verano y disfruté los días en que Jon y yo podíamos estar juntos trabajando en proyectos en torno a la casa de nuestros sueños. Jon trabajó inusualmente duro para completar sus tareas, sabiendo que no estaría en casa durante casi la mitad del próximo año. La casa avanzaba, pero nuestra parte favorita era trabajar en la guardería. A estas alturas, sabíamos que íbamos a tener otra niña, y mi fecha de parto estaba a solo unas semanas de distancia. La vida estaba resultando tal como la habíamos planeado.

Celebramos a finales de agosto el nacimiento de nuestra segunda hija, Taylor Windham Rystrom. Afortunadamente, mi mayor admirador y mejor entrenador de nacimientos, Jon, estaba a mi lado y no entrenaba en el mar. Incluso al nacer, era obvio que la hermosa Taylor de piel clara se parecía a su padre, lo que enorgullecía mucho a su papá.

Jon volvió al USS Theodore Roosevelt para los exámenes y yo añadí el cuidado de un recién nacido a mi lista de deberes. Cuando Taylor tenía alrededor de seis semanas, se enfermó con fiebre de 103°. Inmediatamente la llevé a los médicos. No pudieron determinar la causa de su fiebre y la internaron en el hospital. Traté de mantener la calma, pero a medida que me hacían más pruebas y los médicos no podían darme ninguna respuesta, me puse histérica.

Pude contactar a Jon donde estaban operando cerca de Puerto Rico. Pero por mucho que quisiera volver a casa, no se le permitió irse. Estaba devastado. Esta fue mi primera crisis verdadera sin Jon allí para calmarme y tranquilizarme y para equilibrar mis emociones intensas con su manera serena. Nuestra iglesia se unió a mí y a nuestras niñas, y yo me quedé al lado de Taylor, sintiéndome impotente y asustada. Mientras yacía junto a ella en la habitación del hospital viendo todos los tubos en ella, el miedo de criar sola era abrumador. Esta experiencia llevó el estrés de la vida de esposa de la marina a un nivel completamente nuevo. Afortunadamente, Taylor se recuperó por completo.

Eventos Especiales

El verano pasó a ser otoño. Bill Clinton derrotó a George H.W. Bush en las elecciones presidenciales de noviembre, y aunque yo no estaba en la política o en los asuntos mundiales, los militares se preguntaban qué efecto sus políticas tendrían cuando tomara el cargo de su oficio en enero. La armada ya había experimentado recortes de subsidios, pero al menos habían incrementado un beneficio, lo que le permitiría a Jon tener el doble en su póliza de seguro de vida Servicemen´s Group Life Insurance. Por el peligro que implicaba su trabajo, a los aviadores de la armada, a diferencia de los civiles, les resultaba difícil obtener seguros de vida tradicionales, así que ese beneficio era muy necesario.

"Si yo muero, vas a tener cómo cuidarte," bromeo conmigo un día. A mí no me produjo gracia.

" ¡No hables de esa manera, Jon! ¡Para!" Tal vez era todo el estrés del periodo de entrenamiento que me estaba afectando, pero a veces miraba las manos de Jon, su cara, su piel, trataba de memorizar sus cicatrices por si alguna vez tuviese que identificar su cuerpo. Habiendo dicho eso, un sentimiento amenazante estaba volviendo, el mismo que había sentido años atrás al ver la portada de esa viuda en el periódico de San Diego. Y que Jon hablara del seguro de vidas verdaderamente no ayudaba.

Esta esposa de la armada se estaba cansado de esperar a que volviese a casa, incluso cuando estaba cerca, rara vez teníamos el lujo de relajarnos y disfrutar. En mis cartas, me preguntaba si nuestra vida volvería a ser "normal" o no.

Jon, realmente odio mucho estar sola. Sé que no hay nada que puedas hacer, y que has construido esta hermosa casa para mi, pero es tan difícil pasar los días y las noches, y saber que todavía faltan días y semanas para que vuelvas a casa, básicamente, sólo para visitar. A veces ni siquiera siento que estoy casada, y cuando estás en casa, todo tu tiempo gira alrededor de jordyn, arreglar cosas en la casa, y trabajar, de nuevo. suena como una ama de casa solitaria en una fiesta de tristeza...

Sólo diré, después de este viaje, vas a elegir una temporada en la costa sin separación. No hemos tenido nunca un periodo en el que no estés lejos por largo tiempo durante seis años. Es tiempo de que comiences a ser un esposo a tiempo completo. ¿Ok?

Jon se perdió de pasar el día de acción de gracias con nosotros, pero estuvo en casa para navidad. Cumplimos nuestra tradición Rystrom y decoramos nuestro árbol de navidad juntos, junto con la ayuda de Jordyn, quien ahora tenía tres años.

Cinco días después de Navidad, el Dr. Bob Reccord llevó adelante el servicio de dedicación de Taylor en la primera Iglesia Bautista en Norfolk. Al igual que con Jordyn, Jon y yo prometimos ante Dios, la iglesia, y entre nosotros que criaríamos a Taylor en un hogar cristiano conectado al cuerpo de Cristo, con respeto y amor por la Palabra de Dios, y que la alentaríamos a tener una relación con Dios. Con nuestro hogar que tan sólo tenía un año, estaba totalmente decorado de Navidad, el poder estar juntos como familia para celebrar, y nuestra conexión a familias de la iglesia y amigos, hicieron de esa Navidad una muy especial.

En Año Nuevo, comenzamos nuestro último esfuerzo para prepararnos para el viaje den Jon de seis meses, que comenzaría en marzo. Algo que nos ayudó emocionalmente fue mirar más allá de viaje, así que planeamos nuestro primer viaje a Disney World para cuando él regresara en septiembre. Conocimos a otra familia en el vecindario, los Purcell. Mike también partiría al USS Theodore Roosevelt, aunque no era parte del grupo aéreo. El y Jon se llevaron bien muy rápidamente, e hicieron planes para compartir algunos pasatiempos juntos al regresar a casa.

Jon y yo hablamos mucho acerca de su carrera una vez que este viaje terminara, y el ser muy detallista le estaba ayudando, estaba buscando próximas ubicaciones posibles. Una opción era mudarnos a Londres, pero no estamos seguros de desarraigarnos de nuestras familias, vender la casa de nuestros sueños que construimos con amor juntos, y mudarnos al extranjero. Quería retirarse de la armada y transformarse en un ascensor financiero. Con la junta de promociones, qué sería en marzo, el tendría una muy buena idea de en donde estaba parado en relación con la armada. Muchas preguntas, pocas respuestas.

Los padres de Jon celebraron su 50 aniversario en febrero, y nos tomamos un tiempo de nuestro agitado organigrama para viajar hasta Stromsburg, con nuestras hijas para celebrar este evento fundamental para la familia de Jon. Antes de irnos fuimos a Olin Mills Portarais Studio, un estudio fotográfico, para hacernos un retrato familiar formal, el primero desde que nació Taylor, para darle fotos de nosotros a todos los familiares de Jon. Como regalo de aniversario, le compramos a cada uno de sus padres hermosas vestimentas para la ocasión. Luego de nuestros años en NEACP, Nebraska tenía recuerdos más profundos para mí, y estábamos muy felices de presentarle a todos a nuestro nuevo miembro de la familia.

Una vez que volvimos de ese viaje a casa, mi mundo se volvió muy pequeño. En todo lo que podía pensar era mi propia familia y el viaje de Jon que se aproximaba. Mi puesto como esposa de la armada estaba a punto de ser utilizado tiempo completo, para ser honesta, estaba lista para que el viaje comenzara y poder terminarlo de una vez.

No sabía que al otro lado del mundo había una madre desesperanzada aferrada a sus hijos hambrientos con miedo... esperando... esperando alivio en su país devastado por la guerra, mientras yo estaba aquí, ama de casa privilegiada y madre aferrada a su marido que tenía una misión. Una misión llamada Operación Provide Promese. Ni ella ni yo sabíamos que Provide Promese salvaría su vida y destruiría la mía.

Kris, Jon y Jordyn en un picnic de Bear Ace, Norfolk, VA 1992

Capítulo 14

Agarre de Hierro

02 Mar 1993
2143 HORARIO EUROPEO CENTRAL, UTC+1
AACERSKA, HERZEGOVINA
41.15.18 N, 19.01.34 E

La delgada lámina de plástico puesta sobre la ventana rota serviría muy poco para mantener fuera el frío penetrante qué entraba soplando desde las montañas. En el interior oscuro de una casa arruinada, una madre musulmana desesperada de Bosnia y sus tres niños pequeños se acurrucaban juntos en un intento de mantenerse abrigados. Su desesperado esposo, quién probablemente había sido disparado o capturado por el ataque serbio, había desaparecido hace semanas al salir en búsqueda de cualquier comida que pudiese conseguir en los alrededores cubiertos de nieve y bosque. Se escuchaban disparos al azar durante esa noche mientras que los pocos defensores de la aldea permanecían, junto con sus pequeñas armas ligeras, empeñados en mantener lejos el altamente superior poder serbio que había rodeado la aldea a mano de hierro.

La vida no había sido siempre así en esa región del este de Bosnia, en donde la mayoría musulmana había alguna vez vivido en una relativa armonía a pesar de sus vecinos serbios. Pero todo cambió con el colapso del ex bloque del este y la separación de Yugoslavia que formó divisiones regionales y étnicas que estallaron en llamas. Los serbios, el segundo grupo étnico más grande en la región, querían que Bosnia-Herzegovina fuese parte de Serbia, pero la mayoría de los musulmanes en Bosnia se opuso.

Respaldados por el ejército de Yugoslavia, las fuerzas serbias comenzaron una limpieza étnica estratégica rodeando y bombardeando comunidades musulmanas, haciendo que lentamente mueran de hambre, y eventualmente forzándolos a salir de sus hogares los cuales habían estado ahí por muchas generaciones. Los hombres y niños que no fueron ejecutados y enterrados en fosas comunes y las mujeres y niñas que no fueron forzadas o violadas escaparon caminando junto con miles de refugiados en búsqueda de áreas seguras a muchas millas de distancia. Para ser justos, ningún grupo étnico era inocente de hacer cosas mal durante este conflicto, pero la naturaleza complicada de la guerra de Bosnia era irrelevante para esta madre en Cerca que trataba de ayudar a sus niños abandonados a vivir un día más.

> *Promesa*
> *"Jehová será refugio del pobre, Refugio para el tiempo de angustia."*
> *Salmos 9:9*

Un pequeño número de tropas de las Naciones Unidas habían alcanzado su aldea apenas comenzó el conflicto, pero las escasas medicinas, alimentos, goma y plásticos para cubrir ventanas rotas que proveían era como poner una curita sobre un brazo cercenado. Los Aldeanos sabían que era cuestión de tiempo para que los serbios avanzaran y sellaron su destino.

Las Naciones Unidas habían demostrado su incapacidad para terminar con el conflicto, y el proyecto aéreo humanitario llamado "Operación Proveer Promesas," que comenzó en julio de 1992, no pudo eliminar el efecto de los hostiles. La única esperanza de

Cerca era reportar desde una radio de onda corta cercana que había oído al presidente de los Estados Unidos autorizar lanzamientos aéreos de raciones de comida sobre su área. Mientras que las fuerzas de coalición multinacional encargadas de la operación Proveyendo Promesas habían estado enviando comida y suplementos médicos a Sarajevo durante meses, esta sería la primera vez qué raciones de alimentos serían entregados a los musulmanes asediados en las áreas el este de Bosnia.

Aviones de transporte grandes como el C-130 volaban desde bases en Europa y dejaban caer cargas desde grandes alturas para evadir ser impactados por el fuego enemigo. Esto también significaba que la precisión de las descargas sería inconsistente, pero el pentágono sentía que, aunque algunos cargamentos no cayeran en el lugar preciso, las que lo hicieran harían que valga la pena. Tal vez con los Estados Unidos involucrándose, los bosnios musulmanes podrían resistir lo suficiente y alcanzar una solución diplomática para terminar con el conflicto. Y mientras esperaban tal vez podrían al menos recibir algunas raciones para calmar la terrible hambre.

La ligera brisa nocturna fue interrumpida por un sonido desconocido: Los aviones de transporte C-130. La madre suspiro y los niños aplaudieron con esperanza. Tal vez vivirían para ver otro día.

Capítulo 15

Arbustos de Rosas y Despedidas

Llegó marzo y solamente teníamos 11 días antes de la partida de Jon al mar Mediterráneo. De alguna manera en medio de nuestro loco cronograma, nos la arreglamos para tener una última noche de salida juntos. También decidimos continuar con nuestras actividades de iglesia hasta el final y eso incluía asistir a la clase preescolar de 3 años de Jordyn del día de profesiones.

Miré a Jon mientras se ponía su traje de vuelo, empacaba su equipamiento, junto con un modelo de un avión E-2C, y todos fuimos juntos para la presentación de presentación de padres en la primera Iglesia Bautista de Norfolk. Estaba orgullosa y agradecida de que Jon tuviera en alta estima el estar presente en momentos como estos con nuestras niñas, pero no sabía sobre los hechos importantes qué aprendería ese día.

Jordyn, muy orgullosa, sostenía la mano de su papi mientras entraban al salón de clases. Muchos padres habían venido a compartir, y después de varias presentaciones fue el turno de Jon. Algunos de los niños ya lo conocían de la clase de Misión Friends que él enseñaba en la escuela, pero nunca lo habían visto con su uniforme de vuelo.

"Buenos días niños y niñas" comenzó su presentación de esa manera mientras se sentaba en una pequeña silla de preescolar con una gran sonrisa en su rostro y brillo en sus ojos. Su conexión natural con los niños y su entusiasmo por su trabajo eran obvios, mientras explicaba claramente su función en la Armada de forma que niños de 3 años pudiesen entender.

"Yo vuelo aviones en la Armada para mantener a Estados Unidos seguro, en un avión qué tiene un gran panqueque encima" usó esa ilustración mostrando su modelo. "Ese panqueque me permite mirar otros aviones en el cielo y puedo ver a los malos acercándose, y decirle a los buenos a dónde ir." los niños estaban fascinados con sus explicaciones y estaban muy atentos.

"Déjenme mostrarles mi traje de vuelo y mi equipo de supervivencia," continuó "mi traje verde oscuro cubre todo mi cuerpo y está hecho de una tela que no puede quemarse. Mis zapatos tienen suelas de acero para que mis pies no se lastimen. También usó estos guantes y este casco con un visor para mantener mi cara y mi cabeza segura."

"¿Qué es eso que está alrededor de tus piernas?" preguntó un niño " esa es una buena pregunta, tengo este entretejido especial que me pongo no solamente alrededor de mis piernas sino alrededor de mi cintura, mis hombros y mi pecho también. ¿Ven?" Jon se levantó lentamente para que los niños pudieran ver mejor.

"Tengo que asegurarme que esté bien puesto, de manera firme, porque si algo sucede, esto será lo que me sostendrá del paracaídas. Y me dolería mucho sí no estuviera así al abrir el paracaídas."

"¿Qué es todo eso que tienes pegado alrededor?" preguntó otra niña.

"Bueno, es una parte de mi equipo de supervivencia. Déjame mostrarte. Alrededor mi cuello y mi cintura tengo cosas que puedo inflar con aire como un flotador de piscina. Eso me permite tener la cabeza sobre el agua si debo dejar mi avión en el océano. Aquí está mi linterna, y tengo muchos bolsillos. ¿Alguien quiere ver que tengo en los bolsillos?"

Los niños estaban muy concentrados en su charla y todos gritaron " ¡Sí!" y alzaron sus manos.

"OK, veamos que hay en mis bolsillos. Aquí tengo cosas que podría usar si me encuentro solo por un tiempo, como una línea de pesca y anzuelos, una luz de bengala, y algo que hace humo, un espejo para poder decirle a otros aviones en donde estoy. Siempre me gusta llevar conmigo una navaja suiza del ejército, la mantengo en este bolsillo. Todos en el avión tenemos una de estas."

Jon sacó de su bolsillo un pequeño frasco que parecía el dispositivo de respiración de snorkel en uno de sus lados.

"Esta es una botella de oxígeno, una botella de aire, de esa manera si nuestro avión cae al agua, puedo sacar esto y respirar," hizo una demostración poniendo el aparato en su cara. "Eso me daría tiempo para encontrar una salida fuera del avión."

Promesa
"Considerad los lirios, cómo crecen; no trabajan, ni hilan; mas os digo, que ni aun Salomón con toda su gloria se vistió como uno de ellos. Y si así viste Dios la hierba que hoy está en el campo, y mañana es echada al horno, ¿cuánto más a vosotros, hombres de poca fe?"
Lucas 12:27-28

Mientras los niños hacían preguntas, Jon respondía pacientemente a cada una de ellas. Claramente ellos estaban hipnotizados por su cautivante presentación. Al finalizar y sentarse al lado de Jordyn, la sonrisa en su rostro era impagable.

Yo conocía algunas cosas básicas de su trabajo, pero no sabía los detalles del equipamiento de supervivencia. Salir de las áreas tan angostas de un E-2C en una emergencia sería difícil, pero al ser una buceadora y saber que llevaba un tanque de oxígeno me tranquilizaba. En realidad, deseaba que nunca fuese necesario utilizarlo.

Prométeme

Durante nuestro último domingo antes del viaje, realizamos nuestra rutina de siempre Y fuimos a la iglesia juntos como familia. Jon y yo asistíamos a la escuela dominical juntos, en donde él siempre era muy dulce conmigo y me traía una taza de café, pero ese domingo decidí ayudar en la enfermería de la iglesia. Las amistades que ambos desarrollamos en esas clases semanales eran muy importantes para nosotros. Muchas familias militares asistían a nuestra iglesia, y todos allí comprendían las demandas de los despliegues en las familias militares. Yo estaba agradecida por ese grupo de personas que me apoyaron durante los viajes de Jon.

El murmullo de las conversaciones suavemente disminuyó mientras las últimas parejas llegaban al salón y tomaban sus asientos. Jon sonrió y saludó a sus compañeros de escuela dominical, pero mantuvo sus ojos en el líder de la clase, esperando captar su atención. Una vez que hubo silencio, Jon movió sus manos pidiendo permiso para hablar en la clase. Con una sonrisa en su rostro, caminó hacia el frente y miró a sus amigos.

Jon había dado discursos, proyectos, y había dado lecturas en infinidad de ocasiones en frente de poderosos contratistas civiles, trabajadores del pentágono, de todos los rangos de la milicia. Pero lo que estaba a punto de compartir hacía que todas esas experiencias parezcan insignificantes en comparación. Tomó un gran suspiro, puso sus manos detrás de su espalda, y comenzó a hablar.

"Como la mayoría de ustedes saben, me voy de viaje al Mediterráneo por seis meses, comenzando este jueves."

Todos movieron su cabeza demostrando comprensión, ya que estaban familiarizados con su viaje.

"Quiero que me prometan algo: quiero que me prometan que se harán cargo de Kris y las niñas."

"Oh, Jon, por supuesto," se rió una dama suavemente ya que conocía el humor y los chistes que él solía hacer en clase. Otros en el salón se rieron suavemente.

"No, en serio" dijo Jon firmemente con una mirada solemne y un tono que instantáneamente cambió el ánimo del cuarto de casual a silencio de tumba. Hizo una breve pausa antes de continuar. "Quiero que prometan que ustedes cuidaran a mi familia cuando yo no esté."

Nunca nadie se había dirigido a la clase de esa manera antes. El apoyar a una familia militar cuando un padre estaba de viaje no era una idea nueva para la clase. Otro miembro, llamado Dave, se encontraba de viaje en ese momento en el USS John Fitzgerald Kennedy. Muchos de ellos, incluyendo Jon y Kris, habían estado cuidando a sus esposas e hijos, e incluyéndolos en sus actividades familiares. Los amigos de Jon estaban menos sorprendidos por su pedido en relación a la seriedad con la cual dio el mensaje.

"Se lo prometo, Jon" contestó un esposo de la fila del frente. "yo ayudare a Kris y las niñas en todas las maneras que pueda." "Ambos lo haremos" dijo su esposa. "Yo también Jon. Puedes contar conmigo" dijo otro. Y en tan solo momentos todos en la clase le prometieron lo que había pedido. Jon le agradeció a la clase y tomó asiento, satisfecho de que su esposa e hijas tenían el apoyo de sus compañeros. Este no era su primer viaje, de ninguna manera, pero era el primero con hijos, y eso marcó toda la diferencia. Él haría todo lo posible para proveerles y dejaría el resto en las manos de Dios.

La Tormenta del Siglo

Los últimos días antes de su viaje el día jueves fueron un remolino de actividades. Jon se puso sus overoles de Nebraska y completó cada uno de los trabajos hogareños que pudo, incluyendo sembrar rosas a lo largo de los lados de la casa. Algunas veces no era de vestirse muy elegante y le gustaba utilizar ropa "útil" como su vieja bata de baño marrón. Ni los overoles ni la bata de baño viajarían con él en el viaje del USS Theodore Roosevelt.

El TR se estaba preparando no sólo para el viaje si no para un visitante muy especial. El recientemente elegido presidente Bill

Clinton planeaba dar su primer discurso con tema militar a bordo del USS Theodore Roosevelt el día viernes, el primer día de servicio completo para el TR en el mar. Estaría acompañado por otros oficiales de alto rango y miembros de los medios nacionales, tornado a este un evento ampliamente cubierto e importante.

Aunque el presidente era muy poderoso, ni siquiera él podía controlar el clima. Yo no solía prestarle atención al pronóstico del clima pero no pude evitar oír acerca del agitado clima que se dirigía hacia nosotros y que llegaría durante la semana. Fue anunciada como "La tormenta del siglo" por los meteorólogos quiénes la describieron como un huracán con nieve y potencialmente mucha nieve. Impactaría la mayor parte del este de los Estados Unidos, pero cómo nos afectaría a nosotros exactamente en Norfolk, no estaba claro.

Llegó el miércoles, el último día antes del viaje. Esa tarde en la iglesia, Jordyn disfrutó de más diversión con su papi quien dio su última clase de Mission Friends, al menos por un tiempo. Al llegar a casa Jon se colocó sus overoles y finalizó los toques finales de nuestros nuevos arbustos de rosas, y también se aseguró de que nuestra casa estuviese bien sellada contra la tormenta que se aproximaba y golpearía ese fin de semana.

Cambio de Prioridades

Me acerqué a él junto a las escalinatas del frente de la entrada, y hablamos acerca de nuestro futuro. En unas semanas sabríamos si sería promovido a comandante O-5. Su administrador le dijo que tal vez no encontraría un área de trabajo en Norfolk y probablemente debería mudarse a Londres después de todo. Mientras mis manos se apoyaban en los ladrillos curvos de las escalinatas de la entrada, me pregunté si tendríamos que vender nuestra casa diseñada por nosotros mismos antes de tener la oportunidad de terminar de criar a nuestros hijos allí. Jon repentinamente se puso muy solemne, no parecía ser él.

" ¿Quiero continuar haciendo esto?" se preguntó pensando en sus últimos 15 años de servicio en la armada. Esa era una buena pregunta. Hablamos y consideramos si deseábamos gastar los próximos cinco años teniendo que desarraigar nuestras vidas y seguir mudándonos de tal manera que él pudiese retirarse antes de los 20 años de servicio y recibir su pensión. Ahora que teníamos niños, nuestras prioridades estaban cambiando. Jon adoraba a sus niñas y deseaba estar allí para ellas.

Mientras llevábamos a las niñas a la cama y la casa se volvía silenciosa en nuestra tarde final juntos, ambos nos alegramos sabiendo que este sería uno de sus últimos viajes. Si podíamos sobrevivir los próximos seis meses, tendríamos un receso largo antes de que él tuviese otro despliegue extendido. Al menos esa era nuestra esperanza.

Cuando nos despertamos el jueves, descubrimos que la hora de la partida de Jon se había adelantado inesperadamente y nos apresuraron a llegar a la base. No había tiempo para emociones ni sentimentalismos. Llegamos al estacionamiento del hangar y Jon agarró sus maletas. Un rápido abrazo y un beso para mí y las chicas, y se fue.

Mientras lo veía correr por el estacionamiento y entrar al hangar, sentí alivio. Las niñas y yo empezábamos la cuenta regresiva para el regreso de papá. Volver a casa había sido estresante y, como Jon, yo tenía mis órdenes. Con mi sombrero de esposa azul marino firmemente en su lugar, manejé a casa y me lancé a ser madre soltera y a manejar todos los demás detalles de nuestras vidas.

La primera tarea que tenía entre manos era hacer la tabla de cuenta regresiva de papá. Decidí que sería más divertido para las niñas hacer una cadena de papel. Jordyn y yo elaboramos diligentemente una cadena de papel con cartulina de colores. Jordyn escogió calcomanías especiales para poner en cada día festivo, cumpleaños y otras ocasiones especiales mientras yo escribía los números para ayudarnos a todos a contar los días hasta que papá volviera a casa. Planeé que quitásemos un eslabón de papel juntas, cada noche, y orábamos por el regreso seguro de Jon. El momento de cortar el último de los 183 eslabones parecía muy lejano.

Capítulo 16

Rezo Cadenas de Papel

12 MAR 1993
1100 ZONA HORARIA DEL ESTE, UTC -4
USS THEODORE ROOSEVELT
AGUAS DE LA COSTA ESTE, EEUU
36.57.50 N, 74.20.50 O

El inconfundible sonido de un Sikorsky Sea King inundó el aire mientras que Marine One se preparaba para aterrizar en la pista de vuelos del portaaviones USS Theodore Roosevelt. El cielo soleado y el océano calmo parecían no tener nada que ver con la tormenta que se aproximaba, mientras el TR le daba la bienvenida a su comandante en jefe.

El presidente Bill Clinton, quien estaba vestido con un traje de vuelo verde y pantalones caqui, acompañado de su secretario de defensa, salió del helicóptero. Devolvió los saludos a la tripulación multicolor en la pista de aterrizaje formada en honor a él, caminó a través de la pista hasta donde estaba la banda de bronces. Saludos cálidos, sonrisas y caballerosidad presidieron a mientras continuaba la gira.

El tour continuó con el presidente yendo debajo de la pista al comedor para compartir una comida con los marineros. Oficiales

Helicóptero presidencial Sikorsky Sea King

del servicio secreto se movían discretamente por los alrededores a la vez que algunos marineros con cámaras sacaban fotos al presidente que sonreía y posaba para las fotos una y otra vez. Luego de ver varios aviones y tener charlas con los aviadores que los volaban, el presidente junto a otros mandatarios se dirigieron a una plataforma enfrente de miles de marineros y había formaciones de hombres por color agrupados en el masivo hangar para oír al presidente en su discurso. Con su nueva gorra del USS Theodore Roosevelt puesta, subió al podio con el sello presidencial y se dirigió hacia la multitud.

"Me siento honrado de estar aquí. Como muchos de ustedes saben, es una gran bendición y un gran honor ser electo como presidente de los Estados Unidos. Pero no hay mayor honor en la oficina que ser el comandante en jefe del mejor grupo de Fuerzas Armadas en el mundo entero hoy en día y el mejor que los Estados Unidos ha conocido hasta ahora.

Nuestras Fuerzas Armadas son más que la columna vertebral de nuestra seguridad. Ustedes son el modelo resplandeciente de nuestros valores americanos: dedicación, responsabilidad, estar dispuestos a sacrificarse por el bien común y por el interés en la existencia de nuestro país.

Este portaaviones puede extender nuestro álcance. Estos aviones pueden portar nuestra capacidad. Son herramientas realmente extraordinarias, pero solamente porque están en Las manos de ustedes. Esta habilidad, tu profesionalismo, su coraje, y su dedicación a nuestro país y al servicio que le da músculo, tendón y alma a nuestra fuerza. Y hoy, estoy orgulloso de estar aquí y saludarlos.

Este mundo sigue siendo un lugar muy peligroso. Sadamm Hussein es la prueba de eso. La trágica violencia en Bosnia hoy en día nos lo recuerda diariamente... hoy, hay diversos desafíos de seguridad a través de los cuales debemos pasar. Y a veces ustedes que protegen a nuestra nación con un uniforme pueden ser llamados para contestar no solamente al sonido de las armas si no al llamado de seguridad, a una cita para mantener la paz, o incluso al grito de un niño muriendo de hambre.

Sé que este día ha sido muy difícil para muchos de ustedes. No debe ser fácil dejar familia y amigos por seis meses para estar en el mar, especialmente cuando los desafíos frente a nosotros parecen no ser claros y cuando se preguntan si los eventos mundiales podrían o no colocarlos en un lugar peligroso. Pero espero que entiendan que su trabajo es vital e importante para los Estados Unidos y para el comandante en jefe.

Este es un mundo nuevo y con esperanza, pero uno lleno de peligro. Estoy convencido que nuestra nación, a través de ustedes, tiene un papel histórico de tratar de asegurar la paz, dedicada a la prosperidad y la oportunidad.

La gente de Estados Unidos ha puesto su fe en ustedes, y ustedes han puesto su vida al servicio de nuestro país. La fe está en el lugar correcto, y les doy las gracias."

Mientras que la multitud aplaudía educadamente y el presidente se daba apretones de mano con los dignatarios de estado en la plataforma, el resto de las naves de grupo de batalla 8 ya estaban viajando hacia el Este escapando de las fuerzas el huracán y los vientos que vendrían con la predicha tormenta del siglo.

La Vida como Siempre

El servicio meteorológico continuaba dando avisos de clima severo durante ese fin de semana, pero nunca te hubieses imaginado algo así un par de días antes. El clima estaba lo suficientemente bien el jueves, incluso decidí continuar el trabajo que había dejado Jon poniendo algunas plantas demás alrededor del terreno. Jordyn disfrutó de estar afuera jugando en la tierra, y ambas disfrutamos del viento fresco. El clima se volvió más frío ese viernes con lo peor de "la tormenta del siglo a punto de llegar" el sábado a la tarde.

El viernes, el primer día completo en el viaje de Jon, volví a mi ritual de escribir cartas, pero ahora que era una madre, fue diferente a los viajes anteriores. Luego de la cena pensé en algo en lo cual no había pensado desde que Jon se había ido, llorar. Fue diferente en comparación a los baldes de lágrimas que derramé en San Diego en el primer viaje. No planeaba destruirme cuando las cartas de mi esposo tardaran en llegar, lo cual era inevitable. Para ayudar a que este viaje fuese más llevadero ya tenía preparada una lista de proyectos que esperaba completar y salidas a las que asistir con amigos.

Continuaba pensando en cuán mala podría ser esta tormenta anticipada y cómo podría afectar a Jon y a las naves en el mar.

"Rockandrolleando"

13 MAR 1993
2308 ZONA HORARIA DEL ESTE, UTC -4
USS THEODORE ROOSEVELT
FUERA DE LA COSTA DE LOS EEUU
37.21.25 N, 69.21.46 O

Jon se sentía como si estuviera de regreso en el USS Texas mientras el USS Theodore Roosevelt subía y bajaba por las enormes olas. Ondas de 5 m de alto chocaban contra la coraza de acero del TR, las olas superaban los 25 m de alto y la frígida agua marina rociaba.

El viento y las olas eran tan fuertes que no se permitió a nadie subir a la cubierta de vuelo durante cinco días. Pero cuando la tormenta finalmente amainó y se inspeccionaron los daños, descubrieron que todos los aviones en la cabina de vuelo estaban cubiertos por una capa de sal de un cuarto de pulgada. Los equipos de control de corrosión tendrían mucho trabajo por hacer. La tormenta de regreso a casa estaba en la mente de todos mientras el TR pasaba otra noche siendo sacudido por el mar embravecido.

Mantén a Papi a Salvo

De vuelta en los Estados Unidos, gran parte del este había sufrido significativamente por la tormenta, desde el sur profundo hasta la frontera con Canadá. Apodado como "snowicane", el sistema meteorológico histórico causó de todo, desde tornados, tormentas de nieve, inundaciones, marejadas ciclónicas, vientos dañinos y nevadas que medían en pies en lugar de pulgadas.

Aquí en casa, el viento comenzó a aullar como loco el sábado por la tarde y continuó hasta bien entrada la noche, sacudiendo las pantallas de las ventanas, doblando árboles y causando angustia al pobre Max. Pero cuando me desperté el domingo por la mañana, me animó descubrir que la tormenta había pasado sin mayores daños. Aparte de la luz piloto que se apagó en la chimenea de gas y algunas ramas en el jardín, todo estaba bien. Casi todos. Las niñas estaban empezando a mostrar signos de un resfriado, que no tenía nada que ver con la tormenta. Decidí quedarme en casa y faltar a la iglesia para tener un día de descanso en su lugar.

Durante los siguientes días el resfriado de las niñas avanzó, Jordyn no estaba durmiendo bien y venía a mi cuarto una y otra vez por las noches buscando confort. Para mantenerme concentrada en otra cosa además de la ausencia de Jon, di inicio a mi estrategia del periodo de viaje manteniéndome ocupada y comencé algunos proyectos de tejido y cocina. Durante las tardes, las niñas y yo sacamos los eslabones de la cadena de papel y hacíamos nuestra oración nocturna, la cual era perfecta para una niña de tres años: "Querido Jesús, por favor mantén a papi a salvo en el avión. Amén."

Sin Días de Vuelo

18 MAR 1993 JUEVES
1014 AZOT (ZONA AZORES) UTC-1
USS THEODORE ROOSEVELT
CERCA DE AZORES
38.47.06 N, 36.34.19 O

"Señor, lo requiero un momento, necesito su firma en algo," le dijo un soldado a Jon mientras caminaba hacia el salón de listos de los Bear Aces.

" ¿Qué es esto?" preguntó Jon quien acaba de volver de la inspección de rutina del camarote, se estaba preparando para recibir instrucciones en cuanto a las reglas para su próxima misión.

"Es acerca de su seguro de vida, señor."

"Pensé que ya me había hecho cargo de eso en diciembre" respondió Jon con una mirada de duda en su rostro.

"Eso es correcto, señor, usted lo aumentó al nuevo máximo, pero de alguna manera faltó su firma. Si simplemente pudiese verificar este formulario y ver si está correcto, ya podría firmar al pie por favor."

Jon, lo miró nuevamente, se aseguró de que su información estuviese correcta, y reviso dos veces para ver los beneficiarios.

Jon sonrió amablemente al entregarle el formulario devuelta al soldado y volvió a sentarse junto a los otros Bear Aces. Si no podían volar, al menos podrían prepararse de otra manera para

Promesa
"Cercano está Jehová a los quebrantados de corazón; Y salva a los contritos de espíritu."
Salmos 34:18

lo que estaba por venir, lo cual incluía charlas y distintos entrenamientos. Pero los días sin vuelo debían terminar, y pronto.

Las esperanzas de dejar el mal clima atrás mientras la nave se dirigía hacia el Este eran frustradas por una tormenta tras otra y se retrasaba su PIM, es decir el plan de movimiento pretendido. Los días sin condiciones de vuelo combinados con la necesidad de la nave de dirigirse hacia el Mediterráneo significaban que tanto pilotos como tripulaciones estaban retrasados en cuanto a completar el número de aterrizajes de día y noche requeridos para despejar las operaciones de vuelo. Jon y otros como él quiénes eran responsables de mantener a las tripulaciones preparadas estaban comenzando a sentirse presionados.

Lo peor del día ese sábado fue cuando llegaron las noticias de que un F 14 había caído luego de un entrenamiento de rutina cerca de la costa de Carolina del Norte. El RIO a bordo, el teniente comandante Fred Dillingham, era un ex miembro del VF-84, el escuadrón del F 14 había partido recientemente en el TR. Un servicio memorial para Dillingham fue planeado para el siguiente día en el castillo de proa, en donde las enormes cadenas del ancla estaban ubicadas. Ese espacio grande y abierto en la proa y por debajo de la pista de vuelo, era un lugar conveniente para hacer reuniones importantes, como servicios religiosos semanales, y los menos frecuentes servicios memoriales.

Jon, al oír que el teniente comandante Dillingham era un padre de dos niños, tu muerte lo golpeó un poco más. Jon estaba repentinamente muy agradecido de que ese soldado se diera cuenta de la firma que faltaba en su seguro.

Esa tarde, Jon se sentó en el escritorio y pensó en que escribirle a Kris. Sus ojos se pusieron sobre una foto en un cuadro de

Kris y las niñas que tenía en su escritorio. No pudo sino sonreír al ver esos preciosos rostros y se le hizo un pequeño nudo en su garganta. Oh, cuanto las extrañaba. Se sentía tan bendecido de tener a una esposa tan hermosa, por dentro y por fuera, y dos hermosas niñas.

Quería tomarse el tiempo para hacerle saber a Kris cuánto significaban para él tanto ella como las niñas.

Al siguiente día, Domingo, asistió al servicio memorial del teniente comandante. El triste asunto tuvo un gran impacto, incluso para aquellos que nunca habían conocido en persona. Los aviadores de la armada eran parte de un grupo muy unido.

Finalmente, el clima se apaciguó, y eso significaba que si los aviones podían despegar, entonces también los aviones que transportaban el correo podrían llegar. Todos a bordo estaban ansiosos de recibir noticias de sus hogares.

Al caer la noche, todos tuvieron su deseo ya que llegó el primer avión de correos.

Jon se sentía como en una mañana de Navidad mientras corría al cuarto de servicio para encontrarse con tres cartas de parte de Kris, junto con otros correos. Él sabía que las cartas que él había inscrito seguían en la nave o saldría en el avión que acababa de llegar. Pasarían algunos días hasta que Kris pudiese escuchar de él, pero él ya no podía esperar escuchar de ella. Abrió los sobres de las cartas en un segundo y se deleitó con cada palabra. No podía esperar para responder las cartas que había recibido.

Ya era más de medianoche, pero rápidamente encontró papel y bolígrafo y le escribió a Kris antes de volar en una misión nocturna. Esa noche, hubo un resorte adicional en su paso cuando cruzó la cubierta de vuelo y subió a bordo de su E-2C.

LCDR Jon Rystrom con su traje de vuelo, VAW-124 Bear Ace

Capítulo 17

Operación Proporcionar Promesa

22 DE MARZO 1993
LUNES
2200 ZONA HORARIA DE EUROPA DEL ESTE, UTC+0
USS THEODORE ROOSVELT
APROXIMÁNDOSE A LA ISLA GIBRALTAR
35.30.42 N, 9.56.42 O

Jon tenía todo preparado para hacer su primera grabación del viaje para Kris: su lista de cosas importantes con cada punto enumerado y con notas, las cartas de su esposa y otros correos, su grabadora de micro casetes con baterías nuevas, y tenía bastante espacio ya que su compañero se había ido. Jon se aseguró de que la cinta esté rebobinada y oprimió el botón de grabar. Estaba muy relajado, un poco soñoliento, y casi le hablaba a Kris como si estuviera en casa y fuese tiempo de ir a dormir.

"Bueno, mi amor, te amo mucho, y son las 2200 o las 10 de la noche del lunes a la noche, el 22 de marzo. Iba a hacer la grabación ayer, pero no tuve ningún momento a solas. Mi compañero está volando en este momento, y decidí tomar un descanso. Ha sido un día muy tranquilo. Ayer, te escribí la carta número nueve, creo, así que esta será la número 10. Lo importante es que te amo"

su voz cambió notablemente cuando el dolor de estar lejos en el océano

separado de su alma gemela se expresó claramente en esas pocas palabras. Se recuperó rápidamente, miró sus notas, y pasó al siguiente punto.

Promesa
"Entonces alzó Abraham sus ojos y miró, y he aquí a sus espaldas un carnero trabado en un zarzal por sus cuernos; y fue Abraham y tomó el carnero, y lo ofreció en holocausto en lugar de su hijo. Y llamó Abraham el nombre de aquel lugar, Jehová proveerá. Por tanto se dice hoy: En el monte de Jehová será provisto."
Génesis 22:13-14

"Jordyn, papá te extraña mucho y va a volver. A medida que acorte tu cadena, una por cada día que me haya ido, podrás ver que se acercará más y más. Va a ser un poco difícil de hacer, pero voy a llegar allí".

Jon le contó a Kris sobre su próxima misión.

"Se llama Operation Provide Promise. No sé si hace el papel o no. Estamos lanzando MRE (comidas listas para comer) a los musulmanes que están siendo atacados por los serbios".

Jon continuó en su grabación.

"Recibí una carta de la clase de la escuela dominical. Fue muy agradable; realmente lo aprecio. Mucha gente escribió comentarios al respecto. Nadie sabe cómo se escribe mi nombre o el tuyo".

Jon sonrió.

"Pero la intención está ahí.Vamos a atravesar el Peñón de Gibraltar mañana, día 23, y entrar en el Med. El 25, vamos a hacer el cambio de turno con JFK, así que tal vez vea a nuestro amigo Dave de la escuela dominical y lo salude".

(Algunos oficiales, incluido Jon, se dirigirán en helicóptero al USS John F. Kennedy, donde ella, el JFK, pasaría oficialmente la batuta a Theodore Roosevelt).

"Espero que encuentres todo esto interesante, de la misma manera que podría escucharte hablar todo el día sobre Jordyn y Taylor. Te extraño mucho. Estoy mirando tu carta No. 2. Me alegro de que te hayas quedado en casa y no hayas ido a la iglesia y hayas tomado siestas. ¿Y cuánto duró tu siesta? ¿Taylor está sentada? ¿Ella agarra cosas? Toma esas fotos; ¡Estoy listo! Es la una y media de la mañana del martes 23; terminaré el resto de esta cinta más tarde".

Papá a la distancia

A la noche siguiente, Jon tuvo tiempo de terminar su grabación. Ahora que los detalles de su próxima misión estaban más seguros, los compartió con ella.

"Luego de volver al Kennedy el día 25, comenzaremos de una vez con las misiones de proveyendo promesas esa misma tarde. Deséame suerte. Ora para que todo salga bien." Y dile a Jordyn, definitivamente volveré tan pronto termine nuestro trabajo aquí. Debo volar aviones por un tiempo, debería estar de vuelta a tiempo para tu cumpleaños, o cuando tu cadena se termine. Dale vuelta la cinta para contarle una historia a Jordyn. Te amo, Kris, cuídate mucho. Espero que todo esté bien, oro por tí y te amo mucho, mi amor. Mándale a mi maravillosa pequeña muchos abrazos. Te amo, chao chao."

Jon pulsó el botón de parar y dio un suspiro. Él sabía cuánto significaba para Kris eso, pero le gustaba mucho más escribir cartas. Ahora para la historia de Jordyn, esperaba poder contarle algunos cuentos sencillos para dormir. Él tenía que inventar las historias, ya había estado pensando en una durante todo el día, recordando los nombres de los amiguitos de Jordyn y sus cosas preferidas. Esperaba no hacer un desastre. Le dio vueltas al microcassette y respiró profundamente antes de pulsar el botón de grabar.

"Hola, Jordyn, soy papi," dijo gentilmente, poniendo la voz que utilizaba para hablarle a su hija.

"Primero quiero decirte que te amo. ¿Ya estás lista para ir a dormir? ¿Ya te lavaste los dientes? ¿Estás siendo una niña buena con tu mami? Bueno, se que sí y tu papi está muy, muy orgulloso de tí. Creo que tú y Taylor son lo mejor que me pasó en la vida y las amo mucho y desearía, realmente desearía, estar ahí con ustedes, pero simplemente no puedo en este momento porque debo estar aquí en este gran barco y volar. Pero pienso en tí todo el tiempo y sé que mami se está haciendo cargo de ustedes, seguiré haciéndote saber cómo va todo. Sé que tienes una cadena para saber cuándo volveré, volveré cerca de tu cumpleaños. ¿OK? Ahora siéntate con tu mami, o supongo que ya estás en tu cama y puedes escuchar esta historia que voy a contarte. ¿OK?"

Cuando Jon hizo una pausa el estallido de una catapulta lanzando un avión se oyó de fondo, y Jon continuó con su historia inventada. Trataba acerca de la princesa Jordyn y todos sus mejores amigos quienes estaba jugando en el bosque cantando y haciendo canciones hasta que el cielo se volvió muy oscuro y nublado y una amiga desapareció repentinamente.

Te contaré otra historia en la próxima cinta. ¿OK? Te amo. Adiós."

Jon se dio cuenta de que esto era más difícil de hacer de lo que esperaba. En su próxima carta, le pediría a Kris que le enviara algunos libros que pudiera leerle a Jordyn. Inventar historias fue difícil, pero no tan difícil como ser un padre a larga distancia.

Viajes de noticias

Durante un crucero, especialmente cuando había retrasos en el correo, el Oficial Ejecutivo (XO) se comunicaba con su esposa y le daba actualizaciones sobre los hombres. A su vez, ella pasaría la información a la cadena telefónica para que las esposas pudiéramos recibir las últimas noticias. Sabía que todos estaban bien, que habían sobrevivido bien a la tormenta y que habían llegado al Mediterráneo. También sabía que habían tenido su primera entrega de correo. Entonces, con suerte, las cartas comenzarían a llegar pronto.

Continué llenando nuestros días con actividades que nos mantenían ocupados a las niñas ya mí. Lo más destacado de nuestra semana siempre eran los miércoles por la noche en la iglesia. Aunque significó trasnochar para nosotras, valió la pena. Mis amigos de First Baptist Norfolk eran como una segunda familia para mí.

Los miércoles por la noche incluían una cena compartida y luego la enseñanza de la clase de Amigos de la Misión de dos años, seguida de un ensayo con nuestro gran coro. Aunque nuestras niñas normalmente estaban cansadas y listas para irse a la cama después de nuestra ajetreada noche, lográbamos orar por papá y cortar otro eslabón de su cadena antes de que me dispusiera a escribir las cartas a Jon.

Hola,

Por supuesto, es tarde esta noche debido al coro (11:20 p. m.), así que no extenderé esta carta, pero siempre siento que mi día no está completo sin hablar con mi amor. Tuve un destello esta noche cuando estaba en el coro: ¿qué pasaría si un miércoles por la noche cuando estoy en el coro, vienes para sorprenderme (obviamente, esto es después de que obtienes el puesto número 1 o te eligen para o -5 y te mandan temprano a casa). ¡Qué maravilloso pensamiento! Pensamiento ilusorio: sé que ni siquiera estoy pensando en pensamientos tan positivos, pero, ya sabes, podría ser posible...

La esposa del capellán del tr que va a nuestra iglesia dijo que recibió su primera carta el lunes, ¡así que está comenzando! Te amo y no puedo esperar a mi primera carta. Con amor, Kris y chicas

Tipo Genial

24 MAR 1993
WEDNESDAY
1910 CENTRAL EUROPEAN TIME UTC+1 USS THEODORE ROOSEVELT MEDITERRANEAN SEA
38°2139 N, 10°5654 E

Jon miró el parche TR recién cosido en la chaqueta de vuelo de su amigo; se veía bien, Mike era el vecino de Jon de Chesapeake, y aunque no se cruzaron en sus deberes regulares, los dos lograron encontrarse un par de veces en el barco. Mike había compartido información útil con Jon sobre su experiencia en combate, pero siempre creyó que recibía más de Jon de lo que daba en la relación. El entusiasmo de Jon se extendió a todos los que encontró. Era uno de esos tipos geniales con los que querías estar. Cuando Mike le dijo a Jon que había estado en el TR durante meses pero que no tenía a nadie que le cosiera un parche de TR en la chaqueta de vuelo, Jon dijo que haría que su gente se encargara de eso.

Mike esperaba devolverle el favor, tal vez con una cena especial cuando llegaran a casa. Él y Jon ya habían estado hablando de nuevos restaurantes para visitar junto con sus esposas cuando terminara el crucero. Hasta entonces, la noche de pizza en el barco tendría que ser suficiente.

Listo para Despegar

25 MAR 1993
JUEVES
0700 ZONA HORARIA EUROPA CENTRAL UTC +1
USS THEODORE ROOSEVELT
MAR JÓNICO, CERCA DE LA BOTA DE ITALIA
38.31.45 N, 17.36.55 E

Jon salió de su cama y apagó el despertador. Había estado despierto hasta muy tarde la noche anterior, preparándose para la próxima noche, la primera misión de Proporcionar Promese. Ahora debía prepararse para viajar en helicóptero hasta el JFK para el traslado de la ayuda humanitaria. En su primer viaje cuando era un hombre más joven, prepararse con menos de cuatro horas de sueño era algo muy sencillo, pero ya no era así.

Se bañó y se afeito, lo cual le ayudó a levantarse antes de dirigirse al cuarto de oficiales para tener un desayuno rápido. La charla en la mesa fue acerca de la última junta de promoción de los O-5 que acababa de finalizar. Él no era el único teniente comandante esperando ver si había sido promovido a comandante.

Pero pasaría al menos un mes, tal vez dos, hasta que la lista oficial fuese pública. Esperar siempre era la parte más difícil.

Jon tenía más cosas que esperar, se dio cuenta que el helicóptero al que debía subir no partiría en al menos una hora más. Si tan solo pudiese dormir durante esa hora extra. Hasta que se terminara el traslado había muy poco que hacer, así que volvió a su cuarto y como vio su cama desordenada y decidió tender la cama, algo que probablemente su compañero agradecería.

Pero tenía muchas cosas en su mente, como por ejemplo la junta de O-5. Recordó cuán decepcionado había estado al no obtener su promoción O-4 cuando estaba con los Hormel Hawgs. Pero él ya no era el mismo. Había cambiado. Por supuesto, deseaba la promoción, pero a través de la incertidumbre, Dios le había dado la paz que es inexplicable. Volvió a mirar las fotos familiares y sonrió. Él sabía que era realmente importante, y el rango de comandante no tenía nada que ver con ello.

Pensó acerca de esa noche en la misión Provide Promese, como los alemanes y los franceses estarían volando junto a ellos. Debía quedarse en esa misión, porque el XO estaría lejos por unos días. Como siguiente CICO al mando, el comandante le asignó volar en un E-2C secundario, 603, mientras que el comandante mismo sería el CICO en el avión primario, 602. El avión de Jon sería pilotado por un señor francés junto con Billy Ray Dyer como copiloto, y los ACO y RO sentados junto a él serían Aardvark Ardaiz y Bob Forwalder. Jon estaba cómodo con su equipo. Debido a la dificultad de la misión, volando a oscuras en la noche, en condiciones de niebla, el ser la primera vez volando en el Adriático, y la naturaleza ventosa de la misión los superiores al mando decidieron que esta era una misión en la que solamente querían a los mejores aviadores en el aire.

Luego de quedarse despiertos hasta las 0300 coordinando, él conocía los detalles de memoria: reunirían las tripulaciones a las 1730, despegarían a las 2100, aterrizarían a las 0100 del viernes 26. El avión del TR dirigiría el tráfico y proveería una escolta, junto con los franceses y alemanes para los enormes C-130, los aviones de carga que despegarían de la base a ella militar en Ramstein Alemania, dejarían caer los alimentos tan necesitados sobre el este de Bosnia y sobre la capital designada en Sarajevo. El USS John F. Kennedy había realizado esta misión las últimas semanas, pero luego del relevo el TR se haría cargo.

Jon miró su reloj, eran las 0830. Si iba a escribirle a Kris una carta antes de partir en helicóptero hacia el JFK, sería mejor que se apure. Encontró sus últimas dos cartas y se aseguró de contestar todas las preguntas y hacer sus propias preguntas también. Tres páginas después, había terminado. Mientras sellaba el sobre y dejaba su cuarto, realmente deseaba encontrarse con su buen amigo Dave en el JFK. Fue muy malo que no pudieran intercambiar lugares para que Jon pudiera ir a CONUS en su lugar. Jon tenía tiempo suficiente para llevar su carta al correo antes de que su helicóptero estuviera listo para partir

USS Theodore Roosevelt

Capitulo 18

Sin Horizonte

25 DE MARZO DE 1993
JUEVES
1700 CET ZONA HORARIA DE EUROPA CENTRAL
USS THEODORE SOOSEVELT
MAR JONICO, CERCA DE LA BOTA DE ITALIA
38.50.72 N, 17.60.58 E

Las tropas aéreas del 602 y el 603 se reunieron en el cuarto de listos para tener una pequeña reunión. Las asignaciones de las patrullas fueron confirmadas y los parámetros de la misión fueron definidos. A las 1730, la misión había sido completamente comunicadas a todos los participantes de las tripulaciones de la tropa aérea, a través de los televisores instalados en cada cuarto de listos de los escuadrones.

La noche casi sin luna tornaba en un desafío poder volar, y quería decir que las tropas aéreas estarían volando toda la noche manualmente con los instrumentos, llamados condiciones IFR. Debajo de un techo de 450 m, la completa oscuridad significaba que no habría horizonte visible durante la fase de aproximación al aterrizar en el portaaviones. No era la mejores condiciones, pero sin embargo estaban dentro de los límites de todos. La tripulación del E-2C concluyó en una reunión adicional propia, luego comieron algo antes de despegar.

1800 CET, JUEVES, A LA TARDE, HORARIO ESTÁNDAR DEL ESTE

Mientras las chicas y yo continuábamos nuestro día como de costumbre, no pude evitar pensar que éramos todo menos "normales". Esperar y mirar por la ventana a que pasara el cartero era un recordatorio constante y molesto de que Jon estaba en el mar. Tal vez hoy sería el día que finalmente recibí una carta de Jon.

Oí ese sonido familiar afuera y sonreí. Era un Hummer, un E-2C, probablemente despegando en un ejercicio de rutina. Al vivir tan cerca de la Base Aérea de Norfolk, aviones de todo tipo pasaban sobrevolando, pero el sonido de un Hummer siempre me hacía sonreír. Me hacía recordar a Jon y me hacía sentir muy orgullosa de el y del importante trabajo que desempeñaba. Un día, tan solo a un par de eslabones de papel de distancia, oiría el sonido del avión de mi esposo regresando a casa en septiembre. ¡Que sonido tan dulce sería ese!

2114 CET, 3:14 PM HORARIO DEL ESTE

Comenzaron las operaciones del proyecto Proveer Promesa. La pista de vuelo del TR tenía una actividad incesante ya que muchos aviones estaban listos para despegar. Como era costumbre "la guardia de aviones" despegaba primero para proveer una red de seguridad y que ningún avión experimente dificultades alrededor de la nave. Luego despegarían los E-2C de los Bear Aces, con el 602 adelante y después el 603, donde estaba Jon. Uno a uno los aviones despegaban rápida y sucesivamente, sus turbinas iluminaban la noche oscura. En total nueve aviones partieron del TR, incluyendo un par de F-14s Tomcat, FA-18 Hornets, A6-E Intruders, y un EA-6B Powler. Esta era una misión pequeña y concisa, sin embargo, era una misión importante.

Algo que cada piloto pudo observar al acelerar el avión y llegar al techo de los 450 m era que las condiciones de niebla no mejoraban. Luego de almorzar, era tiempo para que los oficiales Bear Aces del grupo 603 se pusiesen en marcha, rotaran sus asientos y encendieran su radar para comenzar a operar. Pero había un problema. El radar no funcionaba. A través de una señal de radio segura, el 603 notificó al E-2C principal el problema.

"Oh, 602, nuestro radar no está funcionando. El IFF es funcional. ¿Debemos RTB?"

El Bear Ace CO y CICO pensaron un momento. Él no quería que el 603 regresará a base (RTB) si su antena IFF (sigla en inglés para Identificación de Amigo o Enemigo) seguía funcionando.

"Negativo, 603. Cumpla su deber, y nos haremos cargo del control."

"Afirmativo, 602. Moviéndonos al objetivo."

Desafortunadamente, mantener al complicado equipo el funcionamiento óptimo era un desafío, especialmente con los recortes de presupuesto que la Armada estaba experimentando. Nada en un avión de 60 millones de dólares era barato de arreglar, y los equipos de mantenimiento trabajaban duro para mantener a todos los sistemas funcionando. Esta no sería una tarea emocionante para el 603, guiar varios aviones a un avión tanque para recargar más combustible era un trabajo muy básico, pero era muy esencial. No había muchos aviones que controlar, aún incluyendo a los franceses y alemanes, así que el 602 podría manejar ese trabajo sin problemas. Mientras los C-130 se aproximaban a las zonas de lanzamiento, con suerte, sus cargas de suministros aterrizarían en el lugar indicado.

> *Promesa*
> *"Con sus plumas te cubrirá, Y debajo de sus alas estarás seguro; Escudo y adarga es su verdad."*
> *Salmos 91:4*

2200 CET, 4:00 PM ZONA HORARIA ESTÁNDAR DEL ESTE

Finalmente, llegó el cartero. Corrí hacia el buzón, abrí la puerta, y ahí estaba: ¡La primera carta de Jon! Estaba tan emocionada que comencé a saltar como una niña. Había pasado mucho tiempo desde mi último contacto con Jon, y estaba desesperada por averiguar cómo estaba.

"¡Miren niñas, una carta de papi!" Exclamé, mientras corría hacia la casa, moviendo la carta de un lado al otro en el aire.

"¡Viva!" exclamó Jordyn, mientras nos sentamos juntas y abría el envoltorio. La parte de atrás tenían un número cinco, así que eso quería decir que había cuatro cartas antes que esa. Mis manos estaban prácticamente temblando mientras leí en voz alta las primeras palabras y oía de mi esposo por primera vez después de dos semanas.

Medianoche, día 18

Querida Kris,

Hoy fue un día muy desafortunado, todavía no ha habido vuelos por... x y estando detrás del PIM.

Frunci un poco el seño ya que no entendía que significaba lo que estaba escrito antes de la "X" y no tenía idea del significado de PIM.

Ya es tiempo de la cena. Cené con el cirujano de vuelo y el capellán del coro de la iglesia. Tuve una buena conversación. Es lindo poder hablar con alguien diferente que no sea de los Bear Aces. Conozco algunos oficiales además de los del escuadrón. Estoy alegre, es un buen cambio.

Jon era muy sociable, y yo estaba alegre al saber que el estaba disfrutando esas cosas.

¿Bueno hermosa, que te pareció eso por hoy? Luego junto con el escuadrón miramos una película llamada Sneakers. Nunca había oído hablar de ella. Excelente película, no muy seria acerca de los hackers de computadora. Muy entretenida. Todavía no me llegó el correo, así que espero que todo esté bien. Te amo y extraño a las niñas. Con amor, Jon.

" ¿Mami, a dónde está mi nombre?" pregunto Jordyn, al finalizar, con una mirada extrañada en su dulce y pequeño rostro.

" ¿A qué te refieres?" le pregunté, mirando nuevamente la carta. "Oh, ya veo. Papi dijo que el extraña a las niñas, esas serían tú y tu hermana, ¿verdad?" su rostro me dijo que ella esperaba algo más que eso.

Volví a leer la carta. Tan sólo el sostenerla me hacía sentir más cerca de el, sabiendo que sus manos la habían tocado. Sonreí y guardé la carta, ya estaba pensando en que escribirle esa tarde. Comenzaría preguntándole el significado de algunas de las abreviaciones que había utilizado.

2228 HORARIO DE EUROPA CENTRAL,
4:28 PM HORARIO DEL ESTE

"Despídase, acercamiento bajo," dijo el oficial de radio desde el USS Theodore Roosevelt mientras algunos de los primeros aviones de la operación Proveyendo Promesa comenzaban a regresar a la base.

Eso no era lo que el 512 quería oír, ya que el A6-E Prowler ascendía pasando por la nave para hacer una segunda vuelta. El piloto tenía la sensación que había rotado demasiado. Un pequeño vistazo a los instrumentos en su cabina decía otra cosa. No había rotado lo suficiente. Ese era el fenómeno llamado vértigo, el terror de todo piloto. El volar dependiendo de los instrumentos por periodos de tiempo extendidos, y el no tener un punto de referencia visual, engaña el cuerpo haciéndole pensar que arriba es abajo y abajo arriba o donde sea. En términos más modernos, se refiere a la propiocepción espacial o a la orientación espacial. Los pilotos son entrenados específicamente para confiar en sus instrumentos y no en sus sensaciones internas que podrían hacer mal los cálculos en la oscuridad y situaciones de niebla.

Al ser asignado esa mañana como un cargador de combustible, el 512 debería esperar a que otros aviones aterrizaran antes de poder hacer su segundo intento, pero ese no sería el único piloto sufriendo los efectos del vértigo esa noche. El capitán del portaaviones, mirando desde el puente, esperaba que el resto del grupo aterrizara suavemente. Los Hornets F-18 eran los próximos en aterrizar. El principal, 301, se había dado cuenta de la nula visibilidad y de las condiciones super oscuras desde un comienzo. Las altitudes a las que se suponía que debían encontrarse debieron ser elevadas para poder estar sobre las nubes a más de 8200 m de altura. Regresar a la nave no era nada fácil, ya que el último descenso requería de mucha concentración. Definitivamente no era una noche ideal.

2400 CET, 6 PM HORARIO DEL ESTE.

Estaba tan feliz cenando esa noche, y mis niñas notaron mi buen humor. El oir noticias de mi esposo era como una bocanada de aire fresco de primavera, una que necesitaba profundamente después de semanas de ser madre a tiempo completo estando sola.

Por experiencia, sabía que una vez que las cartas comenzarán a llegar, seguirían viniendo. Seguramente, habría retrasos de ves en cuando pero la primer carta del viaje siempre era motivo de celebración. Probablemente el ya había recibido una de mis cartas para ese entonces. Me di cuenta que la marca en su carta era un número cinco, no tarde mucho en darme cuenta. Deseaba que mis cartas le llegarán muy rápidamente.

0045 HORARIO DE EUROPA CENTRAL, 6:45 HORARIO DEL ESTE

Los aviones E-2C son los primeros en despegar en una misión y comúnmente de los últimos en aterrizar. Esta noche, el 304, un F18 que había tenido problemas, estaba volviendo del tanque pero detrás de ambos E-2C. El E-2C principal, el Bear Ace 602, aterrizó y fue estacionado. El 603 estaba tan sólo a unos minutos de distancia en su aproximación final.

" 603, izquierda 1, 6, 0" le comunicó la torre, dándole la guía apropiada.

" 603" copió el copiloto.

" 603, dirty up" torre le dio la confirmación, dándole instrucción de dejar caer su aparato de aterrizaje que a su vez disminuiría la velocidad del avión. El 603 recibió el comunicado y continuó su curso.

" 603, vuele el último tramo en uno ocho cero." Una vez más el 603 confirmó las instrucciones de torre. Mirando el radar, los muchachos de la torre de control se mantuvieron atentos al progreso del 603.

" no está luchando por estar en línea de ninguna manera" le dijo un operador al otro.

" tienes razón" respondido. " tuvo el acercamiento más derecho de la noche."

Mientras el 603 se acercaba a la nave, el controlador final se hizo cargo del trabajo de la torre para darle al 603 la dirección que necesitaba para mantenerse en camino.

0051:40 HORARIO DE EUROPA CENTRAL,
6:51:40 HORARIO DEL ESTE

El 603 estaba a segundos de aterrizar, pero un cable de arresto en malas condiciones era una situación peligrosa que debía ser evitada.

"Pista en malas condiciones" comunicó el jefe aéreo a través del sistema de intercomunicaciones 5MC de la pista. El oficial de equipaje de arresto inmediatamente encendió el switch de " hombre muerto" anulando la cubierta y haciendo que un sistema de luces destellara una luz roja.

"No aterrice, cubierta con falla," le instruyó el oficial al 603, y el piloto comenzó a ascender sobre la pista.

El capitán del puente observó atentamente al Bear Ace 603 y lo vio realizar una ola normal. Los pilotos tenían experiencia con las señales de despedida de última hora de un portaaviones en las aproximaciones de aterrizaje final y estaban capacitados para salir de un aterrizaje, rodear al portaaviones y regresar para un segundo aterrizaje después de que la cabina de vuelo estuviera segura. Frenchy, el piloto del 603, no fue la excepción. Sin embargo, con las duras condiciones de vuelo de esa noche, la mala cabina de vuelo agregó más estrés para que las tripulaciones regresaran a salvo al barco. El piloto del 301, el F-18 CO y piloto principal de la misión, había estacionado su avión y vio las luces de la cubierta, luego vio al 603 detenerse abruptamente y pasar por encima del barco, según las instrucciones, hasta que se perdió de vista. Debe ser bueno tener un segundo piloto para respaldarte en una noche como esta, pensó para sí mismo.

Mike, el amigo de Jon, estaba de guardia, observando la recuperación del avión esa noche en un sistema de video que grababa todo. Vio las luces de despedida y observó cómo el 603 salía de su aproximación bien temprano a una buena velocidad de ascenso. Mike se acercó a su escritorio para revisar algunos papeles. El camarógrafo había estado siguiendo a Bear Ace 603 en su despedida. Estaba listo para girar la cámara en preparación para que aterrizara el próximo avión, pero algo le llamó la atención. El E-2C parecía más bajo y más lento de lo habitual, por lo que mantuvo la cámara apuntando hacia el 603. El avión estaba ahora a casi una milla del lado de babor del barco. Para él, parecía que el avión se estaba hundiendo en el agua.

El capitán de TR, sentado en su puesto en el puente, miró para ver de qué se trataba la situación. Miró su monitor cuando algo en su visión periférica no se sentía bien. Miró hacia el frente del barco, en el lado de babor, y vio una luz roja, parpadeante y giratoria que era demasiado baja y estaba bajando.

Luego desapareció.

Capitulo 19

Bear Ace 603

En esos días no se tardaba tanto tiempo en lavar los platos. Estaba planeando tener un tiempo a solas una vez que las niñas fueran a dormir, especialmente por el hecho de que había llegado una carta de Jon para responder. Podía oír a Jordyn jugar con sus muñecas Barbie en el estudio. Deseaba tener la mitad de su energía, en especial porque estaba viviendo como madre soltera.

"Hey niñas," les dije. "Es tiempo de ir a sacar otro eslabón de la cadena de papel y prepararse para ir a dormir." "Y orar por papi," dijo Jordyn.

"Es cierto cariño, es tiempo de orar por papi."

Avión en en Agua

0052:47 HORARIO DE EUROPA CENTRAL 6:52:47 HORARIO DEL ESTE

USS THEODORE ROOSEVELT

MAR JONICO

39.07.5 N 18.25.8 E

" ¿Viste eso?" le dijo un oficial de cubierta a uno de sus mecánicos de camisa verde. " ¡Ese destello azul!"

"Si, como a la lámpara de una cámara apagándose. ¿Estaba brillando muy a lo lejos?"

"No creo. ¿Crees que el avión golpeó contra el agua?" pregunto el oficial nerviosamente.

" No lo sé. Es raro."

Uno de los operadores en Combate continuaba observando el video del 603.

" ¿Hey, ves eso? Algo se ve mal," exclamó. Mike se levantó de su escritorio y camino hacia el monitor de video. Al mismo tiempo, el capitán estaba llamando a Operaciones Aéreas en el cuarto de alado.

" ¿Estás comunicado con el 603?" Preguntó el capitán de la nave apresuradamente. El comandante se sorprendió. No solía recibir llamadas del capitán muy a menudo.

"Eso creo, señor," respondió de manera poco convincente.

" ¿Estás hablando con él en este momento?" gritó el capitán. Ya había tenido un rodeo de parte del jefe aéreo en pre-vuelo quien no podía determinar si tenían contacto visual con el 603 o si lo habían visto caer al agua. El capitán estaba demandando respuestas, y las quería ya mismo.

"Señor, permítame revisar," respondió el comandante con nervios, al darse cuenta de que algo andaba verdaderamente muy mal. La última transmisión del 603 había sido a las 0052:37. Ya eran las 0053:52, mucho más que un minuto después.

" 603, torre, control de radio," salió la llamada al Bear Ace perdido. No hubo respuesta.

" 603, torre." No hubo respuesta. El comandante llamó inmediatamente al capitán del barco.

" Señor, no, hemos llamado dos veces sin respuesta, y no hay señal del radar Squawk tampoco."

El capitán suspiro rápidamente y cerró su puño. Sus peores miedos habían sido confirmados.

" iManda un llamado de avión en el agua!" El capitán ordenó urgentemente con una voz brusca al oficial de la pista.

Inmediatamente el sonido de una bocina de alarma se escuchó en el sistema de intercomunicaciones 1MC que cubría cada parte del portaaviones, junto con las siguientes palabras:

" ¡Avión en el agua! ¡Avión en el agua, a babor! Esto no es un simulacro. Repito, esto no es un simulacro. ¡Avión en el agua, a babor! Todos los hombres en búsqueda y a sus estaciones."

En cuestión de segundos olas de personas comenzaron a correr hasta la cubierta. En la parte de abajo, cada marinero, cocinero, encargado de limpieza, enfermera, los de botas marrones, los de botas negras, los hombres enlistados, y los oficiales comisionados sabían que uno de ellos estaba en peligro. Lo que afectaba a uno, los afectaba a todos.

La torre de control continuó haciendo llamadas al 603, pero no hubo respuesta. De manera desesperada, torre de control trató de utilizar la frecuencia de guardia, pero sin resultado.

" 603, torre de control en guardia revisar en 15. Torre de control en guardia."

Silencio.

" 603, torre de control en guardia, conteste." Inclusive los oficiales LSO me Hicieron un último intento sin resultados.

" 603, paletas."

No hubo respuesta. Se hicieron nueve llamadas al Bear Ace 603, y cada vez que resultado fue el mismo.

Silencio.

El Bear Ace 603 estaba perdido.

El helicóptero que estaba continuamente operando para asistir en estas situaciones fue enviado fuera de la nave en búsqueda del 603. Poco después, dos helicópteros más fueron enviados para buscar al Bear Ace 603 junto con otra nave de guerra en el grupo de batalla la USS Hue City, se unió a la búsqueda.

El comandante de los Bear Aces que se encontraba la pista de vuelo se dirigió hacia el borde de la nave al oír que el 603 había caído. Comenzó a iluminar con su linterna hacia el agua, pero no había resultado. La noche era la más oscura que había experimentado, y la luz ni siquiera llegaba a iluminar las aguas debajo de ellos. Era un intento inútil ¿Pero ¿qué más podía hacer?

Mientras se dirigía hacia el cuarto general tenía un nudo en su estómago. Él sabía que las aguas tenían una temperatura fría. Él sabía demasiado bien lo difícil que es moverse entre los espacios tan pequeños y confinados del interior de un Hawkeye en buenas condiciones, sin pensar que el avión podría estar dado vuelta sumergido en el agua y con la tripulación herida. Y esa era la mejor opción posible. Sus hombres estaban altamente capacitados, pero sin importar la cantidad de entrenamiento no se puede vencer a la física básica.

Los tres capellanes de la nave se pusieron en acción haciendo un reporte para los Bear Aces en el cuarto General, uno junto con el líder de la flota aérea, y el otro abajo en la cabina de cubierta esperando ansiosamente con los hombres puestos de pie preparados en el barco ballenero para ir a retirar la tripulación perdida tan pronto como fuesen encontrados.

En el transcurso de una hora desde la desaparición del 603, el USS Theodor Roosevelt transmitió una notificación confidencial a través de los canales de la Armada:

"603 E-2C BUNO 161549 caído en el mar Jónico aproximadamente a una milla náutica Del CVN-71 luego de una falla en la pista al intentar aterrizar. Cinco personas a bordo. SAR en progreso. Comandantes estiman: continuar con la presente misión, probable interés de la prensa, primero reportar este incidente, amplificando la información para proceder."

0200 HORARIO DE EUROPA CENTRAL,
8:00 PM HORARIO DEL ESTE

Jordyn, quien estaba recién bañada y con su pijama rosa, bailaba alrededor de la larga y colorida cadena de papel mientras nos preparamos para cortar otro eslabón. Con siete meses de edad, la bebe Taylor era demasiado pequeña para ayudar, pero su hermana mayor que tenía tres años amaba este ritual nocturno. Desearía haber tenido su perspectiva acerca de cuantos días faltaban para que el viaje terminara. Luego de 14 días, ni siquiera debía proponerle a Jordyn que orara: "Querido Jesús, por favor mantén a papi a salvo en el avión. Amén."

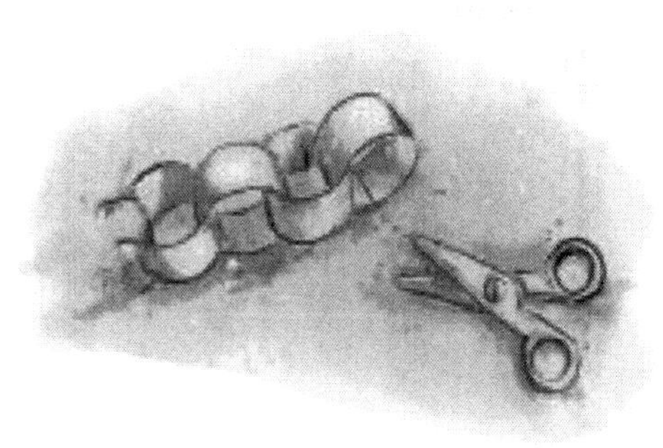

0218 HORARIO DE EUROPA CENTRAL, 8:18 PM HORARIO DEL ESTE

Los esfuerzos del SAR eran agresivos, la búsqueda del 603 se iba intensificando y más helicópteros fueron enviados. Luces de búsqueda de las naves alrededor iluminaban las aguas, pero lo único que se encontró fueron algunas chatarras flotantes y pedazos de papel. Las condiciones obscuras y de niebla empeoraban de tal manera que la tripulación de los helicópteros con visión nocturna eran inservibles. Hasta el amanecer la visibilidad sería severamente limitada. Mike, junto con muchos otros, seguía en Combate estando en contacto con las últimas novedades.

Para ese momento, el video del choque del 603 pudo ser reproducido nuevamente, y todos vieron cuidadosa y solemnemente lo que sucedió, buscando pistas de qué fue lo que había salido mal. Para Mike, aparentemente el avión ascendió normalmente y luego comenzó a perder empuje y descendió hasta el agua a babor aproximadamente a una milla de distancia de la nave.

El ala izquierda chocó contra el agua primero, Lo cual causó que el avión comenzará a girar. Las luces del avión iluminaron el enorme chapoteo de agua causado por el impacto, lo cual explico el destello de luz azul que alguien en la pista había observado. Luego de observar la cinta, las esperanzas de encontrar a la tripulación con vida disminuyeron mucho.

El SAR había estado trabajando a lo largo de una hora hasta ese momento, pero no había mucha más información oficial. Mike pensó que seguramente Jon sabía más que ya que era un avión de su escuadrón. Fue hasta un teléfono y llamó a los Bear Aces para hablar con el oficial del escuadrón.

"Hey, habla Pursell, me encuentro abajo en la oficina de Combate. ¿Se encuentra el Teniente Comandante Rystrom?" pregunto amablemente, sabiendo que el VAW-124 había perdido uno de sus aviones. Hubo una larga pausa del otro lado.

"Eh... ¿Usted no sabe?" respondió con una voz titubeante.

" ¿Saber qué?" respondió Mike con un sentido de malestar.

"Rooster estaba en el 603."

El corazón de Mike se detuvo y contuvo la respiración.

"Yo, eh, yo no sabía. Lo lamento." Y colgó el teléfono sin poder creerlo. Se sentó entumecido en una silla, mientras la triste verdad se hacía real en su corazón, luego le sobrevino un shock emocional, salto de su lugar se fue de la sala de Combate, y se fue tambaleando hasta su camarote. Se sentó en su escritorio y puso su cabeza entre sus manos en desesperación. Trato de retener sus lágrimas, pero no pudo hacerlo. Una gran mezcla de dolor y enojo lo partieron al

Promesa:
"Cuando pases por las aguas, yo estaré contigo; y si por los ríos, no te anegarán. Cuando pases por el fuego, no te quemarás, ni la llama arderá en ti. Porque yo Jehová, Dios tuyo, el Santo de Israel, soy tu Salvador; a Egipto he dado por tu rescate, a Etiopía y a Seba por ti. Porque a mis ojos fuiste de gran estima, fuiste honorable, y yo te amé; daré, pues, hombres por ti, y naciones por tu vida."
Isaías 43:2-4

medio. Su mente comenzó a pensar en Kris y las niñas en frente de su hermosa casa nueva junto a Jon.

" ¡Querido Dios! ¿Cómo es esto pusible?"

Mike era un hombre de fe pero se sintió tambaleando hasta la médula. Su mente recordó a su esposa en su casa. Ella oiría las noticias mucho antes que una carta suya le llegara, pero ella pasaría por las mismas emociones que el estaba sintiendo. Los Rystrom no era simplemente una familia más de la armada, ellos eran amigos.

Mike saco papel y bolígrafo y dejó que su furia se expresará en una carta muy emocional. Vio su chaqueta de vuelo colgada en una esquina, y se extendió para tocar el parche de TR. Las lágrimas llenaron su rostro una vez más. Sería necesario más que un parche para sanar su corazón herido.

Ni siquiera podía imaginarse lo que le costaría a Kris poder sanar su corazón.

0400 HORARIO DE EUROPA CANTRAL
10:00 PM HORARIO DEL ESTE

Las niñas estaban bien dormidas y yo estaba ocupada al teléfono poniéndome al día con amigos y familiares y planeando diferentes cosas como la comida de la escuela dominical que se aproximaba ese Domingo, y por supuesto, mi fiesta de joyería. Ahora era tiempo de relajarme y escribirle a mi persona favorita en todo el mundo. Escribir cartas era tan divertido cuando podíamos respondernos el uno al otro

Jueves 25/3

¡Viva! ¡Mi primera carta llegó hoy!

¡Tan sólo tardó seis días! Fue increible recibirla. Lo gracioso es que era la carta número cinco, así que la mitad de las cosas que me contaste no tenían sentido para mí. No hubo vuelo por el "...x" y "estando

detrás del pym" "serruchando troncos" ¿Eso significa roncar? Jamás te había hoy ido decir eso antes. ¿"msg #2"?

Cuando le mostré tu carta a jordyn, ella estaba ansiosamente esperando encontrar su nombre (lo único que pusiste fue "las niñas"). Así que te sugiero que escriba su nombre en cada carta inclusive si no es específicamente para ella y estámpalo, ella puede reconocerlo si estaba estampado. ¡Ayer identifico una letra "r," impresionante!

Seguimos retirando un eslabón cada noche, pero no parece marcar una diferencia todavía. Pero jordyn tiene una actitud muy positiva. No estoy segura de que pueda relacionar la cantidad de tiempo que realmente es. A ella simplemente le encanta esta gran, y larga cadena en la sala de juegos. Tal vez, llegando al final, taylor podrá ayudar a retirar algunos eslabones. Eso será el cambio más grande, ya no será tan bebé.

Le conté brevemente acerca de todas las personas a las que había llamado y los planes que había hecho. Había aprendido que mantenerme ocupada era sin dudas lo que más me servía en estos viajes.

Así que puedes ver, que entre estas llamadas, bañar a las dos niñas, preparar la cena y demás he estado muy ocupada. Por supuesto, la siesta de cuatro horas de jordyn durante la tarde ayudo. Incluso yo pude tomar una de dos horas (con la diferencia que sólo dormí por cinco horas anoche gracias a "el coco").

Taylor está aprendiendo a hacer más sonidos. Está comenzando a utilizar las sílabas "ba-ba." así que me di cuenta de que "pa-pa" llegará pronto. Le muestro tu foto cuando comienza.

Bueno, bebé, eso resume el día de hoy. Estoy contenta de que estés bien y especialmente alegre de que el correo comenzó a llegar. ¡Te amo! Kris, Jordyn y Taylor.

Me asegure de estampar "JORDYN" con letras de molde para recordarle a Jon incluir su nombre en la próxima carta. El siguiente día sería un día muy ocupado, saldría de la casa a las 7:30 para llevar a Jordyn al preescolar. Y, tal vez, otra carta o dos me estarían esperando en el buzón de correo. Miré el reloj. Eran cerca de las 11 P.M. Incluso habiendo dormido una siesta ese día, necesitaba descansar.

Tarea Difícil

25 MARZO 1993
2300 HORARIO DEL ESTE
BASE VAW-124
BASE AEREA NAVAL DE NORFOLK
36.56.23 N 76.17.31 O

Cuando el Teniente Comandante Rick Vanden Heuvel se reportó a la casa central del Escuadrón Aéreo de Alerta Temprana, Atlántico, él sabía que algo grave había ocurrido. Otros cuatro oficiales asistentes de llamada de baja (CACOs) estaban allí, junto a varios capellanes, los oficiales del equipo, las esposas de los oficiales superiores, y más personal (alrededor de 40 personas en total). Nadie sabía que estaba sucediendo, Pero todos habían sido llamados a la base antes de medianoche, y eso nunca era una buena señal.

Finalmente, el comodoro, responsable del mantenimiento y entrenamiento de toda la flota atlántica de los escuadrones de E-2C, llamó a todos al cuarto de conferencias. El ambiente era sombrío cuando le dio las noticias acerca del Bear Ace 603 que cayó al agua del USS Theodore Roosevelt. Los esfuerzos del SAR continuaban oficialmente, pero todos en esa sala sabían que las probabilidades de que los hombres fuesen encontrados con vida eran prácticamente nulas. El comodoro identificó a los miembros de la tripulación y repartió las asignaciones de notificación que cada CACO tendría para dirigir los equipos a esa tarea. Rick junto con los otros cuatro CACOs se sentaron con el comodoro y desarrollaron un plan.

Hasta ese momento existía una política en la armada que prohibía despertar a la persona más cercana o pariente antes del amanecer. Una de las familias debía ser contactada en Baltimore mientras que el resto se encontraba en el área de Norfolk. Lo importante era que todas las familias fuesen notificadas aproximadamente en el mismo momento. Rick estaba muy familiarizado con la "red de esposas" en donde las palabras se desparramarían como el fuego antes de que pudiesen entregar la notificación oficial. El esperar algunas horas le daría tiempo a todos de llegar a sus lugares asignados por la mañana.

La otra cosa a considerar era que la pérdida de un 603 seguramente llegaría a las noticias internacionales, ya que era parte de la Operación Proveyendo Promesa y el creciente conflicto en Bosnia. La prensa no esperaría para dar las noticias, y nadie quería que ningún familiar descubriera que uno de sus amados se encontraba perdido escuchándolo por las noticias. Al ser un "pueblo de la armada," los medios locales de Norfolk desparramarían a la noticia.

Para Rick, esa era la primera vez en tener que desarrollar sus deberes como CACO. Había sido entrenado en el protocolo y en como guiar a los sobrevivientes a través de la inevitable cinta roja. Pero para Rick, esto iba un paso más allá, como lo era para la mayoría de los CACOs. Rick se había comprometido personalmente a acompañar a las familias afectadas, no solamente por los siguientes días o semanas sino de por vida. Él consideraba su deber el asistirlos de cualquier manera que pudiera en la milicia ahora y en el futuro.

El comodoro miro a Rick y le asignó a Kris Rystrom, la esposa del Teniente Comandante Jon Rystrom, de Chesapeake. Suspiró al ver que ella tenía dos niñas. Esta sería una de las misiones más difíciles de su vida.

Engañado

26 DE MARZO 1993
0540 HPRARIO DE EUROPA CENTRAL, 11:40 PM HORARIO DEL ESTE,
25 MARZO 93
USS THEODORE ROOSEVELT
39.24.5 N 18.56.2 E

El sol de la mañana que se alzó por sobre el mar jónico no pudo penetrar la espesa capa de niebla que flotaba en las alturas sobre el TR y un estado de ánimo sombrío que se sentía en la nave. Mike se abrió paso hasta el puente, bien alto en la isla de la nave, y encontró un par de binoculares sin uso. Alguien más ya estaba utilizando a "Big Eyes," los enormes binoculares de alto poder montados en la nave, y Mike se reunión a la búsqueda de señales de vida en el basto y gris océano.

El ya había estado despierto por más de 24 horas hasta ese momento, pero no había manera en que pudiese dormir. Se sentía tan desesperado, debía hacer algo, aunque sólo hubiese una mínima posibilidad de que la tripulación del 603 se encontraba flotando en un bote salvavidas en algún lugar esperando a ser encontrados.

Mientras sus ojos se estaban buscando cualquier señal en el horizonte, el pudo honestamente decir que todo lo que estaba al alcance para hacer en el esfuerzo de encontrar la tripulación el 603 se estaba haciendo. Y luego de observar la reproducción de los momentos finales del 603, él supuso que la muerte de Jon fue repentina, y por consiguiente, sin dolor. Eso era un pequeño consuelo considerando la pérdida, pero al menos era algo.

Se sintió engañado. Estafado por un buen amigo. Engañado de todas las experiencias divertidas y pasatiempos te habían planeado compartir juntos luego de viaje. Engañado de haberse hecho cercanos mutuamente con la persona más genial que había conocido.

Seguía buscando en el océano cuando llegó una llamada desde un helicóptero diciendo que restos habían sido avistados no muy lejos del sitio original del accidente. No era sorprendente, eran las cosas livianas al azar las que fueron vistas primero, o al menos lo que quedaba de ellas. Otras piezas más pequeñas de restos se encontraban flotando en las cercanías. Pero sólo se encontraron desperdicios, ningún cuerpo y ciertamente ningún sobreviviente. Botes de búsqueda fueron enviados para comenzar el proceso de búsqueda. Mike intentó en vano ahogar las lágrimas mientras ponía los binoculares en su lugar. Seguir buscando era ya inútil. Su amigo y los otros cuatro tripulantes se habían ido.

Pensó en la carta que le había escrito a su esposa temprano en la mañana y decidió que sería mejor no enviarla. Sus emociones habían sido muy crudas, y no quería que su esposa tuviese que procesar sentimientos tan volátiles. Pero si no podía encontrar a Jon vivo o muerto, lo menos que podías hacer era detallar los eventos para que Kris tuviese conocimiento de los eventos de esa noche. El hubiese dado lo que fuese con tal de despertar y descubrir que todo había sido una pesadilla, un mal sueño.

Los remanentes de destrozos del Bear Ace 603 comenzaron a ser retirados del marco jónico. Los capellanes del TR comenzaron a planificar el servicio memorial para los cinco hombres, se realizaría al siguiente día. La tripulación del Theodore Roosevelt no tenía el lujo de tener un luto extendido por la pérdida de sus amigos y compañeros de tripulación. El capellán sabía que la nave necesitaba una oportunidad de hacer un duelo juntos antes de volver a sus rutinas. Los miles de personas que estaban sirviendo en el portaaviones eran como una sola, una familia extendida. Incluso los hombres enlistados que estaban trabajando debajo de la cubierta sintieron el dolor de la pérdida del 603. Pero la tripulación de la flota aérea lo sentía aún más. Y los Bear Aces lo sentían más que todos. Cinco de sus amigos más cercanos se habían ido. Repentinamente. Para siempre. Eso es inclusive más duro cuando el trabajo debe avanzar. Al Escuadrón de Bear Aces se le daría la oportunidad de tomarse unos días para lidiar con el luto. Pero luego las responsabilidades de Jon y sus compañeros deberían ser asignados a otros, y la siguiente misión debía ser planeada y ejecutada.

Más Cajas

Algo incluso más difícil de soportar era que las pertenencias personales de los hombres perdidos debían ser retiradas cuidadosamente de sus camarotes y otros lugares compartidos, y ser enviados de vuelta a sus familias que estaban en luto. Mientras que se comenzaban a llenar cajas con la ropa de los muchachos, fotos, trajes de vuelo, y elementos personales. Los compañeros del escuadrón que estaban de luto deberían llevar acabo y realizar esa triste tarea también estaban empacando otras cajas propias.

Los aviadores de la armada y oficiales de vuelo son entrenados para empacar y almacenar sus sentimientos. Cuando la planificación de la misión comenzó y los asuntos de vuelo continuaron, todo lo demás debía ser dejado atrás. Problemas matrimoniales, estrés financiero, luto, perdidas, enojo, todo debería ser puesto en una caja, cerrado con una tapa, y ser depositado hasta que se tuviese el tiempo para abrir esa caja y lidiar con lo que estaba adentro. Durante una misión, esa caja debía permanecer cerrada, porque si no estabas totalmente presente en ese momento, tu distracción podría ser mortal.

La pérdida del 603 requeriría una caja muy grande. La Operación Proveyendo Promesa debía continuar. Jon y sus compañeros de tripulación no hubiesen esperado algo diferente.

VAW-124 Bear Ace 603

Capitulo 20

Perdido en el Mar

La vida era buena ese viernes por la mañana, llena de promesas y esperanza. Las niñas y yo nos levantamos temprano para nuestra rutina diaria normal, preparar el desayuno, preparar los almuerzos y vestirnos. Antes de subirnos a nuestra miniván para ir al preescolar, me aseguré de poner mi carta para Jon en el buzón. Mientras cerraba la tapa, imaginé encontrar más cartas de él esa tarde.

Los cielos de finales de marzo estaban grises y el aire era fresco. Esperábamos ansiosamente días más cálidos para poder disfrutar de los parques infantiles y los senderos para caminar en todo nuestro hermoso vecindario ubicado en los humedales boscosos de la costa de Virginia.

En mi viaje a Norfolk, reflexioné sobre dónde estaba mi vida. A la edad de treinta y un años, estaba viviendo la vida perfecta. Mi Jon me adoraba, a mí ya nuestras niñas. Estaba segura de su promesa de escribirnos todos los días mientras estuvo en servicio. Vivíamos en la casa de nuestros sueños. Tuve la suerte durante esa temporada de nuestras vidas de ser una madre que se queda en casa con planes de obtener mi doctorado en comunicaciones después de que Jon regresara de su despliegue. Las ricas relaciones que habíamos construido con amigos y familiares en nuestro vecindario, la iglesia y el Escuadrón Bear Ace brindaron seguridad para las niñas y para mí mientras Jon estaba fuera. Mi mundo en Seagrass Reach era uno de satisfacción.

Si bien muchos matrimonios de la marina se desmoronan cuando se despliega a un cónyuge, me consoló mucho saber que Jon estaba comprometido con nuestra familia y nuestro matrimonio. No teníamos angustia por las finanzas o el futuro de Jon en la marina. Jon y yo compartimos una fe profunda y descansamos en la promesa de Dios de cuidarnos. Esa mañana en Seagrass Reach, no tenía dudas de que mi vida perfecta continuaría su curso predecible y pacífico.

Después de dejar a Jordyn en el preescolar, planeé el resto de mi día. Una vez que llegaba a casa, limpiaba la guarida de las muñecas Barbie y le daba un bocadillo a Taylor. Por la tarde, regresaba al preescolar para recoger a Jordyn, hacer nuestra rutina nocturna y cortar otro eslabón de la cadena de papá. Otro día normal en la vida de una esposa de la marina.

Coche Blanco y Trajes Azules

26 MARZO 1993
0730 HORARIO DEL ESTE
SEAGRASS REACH
CHESAPEAKE, VIRGINIA, EEUU
36.44.14 N 76.16.19 O

El Teniente Comodoro Rick Vanden Heuvel dio un suspiro mientras se estacionaba en la entrada para vehículos de la casa de los Rystrom y apago el motor. Junto a él, en el coche blanco oficial de la armada de cuatro puertas, se encontraba el resto de su equipo de notificación: La esposa del XO y un capellán de la armada. Los oficiales estaban vestidos con sus trajes azules de la armada y el ambiente era silencioso y sombrío. Como CACO, la responsabilidad de Rick en ese momento era seguir el protocolo y guiar a su equipo mientras notificaban al pariente más cercano. Las responsabilidades de su equipo finalizarían en un par de horas o tal vez días. En cuanto a él, su trabajo apenas estaba comenzando.

Él sabía que llegar a la casa de los Rystrom antes de las 7:30 A.M. sería demasiado temprano, pero la presión de notificar a todos los familiares antes de que los medios de comunicación desparramaran la noticia de la tragedia significaba que debían moverse rápido. Tal vez, la señora Rystrom ya estaría despierta.

¿Alguna última pregunta antes de salir? Preguntó a su equipo. Pero todos sabían que hacer, aunque nadie quería hacerlo. Mientras salían del coche, los hombres se pusieron sus sombreros de la armada, mientras se acercaban a la vereda, subían por los peldaños de ladrillos de esquinas curvas, y se ubicaban juntos en frente de la gran puerta doble. Rick tomó un suspiro muy profundo y tocó el timbre.

No hubo respuesta.

Volvió a tocar el timbre, pero no salió nadie. Mientras trataba de ver a través del vidrio de la puerta buscando a ver si había alguien adentro, escucho la voz de una mujer que lo llamaba por detrás.

"¿Hola, disculpe?"

él y los demás se dieron vuelta y vieron a una mujer con cara de preocupada corriendo a través de el jardín del frente de los Rystrom.

"¿Es usted la señora Rystrom?" pregunto Rick, mientras la señora llegaba a la base de los escalones.

"Oh no, yo soy Jennifer, una amiga de este mismo bloque. Mi esposo es un oficial de la armada," explicó ella de manera nerviosa. "Por favor, señor, dígame porque está aquí." Esa esposa de la armada obviamente sabía porque estaban ahí, pero él no podía dar ningún detalle.

"Necesitamos encontrar a la señora Rystrom. ¿Usted sabe en dónde está?"

se fue a llevar a su hija al preescolar, pero debería estar de vuelta pronto. Por favor dígame. ¿Cuál es el problema? ¿Le ha sucedido algo a Jon?"

Rick pudo ver las lágrimas formándose en sus ojos preocupados, y no había manera de poder ocultar la amarga realidad que reflejaban sus rostros. Trató de darle una sonrisa amable.

"Discúlpeme señora, pero realmente necesitamos hablar con la señora Rystrom primero, y antes que a cualquier otra persona." Él esperaba que ella pudiera entender el doble significado y no comenzara a desparramar la noticia antes de poder entregar el mensaje.

"Comprendo," respondió solemnemente mientras retrocedía.

" Bueno," respondió el, y dio vuelta para bajar los escalones, "supongo qué será mejor que estacionemos a la vuelta de la esquina y esperar ahí hasta que vuelva la señora Rystrom. Realmente no quisiera que ella vea nuestro coche estacionado en la entrada cuando llegue."

El haber pasado por un "simulacro de prueba" no ayudo a nadie a calmarse, porque todos sabían que la próxima vez que estuviesen parados al frente de esas puertas dobles, no habría vuelta atrás.

Rick y su equipo tenían una visión clara de la casa de los Rystrom desde donde estaban estacionados a menos de una calle de distancia, pero no había señales de la señora Rystrom. Eventualmente, una miniván llegó a la casa y se estacionó en el garaje.

"Esperemos un momento hasta que entré a la casa," dijo Rick, los demás estuvieron de acuerdo. Luego de esperar algunos minutos, el equipo CACO sabías que el momento había llegado. Rick condujo el vehículo hasta la casa de los Rystrom y estacionó en la entrada.

Esta vez, Rick no dijo ni una palabra.

Franjas al Frente de mi Ventana

Mientras cargaba a Taylor hasta la cocina desde el garaje, no estaba segura de que tareas realizar primero, pero tal vez comenzaría acomodando el desorden de los juguetes de Jordyn abajo. La inquietud

de Taylor interrumpió mis planes, sabía que no podría hacer nada hasta que le diera un bocadillo de media mañana. Nuestros días de amamantar estaban a punto de terminar, y ya que ella estaba disfrutando más los alimentos sólidos, me encantaba la libertad que su nueva rutina de alimentación me daba. Un puñado de sus amados cereales la mantendrían feliz, la coloque en su silla de bebé y saqué la caja de la alacena. Max estaba esperando a una distancia cercana, probablemente deseando un bocadillo para él. Mientras me inclinaba sobre la silla de bebé para servir un poco de cereal en el plato de Taylor, escuché a Max comenzar a gruñir. Alcé la vista para ver que le podría estar molestando, y vi algo inusual.

Vi franjas asomándose por la ventana de mi entrada. Franjas de la armada. Franjas bordadas en las mangas de los oficiales de la armada. Franjas en trajes azules. Franjas iguales a las bordadas en el uniforme de la armada de Jon que Estaba colgado en su armario en el primer piso. Mi primera reacción fue. " ¿Por qué hay oficiales de la armada en mi casa un viernes a la mañana mientras Jon está en el mar?" En un instante, el tiempo se detuvo. Se escuchó el sonido del timbre. No podía moverme.

Traté de caminar hacia la puerta de entrada, pero mi mente estaba girando frenéticamente y mi cuerpo estaba congelado. Entre las inserciones de vidrio de nuestra puerta doble entrada, podía ver a los oficiales de la armada. Parecían ser muchos. Como si fuese en cámara lenta, caminen a través de la sala hacia la puerta de entrada.

Jon me había hablado acerca de este día. Muchas veces había bromeado conmigo diciéndome que, si veía un grupo de oficiales de la armada vistiendo trajes azules ir caminando por la puerta de entrada, ellos vendrían a decirme que él había muerto. Lo sabía. No debían decirme nada. Jon me había preparado. Dios me había preparado.

Me encontré a mí misma en el vestíbulo del frente y observe mi temblorosa mano mientras se estiraba para tomar el picaporte y abrir la puerta.

Vi rostros. Rostros de extraños, extraños vistiendo trajes azules, rostros con lágrimas bajando por sus mejillas. No hubo saludos. No hubo presentaciones. No hubo nada excepto silencio y lágrimas. No se dijo nada, sus rostros lo decían todo. Era necesario que ellos hablaran. Ya lo sabía.

Mis ojos se enfocaron en estos hombres con trajes y francas hasta que me topé con un rostro familiar. Ahí estaba mi amiga, la esposa del XO. Sus manos cubrían su boca mientras lloraba.

Mis rodillas se debilitaron, caí hacia atrás, hacia el escalón de debajo de la escalera del vestíbulo, mis nudillos se pusieron blancos mientras me tomaba del eje blanco de nuestra barandilla, haciéndome de ella para no caerme. Aferrándome para estabilizar mi tembloroso cuerpo. Aferrándome mientras echaba mi cabeza hacia atrás en desesperación y sin poder creerlo. Gimiendo por mi Jon, mi amado. Esto no estaba sucediendo.

Mi Jon, mi amor precioso, mi vida, nuestra vida era la de una mujer de la armada y una ama de casa qué hora repentinamente estaba siendo arrojada al oscuro abismo de ser una viuda de la armada y una madre soltera. Alcé mis ojos y una vez más me encontré con el rostro de mi amiga.

“ ¿Quién más estaba en el avión?” pregunte, con palabras que salieron de forma lenta pero clara. Estaba segura de que había cuatro hombres más de su escuadrón que también habían perdido su vida. Tuve miedo de oír sus nombres. Mi mente fue inmediatamente a sus esposas, mis queridas amigas. Nuestro grupo de esposas del escuadrón se había vuelto muy unido recientemente. No era la única a la que le habían llegado hombres con trajes y franjas a la puerta ese día. La esposa del XO tomo un gran suspiro y tartamudeó al comenzar.

vida, nuestras niñas, nuestro hogar, mi Jon. La vida perfecta destruyéndose frente a mis ojos, haciéndose pedazos enfrente a estos hombres con trajes y franjas. Resquebrajándose en nuestro precioso suelo, las baldosas color durazno que escogimos juntos. Me estaban arrancando la vida. Mi

"Frenchie," susurró.

¡Oh, no, no Shelly! Ella y John "Frenchie" eran recién casados. Jon siempre alardeaba diciendo que él era un piloto de primera. "Es el mejor de los Aces," solía decir.

"Billy Ray" continuó suavemente, mientras comencé a sollozar de nuevo. Pensé en Paola Dyer y su bebé de 11 meses, Christopher. Mis lágrimas y gemidos se estaban volviendo más incontrolables. Pero la temida lista de nombres continuaba.

"Aadvark" dijo suavemente.

Jon amada a Pat Ardaiz. Patrick era el compañero de ajedrez de Jon. Por suerte el no tenía esposa o hijos, pero aun así la pérdida seguía siendo dolorosa.

No podía parar de llorar. Estos llantos ahora eran por mis amigos. Los amigos de Jon. Nuestra familia de la armada.

Aún faltaba un nombre. Me fui hacia atrás anticipando el horror de escucharlo.

"Bobby," concluyó, mientras lloraba por el peso de entregar estas trágicas noticias. Ese nombre me abrumó más que todos.

" ¿Bobby Forwalder?" dije respirando con dificultad. Mi mente no podía comprender esta situación. No Bobby. De todos nuestros muchachos, no él. Bobby y Katie estaban esperando a tener su primer bebé en cualquier momento.

" ¿Y qué hay de Katie?" grité. " ¿Ya lo sabe? ¿Y qué hay acerca del bebé?" mi propia pérdida fue empujada a un lado de mi mente temporalmente. Sólo podía pensar en Katie, Katie y su hijo por nacer.

No había respuestas a mis preguntas, mientras mi mente luchaba por absorber todo.

Jon. Fraenchie. Billy Ray. Aadvark. Bobby. ¿Qué había pasado? ¿Que salió mal? Me preguntaba a mí misma.

Un un hombre dio un paso al frente y me explicó la situación. No puede procesar todo lo que dijo, pero pude entender las frases "Operación Proveyendo Promesa de ante noche," " falla la pista," " cayó al agua," " el avión chocó," " avión perdido," y " mar Jónico."

" ¿En dónde está mi Jon?" Respondí.

"Han estado buscando con helicópteros durante horas, y la búsqueda y operación de rescate sigue en marcha, pero por ahora no hay sobrevivientes que hayan sido encontrados," fue la solemne respuesta.

Mi mente explotó en un millón de preguntas.

¿A qué se refieren con que no lo encuentran?

¿Cómo es posible perder un E-2C Hawkeye? ¿Como pierdes cinco hombres? ¿Qué quieren decir con que no saben lo que sucedió? ¿Quiénes son ustedes? ¿Acaso no son la armada? ¿No están entrenados, si tienen la habilidad para cualquier cosa?

Pero no hice ninguna de esas preguntas en voz alta. Estas preguntas no tenían respuesta.

Me decían que estaba perdido, no que estaba muerto. Pero yo sabía. Sabía que no enviaban estos hombres de traje azul sólo para decirme que estaba perdido. Eso me daría esperanza. Pero yo no tenía esperanza. Mi esperanza estaba perdida en el mar. El avión de mi esposo se había ido a lo profundo del mar, y así también mi vida perfecta.

Un pequeño chillido interrumpió mis pensamientos y volví a caer al presente. ¡Taylor! Mi dulce bebé seguía sentada felizmente en su silla tomando una merienda con cereales y completamente desentendida de que su pequeña vida cambio por siempre. Uno de los hombres, un capellán, se acercó hasta la cocina para ver al bebé. Al piso de nuestra sala, el cual estaba lleno de muñecas Barbie con las que Jordyn había estado jugando a la noche anterior. En la neblina de mi choque emocional, algo me decía que más visitas inesperadas llegarían. No podían encontrar la casa así. Caminé hasta la entrada, me agaché y comencé a recoger los juguetes. La esposa del XO se agachó a mi lado para ayudarme. Nuestras miradas se cruzaron.

"¿Qué voy a hacer?" Susurré con dolor, sus ojos bañados en lágrimas me decían que ella no tenía respuestas. Volví a mirar hacia las Barbies. En el inocente mundo de Jordyn, no había tristeza ni tragedia. Mis hijas experimentarían lo que niñas pequeñas nunca deberían experimentar. Ya no tenían padre. No, era peor que eso. Parecía algo tan frío, sin corazón, impersonal. No, mis hijas se quedaron sin su papi.

Seguía recogiendo los juguetes y el timbre sonó una vez más. Uno de los hombres abrió la puerta, Jennifer, mi vecina, entro corriendo.

" ¡Kris!" grito desesperadamente. Y gire en dirección a ella.

" ¡Jen, él ha muerto!" llore y corrí hacia sus brazos abiertos. "Está muerto, está muerto, Jon está muerto," ella me abrazo fuertemente mientras lloraba entre sus brazos. Dije esas palabras por primera vez. Con cada frase, era como si cuchillos atravesaran mi garganta. Nos abrazamos y ambas lloramos sin control.

" ¡Estoy aquí para ti, Kris!," repetía una y otra vez. "Voy a cuidar a Taylor, no te preocupes por ella," me aseguro. Y lo hizo. Fue hacia la cocina, aliviando la tarea del amable capellán, levantó a Taylor sacándola de su asiento de bebé, y la sostuvo entre sus brazos. Ella se quedó conmigo por el resto del día, asegurándose de realizar las tareas necesarias, hizo llamadas, y cuidó a Taylor.

En ese momento, el hombre a cargo se presentó asimismo y los demás también. Pero yo no quería saber sus nombres o saber quiénes eran. El recibir órdenes de entregar las noticias que destruía mi vida debió ser horrible. Así que fui amable con estos extraños en mi hogar, el que estaba a cargo me dijo que lo llamé "Rick." Lo que no sabía era que ese hombre sería mi chaleco salvavidas durante los siguientes días y meses, un amigo que me ayudaría a navegar a través de mi nueva vida como viuda de la armada.

Los siguientes minutos y horas fueron un remolino. No recuerdo mucho sobre nada en un orden específico, aparte que mi mente estaba corriendo alrededor de detalles de cómo transmitirles a mis padres la situación, y a los padres de Jon, y lo más importante a Jordyn.

Todos los años de haber cuidado nuestro hogar y familia mientras Jon estaba en el mar de repente se apoderaron de mí. No estaba procesando nada como una mujer que acababa de enterarse que su esposo había tenido una muerte trágica. Al contrario. Seguía pensando como una esposa de la armada. Había una tarea que hacer y yo era la encargada. Podía oir las palabras de Jon, las que me había escrito en centenares de cartas. "Tú puedes hacerlo, Kris. ¡Tengo fe en ti!" "Siempre tuve toda la confianza en ti, Kris!"

El Pariente más Cercano

Inmediatamente supe que debía dar el aviso al preescolar de Jordyn. No quería que ella venga a casa. Aún no. Lo último que necesitaba era que mi dulce niña de tres años entrara y viera a un confuso grupo de extraños en su normalmente silencioso hogar. Se hicieron arreglos rápidamente para que ella se quedara dormir en la casa de una amiga del preescolar.

Una vez que me aseguré de Jordyn por las próximas 24 horas, supe que mi siguiente tarea era informar lo sucedido a nuestros familiares más cercanos. Oh, cuanto temía el momento en el que ellos escucharan las terribles noticias. Pero era necesario que hiciese a un lado estos pensamientos emocionales y me concentrará en el trabajo que tenía adelante. Rick el que estaba a cargo, me explicó que debíamos hacer esas llamadas rápidamente. Los medios de comunicación se habían enterado de la noticia y estaban esperando. Estaban a la expectativa de esas palabras "los parientes más cercanos han sido notificados."

Nuestra familia fue parte de las noticias en su historia. Mi Jon se estaba preparando para tener su nombre y una foto suya en los periódicos, y en las estaciones de noticias alrededor del país. Había visto estas tragedias al pasar el tiempo, un piloto perdido por aquí, un policía asesinado en deber, una familia muerta en un incendio, pero ahora me tocaba a mí. Era mi esposo en las noticias. Era nuestra familia que había sido etiquetada como "el pariente más cercano."

Comencé este doloroso proceso de notificar con mis padres. Mi corazón se dolió mucho por mi padre. Él amaba a su yerno, pero Jon era más que eso para él. Él lo amaba tanto que era su amigo. Llamé a mi padre al trabajo, oí la voz de mi padre, una avasallante ola de desesperación cayó sobre mí, explote en llanto mientras intentaba comunicar la dolorosa noticia.

"Papá algo terrible sucedió..." luchaba para poder respirar a través de mis llantos.

"Es Jon." Continúe con dificultad. "Su avión ha desaparecido, no pueden encontrar su avión. Por favor papá date prisa..."

" ¿Krissy, estás sola? ¿Hay alguien contigo?" lo primero en lo que pensó fue en cuidarme. Le dije que la armada estaba conmigo le pasé el teléfono a Rick quien le dio los detalles pertinentes. Luego de finalizada esa llamada, tuve un pequeño sentimiento de alivio. Mis padres estaban de camino a pesar de que tenían un largo viaje para llegar, llegarían esa tarde.

La siguiente llamada difícil era la de informarle a los padres de Jon. Pero debido a su edad y a su delicado estado de salud, no quería aturdirlos con una llamada telefónica inesperada. Le pedí a Rick te llamara a la hermana de Jon, a Pat. Luego de darle las noticias, Pat y yo lloramos juntas por el teléfono. Le dije que no les dé falsas esperanzas a sus padres. Yo sabía que los esfuerzos de búsqueda serían infructíferos, y que no había ninguna posibilidad de que Jon o el resto de la tripulación hubiesen sobrevivido el choque. Mi sugerencia fue que se acercaran a un pueblo cercano a buscar una oficina de reserva militar para no tener que ir a darle las noticias sola. Una vez terminadas las llamadas más importantes, saqué mi agenda y le di órdenes sobre a quién más contactar y como. Al igual que la mayoría de las casas, sólo teníamos una línea telefónica para hacer llamadas, y antes de dar cualquier otra notificación, le pedí a Rick de llamar a mi pastor el

Dr. Bob Reccord. El junto a su tierna esposa Cheryl se acercaron a mi casa de inmediato.

> *Promesa*
> *"Padre de huérfanos y defensor de viudas Es Dios en su santa morada."*
> *Salmos 68:5*

Los hombres en listas se pusieron en acción, fueron respetuosos y eficientes mientras desarrollaban sus tareas con precisión militar. Mientras pasaban las horas, me di cuenta que no estaban allí simplemente para entregar una noticia. Ellos estaban allí por mi. Eran la armada, y estaban allí para cuidar a los suyos. Yo era uno de ellos.

Mi vida repentinamente se volvió caótica, muy difícil, mientras en la tragedia comenzaba y mi hogar se llenaba de personas. Había rostros por todas partes. Rostros de la iglesia, de la escuela dominical, del coro. Rostros del vecindario. Rostros de la armada. Tantos rostros. Rostros de personas que nunca había visto.

Había mujeres en mi cocina haciendo café. En nuestra máquina de café. Había mujeres trayendo comida y poniéndola en el refrigerador. Nuestro refrigerador. Había personas abriendo la puerta de entrada. Nuestra puerta. El teléfono no paraba de sonar. Sonar y sonar. Había personas contestando el teléfono. Nuestro teléfono. ¿De quiénes eran estos rostros? Yo quería ser amable. Sentía como que debía estar feliz con todas estas personas en mi hogar. Las personas estaban tristes pero muy ocupadas.

Mi mente estaba tan nublada, me senté en la isla de mi cocina y los observé trabajar. Simplemente me senté. Sin sentir nada. Mientras que cada nueva persona entraba a mi cocina volvía el llanto una vez más. Toda esta comida. Estos budines. Quería encontrarme con cada uno de sus rostros. Quería agradecerles. El recibir toda esta atención era vergonzoso. Yo deseaba darme rienda suelta y gritar para liberar mi dolor, pero no podía. No quería quebrarme en frente de todas estas personas. A veces corría hasta el primer piso para entrar a mi cuarto, cerrar la puerta, y llorar sola por algunos minutos. Secaba mis lágrimas y ponía cara de mujer de la armada valiente y volvía una vez más. Lo único en que podía pensar era en Jon, mi Jon.

Luego llegó otra llamada, la llamada que los hombres en uniforme están esperando. Rick colgó el teléfono y dio suspiró. Mientras se aproximaba lentamente hasta donde yo estaba sentada, las personas que estaban en mi hogar enmudecieron para poder huir las noticias, Rick se arrodillo frente a mí y me miró directamente a los ojos, asegurándose de que yo escuchara lo que estaba a punto de decir. Su cara era firme y sus palabras fueron medidas y claras.

"Kris, la armada ha recuperado algunos pedazos de chatarra del avión. Han descontinuado la operación de búsqueda, la tripulación fue oficialmente declarada 'perdida en el mar". Dio una pausa y añadió dolorosamente, "No hay sobrevivientes, Jon ha muerto." Mi Jon se había ido. Mi Jon se perdió en el mar.

5 fallen naval aviators mourned

Top: An honor guard performs a 21-gun salute at Norfolk Naval Base near the end of a memorial service held Tuesday for the five naval aviators who died Friday when their surveillance plane crashed in the Ionian Sea, east of Italy. The five were members of Norfolk-based Carrier Airborne Early Warning Squadron 124, operating from the USS Theodore Roosevelt.
Above: The wife and child of a deceased aviator leave service. Photos by Craig Moran/Daily Press

Capítulo 21

Cartas de Amor Desde la Tumba

Un Escenario Mundial

La magnitud de la tragedia todavía no se había registrado en mi mente.

No entendía nada. ¿Cómo era posible que el avión más seguro en la armada pudiese desaparecer de un portaaviones? ¿Supo él que el avión estaba cayendo? ¿Se ahogó? ¿Trato de ayudar los demás a escapar? Jon era el oficial superior en la nave y el comandante de la misión, yo sabía que el hubiese hecho todo lo posible para salvar a los cuatro hombres por sobre el mismo.

Todas estas preguntas y los hombres con trajes con franjas no respondían lo que mi mente estaba desesperada por saber. Tampoco podía hacerlo la multitud de personas en mi hogar en Seagrass Reach. Hubo tantas lágrimas por todas partes. Esto no me estaba sucediendo a mí, a mis niñas y a mi Jon.

Los difusos rostros, lágrimas y tristezas fueron brevemente detenidas esa tarde cuando el presidente Bill Clinton apareció en la televisión por una conferencia previamente agendada con el Cónsul de Alemania, Helmut Kohl. Los extraños en mi hogar habían anticipado que la tragedia del Bear Ace 603 llegaría a las noticias nacionales, así que tenían la televisión encendida. Nunca fui alguien que le prestara atención a las noticias, pero esta vez la transmisión tenía toda mi atención. No tuve que esperar mucho para poder ver al presidente hablar acerca de la pérdida.

> *Buenas tardes, damas y caballeros, comenzó el presidente Clinton. Antes de comenzar la conferencia de prensa, tengo un triste anuncio para dar. Me acaban de informar que cinco hombres del servicio de los Estados Unidos, en una rutina entrenamiento de vuelo en la nave EEUU Theodore Roosevelt chocaron en el océano a una milla del portaaviones. Quiero expresar mi profunda preocupación por el accidente.*
>
> *Hace tan sólo dos semanas, visité al portaaviones Theodore Roosevelt y conocí a los excelentes marineros y marines que sirven a su nación en el mar. Quede profundamente impresionado por el compromiso, la dedicación, y su profesionalismo. Ellos enorgullecieron a América. Y quiero decir que mi corazón y mis oraciones están con los parientes y los compañeros de esos cinco hombres que desaparecieron en el mar.*

Por supuesto, nosotros sabíamos que Jon y los demás habían sido declarados perdidos en el mar, y qué no había ninguna posibilidad de que ellos regresaran a nosotros. La parte lógica de mi mente me decía que con las noticias al aire, estos oficiales no podrían decirme toda la verdad de lo que sabían acerca del accidente por las noticias internacionales. Pero las palabras de estos líderes me recordaron que Jon y sus compañeros de la armada murieron haciendo algo Noble: él murió en servicio su país. No podía más que preguntarme si Jon sabía que su historia estaba en una plataforma mundial, y quería saber que sentía él al respecto.

La Promesa Rystrom

La ola del shock inicial se había calmado, y comencé a interactuar más con todos los rostros en mi hogar. Mis amigos me invitaban a comer algo, así que iba a la cocina y amablemente trataba de hacerlo, pero los pocos bocados te lograban tragar eran como arena en mi boca. Mi apetito había desaparecido completamente. En la superficie, mientras estaba sentada en mi cocina, pinchando mi comida, estaba calmada y controlada. Pero en el interior estaba paralizada en animación suspendida, como en una tumba.

Hasta que llegó el correo.

Mi amiga, Jennifer, se sentó a mi lado y me entregó algunos sobres. Ella susurró suavemente, "Kris, tengo tu correo. Hay algunas cartas aquí, cartas de Jon." Un pequeño vistazo a las letras escritas a mano por Jon con la dirección de origen del correo y mi parálisis pasó instantáneamente a lágrimas de dolor y gemidos de sufrimiento. Todos en la casa podían oír mi llanto. No pude controlar esa emoción espontánea de desesperación. Las cartas. Las cartas que una vez llenaban mi alma. Que me llenaban de tanto gozo. Que me sostenían a través de la soledad durante meses cuando mi esposo estaba en el mar. Ahora que había desaparecido en el mar, esas mismas cartas atravesaban mi alma y me dejaban temblando y gritando como un animal herido una vez más.

Y aun así, tome las cartas con mis manos temblorosas, me aferré a ellas porque eran los únicos remanentes del amor tierno y devoción que tenía mi esposo por mí. Éstas eran sus últimas palabras, uno de los mensajes finales que recibiría de mi amado Jon. Doloroso pero precioso. Hiriente pero sanador. Salí de la mesa y corrí hacia el primer piso por las escaleras, para volver a la soledad de mi cuarto y así poder abrirlas sola.

Caí sobre mi cama y luego de tomarme unos instantes para poder calmar mi angustia, puse mi atención en las últimas cartas de Jon. Estaban marcadas con los números 7 y 8. Abrí el número siete, y retiré del sobre, sólo había una página. Él había escrito "sábado a la noche" pero no había puesto la fecha. Seguramente había sido escrita algunos días después del número cinco que había recibido ayer.

Querida Kris,

Hoy fue mucho mejor...

Deseaba poder decir lo mismo. Siguió adelante y describió algunos entrenamientos y charlas a las que asistió, y como disfrutó la noche de pizza. Lo siguiente que escribió me dio alivio, pero al mismo tiempo dolor.

Pero más que todo, me dí cuenta lo mucho que te amo y cuanto extraño la vida en familia. Estaba escribiendo las cartas acostado en mi cama usualmente, pero algunas las escribí sobre el escritorio. Y mientras escribo esta carta, miro tus fotos y me doy cuenta tan sólo de lo hermosa que eres y de lo afortunado que soy de tenerte como mi esposa. Kris, nunca te olvides cuán importante eres para mí y cuán importante eres para nuestras niñas.

Jordyn es demasiado linda; la miro y muchos recuerdos fluyen a través de mí.

Acabamos de escuchar que un ex F-14 RIO del VF-84 nunca volvió de Oceanía. ¿Llego eso las noticias? El teniente comandante Fred Dillingham. un servicio memorial será dado en su nombre mañana en algún momento. El dejó a una mujer y dos hijos. Me hace pensar.

Continuó y preguntó acerca de preescolar de Jordyn y me contó que estaban yendo directo hacia el mar Adriático. El pobre incluso logró quedarse fuera de su cuarto esa noche. Cerró la carta con estas palabras:

Bueno pequeña, dale un abrazo a Jordyn y a Taylor de mi parte. Te amo, Jon.

Las lágrimas no paraban de correr por mi rostro, sabiendo que Jon nunca volvería abrazar a sus dulces hijas otra vez. No había oído acerca del teniente comandante Dillingham y su muerte, pero estaba claro que las esposas del 603 no en las únicas viudas de la armada en nuestra área. Cuanto temor daba el pensar que Jon había recibido estas noticias tan sólo unos días antes de su propio accidente trágico. Tal vez Dios lo estaba preparando para lo que estaba por venir.

Abrí a carta número 8, pero era tan solo un resumen que había escrito antes del primer COD en la partida del crucero, y me pedía que le envíe por correo algunos papeles. Me golpeó el hecho que Jon, que era responsable, organizado y muy detallista, ya no estaría manejando los detalles de las finanzas de nuestra familia y de nuestro hogar. Mi dolor era tan crudo que, en ese momento, no podía comenzar a procesar todos los problemas y ramificaciones que traería su muerte.

Estaba claro que cuando él escribió esas cartas, aún no había recibido mis cartas. ¿Había recibido alguna de mis cartas antes de morir? Le había escrito fielmente, cada día. ¿Pero que si ninguna de mis cartas le llegó? ¿Qué sucedería si las últimas palabras que él escuchó de mi fueron esos saludos apresurados en la mañana de su partida? Desesperadamente deseaba que ese no fuese el caso.

¿Y si lo último que escuchó de mí fue que se apresuró en su adiós en la mañana de su partida?

Saber cómo sería esta la última vez que vería a mi esposo es un recuerdo aleccionador. ¿Por qué no me aferré a él más tiempo? ¿Por qué no disfruté su toque? ¿Por qué no lo miré a los ojos y le dije cuánto lo amaba? Cuando reflexionamos sobre nuestro pasado, a menudo nos arrepentimos de las palabras que no pronunciamos o de los momentos que no atesoramos. Pero a veces me pregunto si esta es la forma en que Dios nos protege de las duras realidades de la vida y la muerte. Revivir ese último momento con Jon sería un gran regalo. Mis pensamientos ahora son que mi esposo sabía que estaba dejando una familia que lo adoraba y que regresaría con nosotros algún día.

El correo diario se transformaría en un ritual agridulce. Ya que el correo seguiría llegando. La promesa Rystrom se había cumplido y ahora era más significativa que nunca. Volví a leer las cartas y esta frase me saltó a la vista:

> *Kris, nunca te olvides lo importante que eres para mí y lo importante que eres para las niñas.*

Jon, como si fuese desde la tumba, me estaba pidiendo otra promesa. Al cerrar la puerta de mi dormitorio y descender lentamente por las escaleras para volver a unirme a la multitud debajo, me abrasé a las palabras de aliento que me dio Jon para ayudarme a sobrevivir su extravío en altamar.

Orgullosa de la armada

Sobrevivir a la convulsión en mi hogar era un problema más inmediato, ya que mi casa no paraba de llenarse de un caudal de personas. Por más que Jennifer y Rick intentaban protegerme, amigos bien intencionados no paraban de hacerme preguntas, deseando un pedazo de mí que necesitaba de su atención. Estaba siendo llevada de un lugar a otro constantemente mientras mi mente gritaba silenciosamente en desesperación. El caos a mi alrededor empujó cada pensamiento de Jon a un doloroso vacío que no podía exteriorizar ni expresar. Mientras las horas pasaban una a una, me encontré a mi misma siendo movida por una fuerza que no sabía que poseía. Sin planearlo y claramente sin una guía, mantuve mi presencia calma y controlada para las personas a mi alrededor. No podía y no debía perder el control. Era hora de ser fuerte, al igual que mi Jon. No podía entregarme a mis emociones fuera de control. Yo era una Rystrom. Había llevado este nombre por siete años, y ahora debía llevar ese nombre firmemente, manteniendo la cabeza en alto, estando calma, y siendo metódica en cada paso. Las personas a mi alrededor no me verían sucumbir. Eso sería para después, en la quietud de mi silencio, nuestro silencio. No en público. Yo era la esposa de un oficial y todo lo que yo hiciera en las próximas horas haría que mi esposo este orgulloso, haría que la armada esté orgullosa, yo era y siempre sería parte de la armada de los Estados Unidos, y esto no me destruiría.

Poco sabía yo que, a través de los años y las constantes palabras de aliento de Jon, había una reserva profunda que Dios estaba preparando dentro de mi alma, un pozo del cual me abastecería por muchos años. Este era el pozo de la gracia de Dios, que mi Señor había preparado específicamente para mí para que pudiese mantenerme fuerte mientras mi mundo se derrumbaba.

La tarde se volvió noche y las personas comenzaron a irse, volviendo a sus mundos perfectos, a sus vidas normales, a sus familias en donde la muerte no había ido a visitar. Los pocos amigos que quedaron lo hicieron para esperar la llegada de mis padres, quienes venían conduciendo desde Virginia del Oeste.

Comodidad de Bebé

La única cosa en ese día infernal que me produjo una sonrisa fue mi dulce bebé, Taylor. Ella le sonrió a cada persona que la sostuvo, ya que le encantaba la atención extra, los abrazos, y los mimos que estaba recibiendo. Mi inocente bebé no tenía conocimiento de lo que acababa de ocurrir. Ella no podía entender que su padre amoroso nunca más volvería a ella. Él no podría decirle que la amada, no se reiría de sus dulces balbuceos, y ya no le leería cuentos para ir dormir. Con tan sólo siete meses de edad Taylor nunca conocería a su increíble padre.

Estos pensamientos comenzaron a abrumarme al darme cuenta que necesitaba a mi bebé para que me confortara. Ella era lo más cercano que tenía a su padre, lo más cercano a mi amado Jon. Tomé a mi bebé de los brazos de mi amiga, y Taylor se frotó sus pequeños ojos por el cansancio de ese caótico día. La llevé al primer piso y caminé lentamente hasta su cuarto, sosteniéndola más fuertemente cuando comenzó a llorar. Sentí el aroma de bebe en su pequeño cuello mientras mis lágrimas corrían por mis mejillas y caían sobre su preciosa cara. Suavemente cerré la puerta y me senté en la mecedora que Jon y yo habíamos pintado sólo para ella, me senté suavemente y me mesí hacia adelante y hacia atrás, cantándole solamente a mi niña bebé. Su vida y la mía habían sufrido un inesperado y violento cambio. Con el caos de camino, tomé una decisión difícil. Mientras me decía a mi bebé en el cuarto que planeamos junto con Jon y decoramos juntos, amamante a mi bebé Taylor por última vez.

Una vez que Taylor estaba profundamente dormida en su cuna, no tenía apuros en irme de la oscuridad de ese cuarto. Continúe balanceando la silla, y mi mente iba adelante y hacia atrás con tantas preguntas sin respuestas. Los hechos básicos del accidente de Jon seguían siendo un misterio para mí, pero estaba segura de que su cuerpo no había sido encontrado. Yo oraba para que de alguna manera la armada estuviese equivocada y tanto mi esposo como el resto de los muchachos hubiesen sobrevivido milagrosamente y que serían encontrados en una balsa una vez que saliera la luz de sol sobre el océano. Pero luego las claras palabras de Rick vinieron a mi mente: "No hay sobrevivientes. Jon ha muerto." Mi corazón era lanzado o de un lugar a otro como las olas del mar jónico que ahora cubrían dos restos de mi amado esposo.

Mi mente seguía pensando en el amor por el océano que Jon y yo compartíamos. Una foto de Jon levantando los pulgares de ambas manos en la profundidad de las aguas me hizo recordar cuánto disfrutaba de bucear. Nunca fue suficiente para él el tiempo visitando las maravillas del mundo subacuático. Ahora las profundidades del océano eran su tumba y su preciado E-2C su ataúd. Recordé la pequeña botella de oxígeno que él había mostrado en el preescolar durante la clase de Jordyn. ¿Tuvo tiempo para utilizarla? ¿Tuvo pánico cuando la cabina se llenó de agua helada? ¿Se ahogó? ¿Tuvo miedo? ¿O acaso sobrevivió lo suficiente luego del impacto como para darse cuenta del problema? ¿Tuvo tiempo de pensar en nosotras, enviarnos un último beso, enviarnos un abrazo y un "te extraño" antes de hundirse y pasar

> *Promesa*
> *"Acuérdate de la palabra dada a tu siervo, En la cual me has hecho esperar. Ella es mi consuelo en mi aflicción, Porque tu dicho me ha vivificado."*
> *Salmos 119: 49-50*

a la eternidad? Siempre se sentía en su hogar en el océano y ahora sería su hogar eterno. ¿Lo era? ¿No estaba John en el cielo ahora?

Ese pensamiento trajo a mi mente preguntas mucho más oscuras. ¿Acaso Dios no escuchó nuestras oraciones pidiendo por su seguridad? Acaso Dios escucho las oraciones de Jordyn que decían "Por favor mantén a papi a salvo en su avión"? ¿Por qué permitió que esta horrible tragedia nos sucediera a nosotras? ¿Estaba Dios enojado con nosotros? ¡No era justo! Jon y yo habíamos asistido a la iglesia por años, habíamos leído nuestras Biblias, habíamos dado fielmente nuestro tiempo y dinero a la iglesia. Éramos honestos, temíamos a Dios. Yo siempre había creído en las promesas de Dios y la Biblia. ¿En dónde estaban Sus promesas ahora? Me estaba cuestionando todo lo que sabía hasta ese momento.

Lloraba a solas en la oscuridad y le pedía al Dios que había amado y servido toda mi vida. ¿Qué le has hecho a mi Jon? ¿Por qué te la llevaste? ¡Me dijiste que nunca me dejarías ni me abandonarías! ¿En dónde estás ahora? Yo creía que Dios nos había dado las espaldas, y sentí la fría retirada de su protección. Esta clase de cosas no debía sucederles a personas buenas como Jon, y en especial no a mí. Yo tenía mi lista completa, y ahora mi lista simplemente estaba vacía, demolida.

En Brazos de Amor

Escuché una conmoción debajo y me di cuenta de que mis padres habían llegado. Todo el día había estado de luto con amigos, pero esa fue la primera vez en la que puede llorar con mi familia. Me apresure en bajar e ir hacia a los brazos de amor de mis padres. Cualquier lazo que había logrado retener en mi alma fue desatado de inmediato y por completo, el shock de la muerte de Jon me golpeó de inmediato mientras derramamos nuestro dolor juntos.

Mis padres y yo estuvimos hasta altas horas de ese viernes fatal hablando acerca de todos los detalles que Rick me había dado sobre la tragedia de Jon. Mi familia estaba totalmente en shock. Yo aún seguía siendo la pequeña niña de mi padre, y yo sabía que él haría todo lo posible para ayudarme a navegar sobre esta pesadilla. Pero él también estaba de duelo. Él había perdido a su mejor amigo. Mi madre estaba destrozada, pero no había dudas de que ella me traería consuelo y se haría cargo de sus nietas y se pararía a mi lado durante todo el proceso. Yo quería darles seguridad a mis padres de que tanto las niñas como yo estaríamos bien, pero yo no sabía si lo estaríamos. Mi padre era muy parecido a Jon en su forma de analizar, con una mente de discernimiento, y el haría lo mejor para llenar los zapatos de Jon.

Pero ese no era el momento de profundizar en las duras realidades que vendrían, mi cuerpo estaba completamente exhausto. Con la llegada de mis padres, la cara valiente de esposa de la armada se desplomó y mi energía se desmoronó. Me gustara o no debía dormir, ya que el próximo día sería otro día más lleno de visitantes, más llamadas telefónicas, más preguntas, y pocas respuestas.

Mis padres dormirían en nuestra sala de juegos, en donde la cadena de papeles de las niñas seguía colgada en su lugar. Otra ola de llanto me golpeó, cuando me di cuenta que en esa noche ningún eslabón sería removido. Ya no habría más oraciones por la seguridad de papi en el avión. Pero lo peor de todo estaba por venir. Mañana mi pequeña Jordyn, la pequeña de Jon sabría que papi no regresaría más.

Con lágrimas en sus ojos mamá me preguntó si quería que ella se quedará conmigo en el cuarto esa noche. Pero yo sabía que debía afrontar el cuarto sola, sin mi amado Jon. Por más acostumbrada estaba a dormir sola por todos los viajes de Jon, siempre sabía que el regresaría a casa. Ahora sabía que él nunca regresaría.

Mientras abría la puerta del cuarto, una catarata de emociones me rebasó. Perdida. Oscuridad. Desesperanza. Corrí hacia su clóset y me aferré a esa cosa que sabía que me traería confort: su bata de baño marrón de tela de toalla marrón y gastada. La que usaba a levantarse con una de las niñas en medio de la noche. La que tenía puesta al traerme café en la mañana. La que tenía puesta la mañana en la que salió a las apuradas listo para partir a la nave, el día en que le dije adiós a mi esposo por última vez. Aún podía sentir el aroma de su colonia en su bata. Caí en el piso del clóset. No podía parar de gritar. Ahogaba mis gritos con su bata. Finalmente pude hacer duelo por mi esposo. Mi Jon, mi amor, ¿Cómo viviría sin ti? Grite y llore hasta que no tenía más nada que descargar. Las mismas preguntas que me había hecho en el cuarto de Taylor seguían dando vueltas en mi mente, como un carrusel macabro que no podía parar.

El tiempo se detuvo mientras lloraba en duelo dentro del clóset. Al Final mi cansancio superó a mi dolor, así que me recosté en mi cama fría y vacía, y me derrumbé ante un sueño irregular.

Capítulo 22

¿Papi Es Feliz?

27 MAR 1993
1100 CET HORARIO DE EUROPA CENTRAL UTC+1
USS THEODORE ROOSEVELT
MAR JONICO
38.31.45 N 17.36.55 E

Habían pasado aproximadamente 36 horas desde el incidente, ya había llegado el momento para la tripulación del USS Theodore Roosevelt de hacer duelo por la pérdida del Bear Ace 603. El saludo de despedida fue preparado al mismo tiempo en que miembros del servicio de todos los rangos se reunieron, desde el comandante encargado del portaaviones de batalla hasta el hombre enlistado de más bajo rango. Para honrar a los hombres, una mesa con velas fue preparada en el frente. En medio de la mesa había una bandera plegada, rodeada de fotos de cada hombre vestido en sus trajes de vuelo, junto con cinco sombreros de vestir de la armada llamados "covers". La escena era igual a la que Jon había presenciado tan sólo hace seis días en el servicio memorial del teniente comandante Fred Dillingham.

Los tres capellanes oficiaron el servicio de "Reconocimiento y acción de gracias", el cual incluía oraciones, lecturas de la Biblia, y palabras del comandante oficial del escuadrón de Bear Aces. Las palabras más tocantes fueron las palabras ofrecidas por los Bear Aces que habían trabajado junto con los hombres perdidos. Se vieron lágrimas en muchos ojos mientras se mencionaban los nombres de Frenchie, Billy, Ray, Bobby, Advark y Rooster. Jon fue descrito como un hombre amoroso y fiel esposo, como un padre amoroso, y amigo de todo el escuadrón, "la clase de hombre con quien se podía contar cuando todo estaba mal", quien " siempre intentaba hacer lo correcto".

Un poema escrito por un Marín enlistado fue leído, el cual reflejaba los sentimientos de todos en palabras.

Eran las seis de la mañana ese día cuando lo oí por primera vez,
El VAW-124 había perdido un avión.
En su aproximación final el avión no pudo lograrlo,
Hizo una elevación veloz y comenzó a descender,
Mientras ascendía e iba hacia un lado,
Por razones desconocidas todo murió.

Lo peor de todo fueron los cinco hombres abordo,
Para ellos y sus familias brindamos nuestro apoyo.
Durante toda la mañana no supimos qué decir,
Toda la nave estuvo deprimida durante todo el día.
Porque los aviones pueden ser comprados con dólares y centavos,
Pero no puedes reemplazar a una persona
sin importar cuanto gastes.

Debió haber sido muy difícil darles la noticia
a las esposas de esos hombres,
Que el avión había chocado llevándose sus vidas.
O el ver a los pequeños niños llorando,
Al saber que su padre nunca más regresaría.
O comunicarles a los padres la muerte de sus hijos,
Que nunca más verían a su orgullo y gozo.

Aunque no todos somos Bear Aces,
de todas maneras sentimos su dolor,
Porque la moral de toda la nave se fue por el drenaje.
En donde solíamos ver risas y bromas,
Las personas ya no dicen una palabra y
simplemente miran el suelo.
Pero debemos seguir adelante durante lo bueno y lo malo.
Así que esta clase de cosas no volverán a suceder.

-Por el Teniente Comandante Chris Anderson, VMFA-312

Mientras el servicio llegaba a su final junto con la entonación del himno de la armada, una oración final y una trompeta sonando, el comandante de los Bear Aces sabía, que aunque el servicio había acabado, el luto de su escuadrón no lo había hecho. Luego de haberse tomado algunos pocos días y haber dado una pausa para recuperar el aliento, sería hora de regresar al negocio del vuelo. En las próximas semanas y días, el comandante brindaría de un liderazgo fuerte, calmo que era tan necesario para ayudar a su escuadrón a seguir adelante y concentrarse en la misión delante suyo.

En los próximos días, una tristeza palpable permeó toda la nave. Un silencio inusual gobernaba las conversaciones mientras los hombres luchaban por encontrarle el sentido a la pérdida de sus hermanos de la armada. En su área, todos estaban agradecidos de estar con vida, sin embargo, no podían entender porque una operación que parecía haber sido perfectamente planeada se vino abajo.

Para los hombres sirviendo en el escuadrón de los Bear Aces, la tragedia generó una tristeza profunda que el tiempo no borraría. Por décadas, la pérdida de sus amigos seguiría acechándolos, trayéndoles nudos a sus gargantas y lágrimas a sus ojos simplemente al mencionar el Bear Ace 603. El haber pasado por los escasos restos recuperados puestos en el hangar, empaquetados y custodiados por un Marín no ayudó.

En menos de una semana, un representante del Juzgado General Advocado, JAG (en inglés), llegaría al USS Theodore Roosevelt y comenzaría una investigación sobre el incidente, incluyendo el registrar testimonios jurados, analizar todas las grabaciones y videos de ese día, y examinar cuidadosamente los restos. Mientras que tal inquisición era necesaria, nadie creía que traería ningún resultado duradero que sea de consuelo para los familiares y amigos.

La Niebla del Duelo

El sol salió. Comenzó otro día. Mi mente comenzó a despertar de la niebla del sueño. De repente, los recuerdos de lo que había sucedido el día anterior me golpearon como una escopeta disparando y haciendo un agujero en mi alma. Jon se había ido. Las franjas, el avión, la gente, las noticias, todo volvió repentinamente a mi memoria. Me sacó el aire. Mi cuerpo comenzó a tener congojas espasmódicas y me aferré a mi almohada para moderar los sonidos de mis gritos. Un dolor de estómago profundo, enfermizo y repugnante vino sobre mí, como si la pesadilla de mi nueva realidad continuara desde donde la había dejado el día anterior. No quería salir de mi cuarto solitario para revivir este horror.

Mi mente racional tomó el control. Taylor. Necesito ver cómo está mi bebé Taylor. Salí rápidamente de mi dormitorio y hacía su cuarto. Ella seguía durmiendo en su cuna. En silencio. Inocentemente. En paz. Esta niña se transformaría en mi nueva fuente de serenidad. Ella me ayudaría a respirar una vez más. Me ayudaría a enfrentar el hoy.

Pero seguía sin estar lista para enfrentar a Jordyn. Quería alejarla de la noticia de su padre lo más que se pudiese. Mis padres y yo planeamos que Jordyn regresara a casa durante la tarde. Mi plan era dejarla jugando con su amiga. Pero eso me hizo recordar algo con lo que a ella le encantaba jugar: la cadena de papel que colgaba en la sala de juegos.

Caminé a través de la sala de juegos y di un suspiro mientras sostenía la cadena de papel en mis manos. Tan frágil, tan liviana, y aun así tan pesada. Allí se encontraban todos los días especiales que nunca celebraríamos juntos de nuevo. Ningún eslabón sería removido más, ahora los eslabones seguían hasta la eternidad. La vida... frágil como una cadena de papel. La esperanza... destruida y desecha, pedazo a pedazo. Me estremecí al colocar la cadena maldita en una bolsa de plástico negra de basura, y le pedí a mi papá que la escondiera en el ático.

Para ese entonces, las noticias del horror estaban por todas partes. Mientras pasaban las horas de la mañana, volvió el incesante sonido del teléfono sonando y más personas llegaron a mi hogar. Pero a diferencia de ayer, mis padres estaban a mi lado. Ellos me dieron un empuje muy necesario para mí, manejaron muchos detalles y decisiones para que yo no tuviera que hacerlo, en especial el planeamiento de los familiares te estaban llegando desde lejos.

A través de los esfuerzos de tantos, vi a personas de Dios viniendo a mi rescate. Como con una cobija abrigada, Dios estaba protegiendo mi alma fría con Su amor a través de Sus hijos. Mujeres maravillosas de mi iglesia se transformaron en mi salvavidas, manteniendo a todos alimentados, lavando los platos, contestando el teléfono, y manteniendo el orden del hogar. Cantidad de cacerolas, platos y sándwiches, y muchísimos postres seguían apareciendo de la nada. Amigos considerados trajeron platos y vasos descartables para hacer el procedimiento mucho más fácil. Jon hubiese estado muy emocionado por la fiesta que se estaba haciendo por el.

Mi Familia en la Iglesia

El teniente comandante Rick Vanden Heuvel, mi oficial de llamadas de asistencia a víctimas (CACO), tenía una misión propia. Y aunque estaba agradecido de que el primer día difícil había quedado atrás, sabía que le esperaban muchos más días dolorosos. Rick observó con admiración cómo la familia de la iglesia de Kris se unía a ella, manteniendo su hogar funcionando como una máquina bien engrasada. Estaba asombrado de que su pastor incluso se tomara el tiempo para ministrarle personalmente. Reflexionando sobre el amor y la generosidad que había presenciado en la familia de la iglesia de Kris, Rick le dijo a su esposa: "Cariño, si me pasa algo, llama a los bautistas".

Rick siempre estaba presente, y yo estaba aprendiendo a confiar en él y en su calmada y reafirmante naturaleza. Él me informó que la armada había decidido honrar a Jon junto al resto de la tripulación de los Bear Ace 603 el próximo martes en la Capilla Memorial David Adams en en la Base Naval de Norfolk. El servicio seguiría la tradición de la armada y requeriría muy poco de mi, a diferencia del servicio memorial personal de Jon, que mi familia decidió tener al próximo día, el miércoles, en la Primera Iglesia Bautista de Norfolk. Todo esto era nuevo para mi. Aunque había asistido a muchos funerales, no me había dado cuenta de que había un funeral, pero no había un cuerpo para enterrar. El doctor Reccord fue muy gentil y amable, me ayudó a planear un tocante servicio que hubiese hecho que Jon estuviese orgulloso.

Mientras la niebla de luto llegaba sobre otro día, tuve más tiempo para estar a solas, gracias a mis padres quienes se hacían cargo de mis labores. Durante el día me escapaba a la soledad de mi cuarto y lloraba en mi "cuarto para llorar", haciéndolo todo por mi amado Jon. Las preguntas que me revolvían el estómago y las fuertes imágenes, los temores abrumadores, y las penas incesantes no disminuyeron a comparación del día anterior.

En uno de esos momentos, escuché a mi madre amablemente golpear la puerta de mi cuarto, y abrí para ver que quería. Ella tenía el teléfono inalámbrico en su mano, pero la triste mirada de dolor en mi rostro le comunicó que no quería hablar con nadie.

"Kris, creo que necesitas recoger esta llamada. Es Olga Plautz. Ella perdió a su esposo el verano pasado en un E-2C."

Me quedé en shock, ella lo sabía. Esta mujer al otro lado de la línea entendía exactamente lo que yo estaba pasando. Tome teléfono de las manos de mi madre como si estuviese sosteniendo una línea de esperanza.

"¿Hola, Olga?" una voz suave de mujer se escuchó del otro lado.

"Sí, Kris, soy Olga, y estoy aquí para ti."

Ambas lloramos al teléfono. Esta mujer a la que nunca había conocido me estaba alcanzando en mi dolor. Nueve meses antes ellas encontraban parada en donde yo estaba ahora. Recuerdo cuan conmocionado estuvo Jon al recibir la llamada acerca del incendio del accidente del E-2C que se llevó la vida de otros cinco hombres. Recuerdo haberme sentido triste por las familias de esos hombres, sin saber que tendríamos el mismo destino. En Olga, encontré una amiga, una viuda de la armada y una madre soltera de un niño varón. Ahora era miembro del nuevo escuadrón: el escuadrón de las esposas dejadas atrás.

Más tarde en esa mañana, mi buena amiga y vecina Jennifer, me pregunto silenciosamente que podrían ella y nuestros vecinos hacer para ayudarme. Yo sabía que Jennifer y Jon compartían el amor por la jardinería, un deseo que Jon no había podido completar por falta de tiempo, a acepción de sus preciosos arbustos de rosas. Con tantos amigos y familiares llegando, él hubiese estado avergonzado de mostrar nuestro increíble nuevo hogar rodeado de un jardín vacío con montículos de tierra. Necesitamos flores y necesitamos muchas. Jennifer comprendía completamente y dijo que esa sería una tarea que ellos se sentían honrados de cumplir.

Yo me encontraba un poco más preparada cuando el correo llegó el sábado a la tarde, pero el ver las letras manuscritas de Jon en otro sobre seguía siendo doloroso para soportar y me reduje a llantos una vez más. Me retiré el silencio a mi cuarto para procesar su última carta, a solas. Era el número seis, escrita hace una semana el 20 de marzo.

Buenos días, mi amor,

Espero que hoy haya sido mejor que ayer. Ayer fue horrible...

Ni siquiera pude continuar luego de esas breves palabras sin derrumbarme. Que atenuación, sin embargo, Jon no conocía las circunstancias bajo las que leería sus palabras. Obviamente, el día anterior al que él escribió la carta había sido un día difícil para él, con algún mensaje importante que no salió bien. El próximo párrafo fue algo completamente inesperado.

Adivina ¿Sabes qué necesito? Mi pistola de agua a batería. Enviámela cuando me envíes mi primer paquete. No hay apuro. Simplemente la necesito en algunas semanas. Al parecer el XO andar en eso y le dijo todo el mundo que tenía una. ¿Pero dónde está la nuestra?

No pude sino sonreír a través de mis lágrimas. Oh, Jon, siempre el bromista. Podía imaginármelo con una pistola de agua haciendo una guerra con su escuadrón y sus compañeros luego de un largo día de vuelo.

Hoy que Nebraska perdió, los pavos, pero ganó Wake, así que es Nebraska para el fútbol y WFU para el básquet.

No estaba al tanto de los deportes universitarios, pero recordé que él me había escrito una vez diciéndome que tenía dos grandes amantes: yo y el fútbol universitario, y en ese orden. Otra sonrisa salió de mí.

Aún no me llegan los correos. El COD tuvo que regresar debido al wx. Creo que me oirás hablar mencionar mucho el wx. El almirante nos reunirá en una junta hoy a las 1300. Apuesto a que será sobre nuestro rol en el Adriático.

Te amo, Jon.

¿Dale un beso a mis pequeños dulces, OK?

Seguramente el Adriático estaba cerca al mar jónico. Nadie hubiese adivinado las consecuencias del rol de Jon sobre aquella región en la Operación Proveyendo Promesa. ¿Y qué acerca de mi rol? ¿Ahora que él se había ido, qué rol debía yo cumplir?

¿Dale un beso a mis pequeños dulces, OK? Jon me estaba pidiendo hacerle otra promesa. Sí, Jon, yo le daré un beso a tus dulces pequeñas. Podría hacer eso hoy. Y el resto de las cosas tendría que hacerlas un día a la vez.

El Corazón de una Pequeña Niña

El pedido de mi esposo me recordó que había una tarea que debía enfrentar, la tarea que más temía. Esa tarde, Jordyn regresaría a casa, y no podría protegerla más de la fría, y dura verdad. Mis padres y yo hablamos sobre la mejor forma para comunicarlo, y estuvimos de acuerdo en hacerlo juntos. ¿Cómo le dices a una niña de tres años que su padre ha muerto? Simplemente esperaba encontrar las palabras correctas.

> *Promesa*
> *"Mas el Dios de toda gracia, que nos llamó a su gloria eterna en Jesucristo, después que hayáis padecido un poco de tiempo, él mismo os perfeccione, afirme, fortalezca y establezca."*
> *I Petros 5:10*

Cuando ella atravesó la puerta, estaba muy entusiasmada de ver a todas las personas, incluyendo a muchas familias de la iglesia con niños. En sus inocentes ojos, era una fiesta. Y estaba especialmente emocionada de ver a sus abuelos de Virginia del Oeste. Luego de algunos minutos para que ella se calmara, le pregunté si le gustaría subir a la sala de juegos. Los abuelos y yo teníamos algo muy importante que decirle. Sin dudarlo, sus pequeñas piernas corrieron por las escaleras. Ella quería volver lo más pronto posible para jugar con los niños que estaban de visita.

Mamá, papá, y yo nos sentamos juntos en la cama de la sala de juegos, y Jordyn se paró delante de mí. Hubo una quietud solemne en el cuarto. Ella no se dio cuenta que la cadena de papel que había colgado tan orgullosamente al rededor del cuarto ya no estaba. Tomé sus pequeñas manos con las mías, y la miré a sus grandes y hermosos ojos de color azul jaspe.

"Jordyn, mamá tiene algo muy triste para decirte." Ella se quedó en silencio.

" ¿Qué sucede mami?"

Comencé de manera muy suave y calma. Le hablé sin lágrimas. Sin práctica, simplemente le dije, "Cuando papá estaba volando en su avión la última noche, su avión se rompió y cayó al agua. Jordyn, papi murió ayer a la noche."

Por más que quería proteger el pequeño corazón de Jordyn de la realidad de la tragedia, no pude suavizar la noticia. No conocía otra manera de decirlo. Como si estuviese tratando de comprender las palabras que acababa de decir, sus ojos preocupados se encontraron con los míos y me pregunto, " ¿Va a volver alguna vez mi papi?"

Las lágrimas comenzaron a caer por mis mejillas, y le dije a mi hija por primera vez, "No, mi amor, papi no volverá nunca más a casa."

Me miró a mí y luego a mis padres llorando y explotó en llanto. El llanto de mi dulce, e inocente niña no será borrado jamás de mi alma. Estaba observando la vida de mi hija quebrarse en dos, al igual que un eslabón de su amada cadena de papel. La abracé y todos lloramos juntos. De repente, Jordyn paró de llorar. Hubo una silenciosa pausa. Me hizo una pregunta profunda que nunca olvidaré: " ¿Mami, papi está feliz?"

Sorprendida por las palabras que salieron de la inocencia del corazón de un niño, pude sonreír. Tal vez fue mi primera sonrisa desde que vi a los hombres con sus trajes con franjas pasar por mi ventana.

Una calma cayó sobre el cuarto. Con una firme confianza, le respondí, "Sí, Jordyn, tu papi estás feliz porque él está con Jesús."

Jordyn sonrió, se secó sus lágrimas, y amablemente me preguntó si podría ir a jugar afuera. Para nuestra sorpresa, Jordyn se fue de la sala de juegos con la satisfacción de saber que su papi estaba con Jesús. Dios volvió realidad la verdad de la vida eterna en el corazón de una pequeña niña ese día.

Promesa
"Pero los que esperan a Jehová tendrán nuevas fuerzas; levantarán alas como las águilas; correrán, y no se cansarán; caminarán, y no se fatigarán."
Isaiah 40:31
El verso de Jordyn

Promesa
"Así que, no os afanéis por el día de mañana, porque el día de mañana traerá su afán. Basta a cada día su propio mal"
Mateo 6:34
El verso de Taylor

Capítulo 23

Mi Bandera Plegada

Todo Está Mal

El sábado, Rick, me llevó en el auto hasta el servicio memorial de Bobby Forwalder, el primer funeral de los cuatro Bear Ace. El reunirnos por primera vez con Katie, la esposa de Bobby, y las demás viudas, Paola y Shelly, fue emocionalmente muy intenso para todas nosotras. Naturalmente, estábamos preocupadas por Katie, ya que estaba a punto de dar a luz a su bebé en cualquier momento. No podía imaginar lo mal que se encontraba ella, preparándose para dar a luz a su primer hijo bajo esas circunstancias de prueba. El servicio de Bobby fue una celebración maravillosa de su vida, pero era un desafío para mi procesar la muerte repentina de cinco hombres, junto con mi propia pérdida personal. La niebla del duelo se hacía cada vez más densa, y el servicio fúnebre de Bobby fue tan solo una entrada en calor para el servicio memorial por venir de la armada que sería mucho mayor.

El martes, Rick nos llevó en coche a mis dulces niñas y a mí al tributo de la armada para el Bear Ace 603. Todo en cuanto ese servicio parecía estar mal para mí. Realmente apreciaba profundamente que la armada honrara a mi esposo y a los demás hombres, pero viví los eventos de ese servicio memorial como si fueran escenas de una pesadilla desordenada.

Ir hasta la pista de la Base Naval de Norfolk estaba mal. Jon no estaba a mi lado, y no era él quien estaba siendo despedido. Nos habíamos preparado ese día como si estuviésemos yendo a la iglesia Durante un domingo normal por la mañana. Las niñas y yo estamos vestidas de rosa. Pero eso estaba mal. Estaba mal que mi familia estuviese yendo a una iglesia en una base naval durante el día martes. Estaba mal que nosotros estemos asistiendo al servicio memorial de mi esposo. Estaba mal que nosotras nos sentemos junto a otras tres viudas. Estaba mal que cuatro niños no verían a sus padres nunca más.

Promesa
"Bendito sea el Dios y Padre de nuestro Señor Jesucristo, Padre de misericordias y Dios de toda consolación, el cual nos consuela en todas nuestras tribulaciones, para que podamos también nosotros consolar a los que están en cualquier tribulación, por medio de la consolación con que nosotros somos consolados por Dios."
2 Corintios 1:3-4

Mientras nos abrimos paso por la Capilla David Adams, que estaba repleta de personas, me di cuenta de que cientos de personas ya se encontraban sentadas. Yo llevaba cargando a Taylor y la tenía a Jordyn tomada de mi mano mientras que Rick nos escoltaba al frente de la fila central entre dos hileras con caras llenas de dolor.

Caras familiares y amigables de mis compañeros de coro, quienes habían venido a cantar para el servicio a mi pedido, me saludaban desde atrás del púlpito mientras me acercaba al frente. Vestidos con togas y sentados en filas, el coro había dejado un lugar vacío, y pusieron un pequeño almohadón blanco en memoria de Jon. Que no hubiese dado para verlo a él vestido con su toga de coro guiñándome un ojo desde la sección de tenores.

Dejando atrás las sonrisas cálidas, mis ojos se dirigieron hacia las miradas sombrías de las fotos de los rostros de cinco aviadores de la armada, enmarcadas y colocadas sobre una mesa de madera enfrente del púlpito: Francesito, Billy Ray, Bobby, Pat, and Jon. Sonriendo. En su traje de vuelo. Tomé fuerzas al mirar su rostro y sentí que mi corazón se calmaba al ver su mirada en la fotografía.

Con quince años de servicio en la marina, Jon era uno de los oficiales de mayor rango en el escuadrón y estaba muy orgulloso de su parche Bear Ace. Estaba listo para ascender al rango de comandante. Pero todo esto era insignificante mientras miraba su foto. Ahora en exhibición en una capilla repleta de amigos de luto, la tripulación del Bear Ace 603 no podía saber que estaban posando para sus obituarios cuando se tomaron esos retratos. Todo estaba mal.

Detrás de cada imagen había una bandera estadounidense doblada, una por cada hombre que había dado su vida por un país que nunca volvería a ver. Una sola espada ceremonial de la marina yacía sobre la mesa. "Bienvenida a la marina, Sra. Rystrom" pasó por mi mente cuando el golpe del sable en nuestra boda me dio la bienvenida. La espada que cortó mi pastel de bodas proclamó ahora que yo era viuda. Todo estaba mal.

Giré para buscar nuestros asientos, observé a las personas sentadas en los asientos detrás de mí, pero todos los lugares estaban ocupados. Mire para todas partes, y me dí cuenta de que nadie había reservado lugares para mis hijas y yo. En frente de esa gran multitud, comencé a llorar histéricamente. Lo miré a Rick y grité, " ¡No hay lugar para nosotras!"

Esta fuerte esposa del oficial, que haría que Jon estuviese orgulloso, y que haría que la armada esté orgullosa, tuvo un quiebre en frente a miles de personas. Rick se puso en marcha, se desocuparon asientos de la primera fila, las niñas y yo nos sentamos el silencio. Eso estaba mal.

El servicio memorial dio honor a Jon ya la tripulación del Bear Ace 603 de manera correcta. Había franjas por todas partes ya que había cientos de oficiales de la armada que habían venido a dar sus honores. Acompañé cantando silenciosamente mientras el coro cantaba canciones que yo conocía, canciones que habíamos ensayado junto a Jon. Mientras que un capellán de la armada daba sus palabras de aliento, mis ojos no paraban de mirar el cuadro de mi esposo. Aún a través de las lágrimas por la pérdida, seguía siendo confortada por el a través de la tumba. Nuestro amor era tan profundo que ni la muerte vencería. El servicio llegó al final, y comenzó una sobria tradición militar. Observé que un oficial de la armada caminó hasta la mesa ceremonial y recogió una de las cinco banderas pegadas de Norteamérica. Y se acercó hasta Sheila, la madre de Pat "Advark" Ardaiz, y le susurró algo al oído. Haciendo una reverencia sus manos cubiertas con guantes blancos colocaron gentilmente la bandera plegada en sus frágiles brazos. La siguiente fue Katie, luego Shelly, luego Paola. Observé a cada una de mis amigas recibir sus banderas una por una mientras que cada oficial de la armada continuaba en esa procesión silenciosa. Luego llegó mi turno.

Uno de los amigos más cercanos de Jon y compañero de la armada recogió la bandera, cuidadosamente doblada en forma de triángulo, detrás de su fotografía. Dio la vuelta desde la mesa y se inclinó delante de mí susurrando a mi oído mientras lloraba.

"Kris, en representación del presidente de los Estados Unidos y jefe de las operaciones de la armada, por favor acepte esta bandera como un símbolo de nuestro aprecio por sus amados en servicio a su país y una agradecida armada."

Colocó suavemente la bandera en mis manos. Toqué la tela plegada y la presioné contra mi pecho mientras lloraba en los brazos de mi amigo. Sin nadie a quien enterrar, ahora la bandera había tomado el lugar de mi Jon.

El servicio concluyó con una procesión silenciosa hasta un terreno fuera enfrente de la capilla. Tomé la mano de Jordyn mientras nos reuníamos con nuestra familia. Durante el servicio mamá había sostenido a Taylor y estaba bien para mi seguir así. Mientras esperábamos, observé un ejército de pandillas con cámaras y reporteros de canales de noticias locales. Esto era un tema Nacional, y no querían perderse la oportunidad de contarle al mundo la historia de otro héroe caído. Mientras esperábamos al resto de las personas afuera, la maestra de preescolar de Jordyn se inclinó y le entregó a mi hija una flor rosa. Durante un momento tan sombrío, mi hija estaba siendo cuidada con el tierno obsequio de una flor, algo que Jon amaba profundamente.

El sonido de una trompeta llenó el aire con un sonido familiar "Taps," seguido de un saludo de 21 cañonazos hechos con rifles, siete rifles dispararon tres salvas al aire. Cada disparo me asustó hasta lo más profundo. Luego, a la distancia, pude oírlos venir. Ese sonido familiar y distintivo que escuchaba cada día sobre mi casa, el sonido de un E-2C Hawkeye. Pero este sonido era diferente, mucho más fuerte que otras ocasiones. Las personas alrededor comenzaron a mirar hacia el cielo.

Lo que sucedió después fue un momento que nunca olvidaré. Miré hacia arriba y observé a cinco aviones E-2C Hawkeye volando en una formación en V, su sonido iba incrementando y haciéndose más fuerte. El sonido ensordecedor se apoderó de mi mente cuando se acercaron. De repente uno de los aviones giró bruscamente y voló hacia arriba saliendo de la formación, representando la pérdida de la tripulación. El resto de los aviones continuó volando hacia delante. Mientras uno de los aviones salía de la formación y los demás continuaban volando, corrí frenéticamente hacia el pastizal. Gemidos salieron de mi alma mientras miraba los aviones. Corría como en búsqueda de mi Jon.

En la soledad de mi cuarto, había imaginado dolorosamente el terrible accidente de avión muchas veces. Pero ver esa formación de aviones, fue como si el terrorífico choque estuviese ocurriendo en frente de mis ojos. Me aferré a la bandera, a mi Jon, ya que él se había ido para siempre. Mis amigos, mi familia, observaban con angustia mientras gritaba con desesperación. No me importaban los cientos de personas que me estaban observando mientras perdía el control. No me importaba que equipos de camarógrafos estaban tomando videos y fotos de esta esposa de oficial lamentando la pérdida de su esposo. Ya no me importaba. No podía parar de gritar. Ese fue el día en que le dije adiós a mi Jon para siempre.

Yo era joven, era una viuda de la armada, estaba abrazando mi bandera, en un momento de duelo y quebrantada con un corazón frío en ese momento, ahora yo estaba en la primera plana para que todos pudieran ver.

Traje de Vuelo Puesto

Dos sorpresas me estaban esperando al regresar a casa del servicio memorial de la armada. Mientras nos habíamos ido, nuestros queridos vecinos amorosamente transformaron nuestro jardín de tierra en un espléndido jardín, yeno de pensamientos multicolor, y flores de acebo. Luego de un servicio muy emocional y absorbente fue una bendición ser recibida con un vívido recuerdo de la vida, la belleza y la amabilidad de mis queridos amigos. Jon hubiese estado orgulloso.

El dulce aroma a mantillo fresco llenaba el aire mientras me acercaba al buzón de correo para encontrarme con mi segunda sorpresa, otra carta de Jon. Mi corazón se aceleró y el ahora conocido dolor interno se intensificaba cada vez que una carta de Jon llegaba, aun así, me aferraba a cada una de ellas como si me estuviese aferrando a un diamante invaluable. Mientras pasaba caminando por el recientemente plantado jardín de flores, sentía cómo si el invierno estuviese a punto de llegar.

En la privacidad en mi cuarto, abrí su más reciente mensaje. Esta tenía fecha del lunes, el 22 de marzo, a las 12:11 A.M. Traté de sonreír al ver cuán detallado era y me di cuenta que había escrito esa carta justo después de medianoche.

Mi amada novia,

Finalmente, tres cartas, aunque debería decir sentimientos maravillosos e informativas piezas de arte.

¡Al fin, él había recibido mis cartas! Estaba tan agradecida que el hubiese escuchado de nosotras antes de morir y que haya visto la preciosa foto de Jordyn por última vez. Él escribió que había disfrutado de la carta de nuestra escuela dominical también. Me hubiese encantado que viera la manera en que esas mismas personas me rodearon en los días después de su muerte.

Entiendo completamente lo que dices acerca de no llorar. Creo totalmente en ello, porque por nuestra fe y nuestro amor, nuestra unión es más fuerte que la de otras parejas.

Yo había derramado baldes de lágrimas durante los últimos días, y me tomó un momento recordar a lo que se estaba refiriendo. Le había escrito que esa vez al despedirnos no había llorado. Esa unión fuerte construida sobre la fe y el amor ahora estaba destruida en pedazos, aun así me encontré a mí misma tomando fuerzas de sus palabras.

¿Se ven bien los arbustos? ¿Se divirtió Jordyn jugando en el barro mientras plantabas los arbustos?

Si pudiese ver nuestro jardín ahora, con todas las flores nuevas de los vecinos, embelleciendo sus arbustos de rosas y los arbustos que yo había plantado antes de "la tormenta del siglo."

La cadena de papel es una gran idea, sí, probablemente sean 183 días en total.

¿Podía él ver desde el cielo que la cadena del papel fue descartada en una bolsa negra de basura en el ático?

Repetí el asunto de no entrenar los domingos y el XO y el CO estuvieron de acuerdo. Asistir al servicio memorial por el teniente comandante Dillingham. El capellán de nuestra iglesia presidió el memorial.

Jon había crecido grandemente en su fe durante esos años. Lloré al pensar que él había asistido a un servicio memorial apenas algunos días antes del suyo, conducido por algunos de nuestra iglesia. Yo recordé que la esposa de su capellán fue una en el ejército de mujeres que desinteresadamente sirvieron a nuestra familia. Ese mismo capellán ayudaría a conducir el memorial de Jon.

El CO y yo asistimos a una reunión de operaciones completa dirigida por las personas de la sexta flota alrededor del mediodía. No hubo noticias nuevas. Esperamos que nuestro primer día completo de vuelo sea mañana. Estoy escribiendo esto en el cuarto de listos mientras espero un avión. Ya es más de medianoche. Espero poder ir a dormir alrededor de... Bueno mi amor, ya llegó el avión, así que dales un beso a todas mis niñas y te extraño,

Con amor, Jon.

Su avión había llegado, pero nunca hubo garantía de que lo llevaría sano y salvo a casa. El amor de Jon por volar era algo que no compartíamos, y ahora su amor le había costado la vida.

"Dales un beso a mis niñas". Otra promesa que cumpliría. Sabía que vendrían más cartas, pero un día las cartas se detendrían. ¿Qué haría entonces?

Exhausta por las emociones del día y sabiendo que mañana sería el servicio memorial de Jon en la primera Iglesia Bautista de Norfolk como me fui a la casa temprano esa noche intenté descansar. Más tarde esa noche, escuché voces desde el piso de abajo y supe que eran las voces de los familiares de Jon que habían llegado de Nebraska. Con mi cuerpo tan cansado, supe que no podía ir a saludarlos en ese momento. Para mañana, nuestros abrazos y encuentros serían reemplazados con otra ronda de angustias y duelo.

Jon, las niñas y yo los habíamos visitado tan sólo hace unas semanas cuando asistimos a Mervin y la boda de 50 aniversario de Jo, que se celebró en Nebraska. Estaba muy agradecida por habernos tomado el tiempo y el esfuerzo para asistir, sin saber que esa sería la última visita de Jon a su familia. ¿Cómo podrían mis tiernos y ancianos suegros, quienes llevaban una vida sencilla en el medio oeste, recuperarse alguna vez de la trágica muerte de su hijo menor, Jonny?

Por más que hicimos mucho duelo con la familia de Jon, estaba aliviada de que estaríamos juntos para celebrar la vida de Jon el siguiente día. Cada detalle del servicio fue planificado como si Jon lo estuviese viendo desde el cielo. En mi mente, le seguía preguntando cosas, " ¿Jon, qué piensas acerca de que el coro cante esta canción? ¿Qué te parece si nuestro profesor de la escuela dominical da tu eulogio? ¿Qué te parece si mi papá da unas palabras?

Sabía que probablemente eso era un poco ridículo, pero seguía imaginando que mi esposo me alentaba mientras realizaba mis nuevas tareas, ya no más como una esposa de la armada sino como una viuda planificando su funeral. Aunque seguía estando emocionalmente muy susceptible por el servicio memorial de la armada, mañana me dedicaría solamente a Jon. Y me mantendría fuerte para él. Para mi precioso amor, haría que esté orgulloso.

La primera Iglesia Bautista estaba repleta de personas. Esa era más que una iglesia para Jon y para mí, ese era mi hogar. Cantábamos en el coro juntos, compartíamos cenas los miércoles en el salón de compartir con amigos, enseñábamos en Mission Friends en el preescolar de Jordyn, y estudiábamos la Biblia bajo las enseñanzas del Dr. Reccord cada domingo. Nuestra clase de escuela dominical era nuestra familia. Unos pocos meses atrás, Jon y yo habíamos presentado a nuestra hija bebé Taylor al Señor en el mismo santuario en donde la vida de Jon seria memorada.

Las familias Rystrom y Windham se sentaron en las primeras filas de asientos junto con las otras viudas del 603, juntos en los primeros asientos para comenzar el servicio de celebración de la vida de Jon. Sonreía a través de las lágrimas mientras cantábamos a Nuestro Señor reflejando a nuestro Salvador. La muerte y resurrección de Jesús ahora eran personal. La eternidad se hizo parte de mí, porque mi Jon lo estaba experimentando en persona. Jon vivía con Jesús. Yo lo vería de nuevo y mientras el servicio continuaba, oraba para que él y los ángeles estuvieran viendo. ¿Cuántas veces estuvo parado en ese santuario a mi lado alabando a nuestro Rey? Ahora alababa sola. Pero tenía la bendecida imagen de mi Jon rodeado de la acogedora gloria de Dios.

Nuestro maestro de la escuela dominical compartió un cálido Eulogio, incluyendo la lectura de varios extractos de las últimas cartas de Jon. El Dr. Reccord dio un sermón muy tocante que trajo alivio a mi alma. Pero lo que más me llegó fue el poema de mi padre, el mejor amigo de Jon, escrito para la ocasión. Había lágrimas en sus ojos al leerla, pero su voz se mantuvo fuerte, y la admiración que tenía por Jon fue evidente.

Jon Alvin Rystrom

Algunos lo llamamos comandante;
Otros lo llamábamos Jon, otros Jonny;
Otros lo llamaban Jonathan afectuosamente;
Otros- hermano, otros- tío Jon;
Dos de nosotros lo llamábamos hijo;
Uno de nosotros lo llamaba papi ponte;
Pero yo lo llamaba mi amigo;

Él era todo eso para cada uno de nosotros,
Pero en primer lugar y por sobre todo él era un maestro.
Cada uno de ustedes que conocía a Jon
Aprendió algo de este enseñador.

Puede que les haya enseñado a lanzar y atrapar una pelota;
Puede que hasta les haya enseñado un juego o dos,
O incluso una oración en la noche.
Para nosotros quienes somos de la armada,
un botón un interruptor de un E2,
O la máquina de los perros en el Mess Hall.
Alguno de ustedes, sé que les enseñó como
Sonreír y carcajear.
A dos de ustedes sé que les enseñó como amar.
A mí, él me enseñó como abrazar a otro hombre.

Pero hoy nos enseñó a cada uno de nosotros
Como morir...
¡Moriste con tu traje de vuelo puesto!

-Chuck Windham, 31 de Marzo de 1993

Se que Jon se hubiese sentido muy halagado por todas las tiernas palabras compartidas, pero las palabras su "amigo" le hubiesen impactado profundamente. También hubiese sido alcanzado por el abundante amor hacia sus dos hijas. Un fondo para la educación de Jordyn y Taylor se puso en marcha, gracias a la generosidad de otros.

Con el funeral detrás de mí y las despedidas dadas, nuestros amigos y familiares regresaron a sus vidas, pero mi pesadilla continuaría.

Rick y papá me ayudaron a comenzar el proceso de atravesar las montañas de problemas que su muerte había causado. Con la asistencia de mi padre, muchas decisiones importantes se tomaron de la manera correcta. En primer lugar, luego de observar de cerca mi situación financiera, si tomaba decisiones sabias, buscar un trabajo para reemplazar los ingresos de Jon no sería necesario. En cuanto a donde vivir, yo consideraba la red de amor que me rodeaba, en especial mi iglesia, mi familia y hermanas viudas.

Junto con el acceso que tenía a beneficios militares tomé la decisión de quedarme en el área de Norfolk y en el hogar que Jon y yo construimos juntos. Mi madre decidió quedarse conmigo por varias semanas mientras intentaba reconstruir mi vida hecha pedazos.

La familia de Jon quería dar un servicio memorial en Nebraska a mediados de abril en Stromsburg, su pueblo, así que tendría un funeral más que sobrellevar. Pero sabía que le estaría agradecido por el tributo en su nombre, y sería un paso crucial en el duelo de su familia.

Emociones Encontradas

Al pasar los días, mi correo se llenó de cartas y tarjetas de familiares y amigos muy lejanos dándome consuelo. Incluyendo cartas formales de condolencia del presidente Bill Clinton. Viendo cada una de ellas sentí como un placer mezclado, ya que disfrutaba escuchar que viejos amigos, pero deseaba que fuesen cartas de navidad en su lugar. Mi querido amigo me dio muchas tarjetas de agradecimiento y estampillas, así que lentamente comencé proceso de expresar gratitud hacia aquellos que me habían bendecido.

Mezcladas con estas tarjetas había invaluables cartas de Jon. Cada día que llegaba el cartero buscaba ansiosamente entre los sobres las letras manuscritas de Jon. Un día, pronto, muy pronto, llegaría mi última carta. Como temía ese día.

La siguiente carta que recibí de parte de Jon fue de sus primeros días de viaje. El horrible clima de la tormenta del siglo había retrasado la llegada de las cartas más de lo común. Jon mantuvo su promesa y escribió cada día, pero recibir las cartas de manera tan desordenada significaba que tenían que ordenar sus últimos días como si fuese un rompecabezas. Su primera carta del viaje tenía fecha del 13 de marzo, el primer día del viaje, cuando se había ido.

Mi querida, y maravillosa esposa, hermosas hijas, y el gran protector, Max. Bueno finalmente es real, el viaje al Mediterráneo... estamos escuchando rumores que los prim-

eros llamados a Puerto están en juego y que vamos directamente hacía el mar Adriático. Entre Italía y Yugoslavía, Bosnía y Serbía... el clíma es realmente malo. Hoy no pudímos volar porque los mares estaban muy embravecídos. Escuché que gran parte de la tormenta no llego a Norfolk...

Ahora la única parte de la carta que realmente ímporta. Te amo y te extraño como loco. Díle a Jordyn que papá extraño leerle cuentos a la noche. Dale a Taylor un gran abrazo de mí parte. Ya voy a poner esto en el buzón de correos en caso de que un COD vuele mañana. TE AMO.

Jon me extrañaba como loco y apenas se había ido por 24 horas. No había manera de poder expresar cuanto lo extrañaba.

Sus próximas dos cartas fueron escritas mientras la tormenta estaba en su punto máximo. Incluso tomó una fotografía del Rough Rider, el periódico de la nave, que mostraba la explosión de agua salada rociando junto a olas de más de 30m bañando a los aviones estacionados en la pista de vuelo. Ya conocía lo intensas que podrían ser las tormentas, y estaría muy preocupada por su seguridad muy pronto.

Jon describió detalladamente el proceso para remover un quiste de su brazo. Estoy segura de que él estaba fascinado por esa cirugía menor, pero con mi mente repleta de imágenes de Jon ahogándose y hundiéndose hasta el fondo del mar, no disfruté de su explicación tan detallada.

Por primera vez mencionó la Operación Proveyendo Promesa, porque tenía que preparar una reunión sobre los vuelos en donde los C-130 dejarían caer los MERs (en inglés, alimentos listos para comer) en Bosnia-Herzegovina. Jon sabia de mi falta de conocimiento geográfico, y marcó el mar Adriático en un mapa azul que se encontraba en el TR. Incluso en las cuestiones del día a día: con quien había comido, reportes que había preparado, cambiar el horario mientras que se acercaban en este, o el XO que dejó de comer helados hasta lograr bajar algo de peso, aprecié cada detalle de los días finales de Jon sobre la tierra.

La carta que escribió en el día de San Patricio, el 17 de marzo, estaba llena de comentarios que parecían muy irónicos.

> Tenemos abordo un teléfono llamado INMARSAT y cuando estamos enlazados al satélite podemos hacer llamadas a casa. Es para todos. Cuesta $35 dólares por 5 minutos. Así que, si te llamo, y te digo Kris, esta será una llamada INMARSAT. Sabrás que sólo durará cinco minutos.

Recuerdo que en de San Diego, el estrés que nos causaba ver las cuentas del teléfono por llamadas a larga distancia, de cuando Jon me llamaba desde el extranjero. Yo hubiese dado lo que sea para hablar de nuevo con él.

Los sollozos incontrolables ahora eran parte de mis días, y comenzaron una vez más cuando leí su párrafo final.

> Oro para que todo esté bien. Te amo Kris, y realmente te extraño, y a nuestras pequeñas niñas. ¿Cómo está la salud de todos? Supongo que me preocupa eso por, sobre todo. Las amo y las extraño. Jon.

No, Jon, todo no estaba bien. Y no estaba asegurada si alguna vez no volvería a estar.

El siguiente sobre que recibí de Jon en realidad fue una cinta. Él puso la etiqueta número 10, fue una grabación de dos días, finalizando el día 23 de marzo, tan sólo dos días antes de su muerte. El escuchar su voz era muy doloroso para mí. Al menos me puede reír cuando me preguntó si había apagado el piloto de gas de la calefacción o si no hubiésemos tenido una explosión como resultado.

Lloré mientras hablaba acerca de la cadena de papel y lo difícil que sería llegar al final. Hablo más acerca de la Operación Proveyendo

Promesa y de cómo planeaba visitar a su amigo Dave, nuestro amigo de la iglesia que servía en el USS FitzGerald Kennedy, el 25 de marzo. Casi me había olvidado de Dave, quien estaría a punto de llegar en cualquier momento. Me preguntaba si ellos habían podido encontrarse en ese día fatal.

El resto de la cinta fue demasiado dolorosa de escuchar, le permití a Jordyn escuchar el otro lado de la cinta. Su historia para ir a dormir final de parte parte de papi. Él había inventado una historia, la cual tenía una moraleja que era difícil de procesar para mí.

> Así que Jordyn, simplemente recuerda siempre ser una niña buena, ama a Dios, ama a padres, y nada malo te ocurrirá.

Algo malo le había acabado de ocurrir a Jordyn, y a todos nosotros. ¿Fue de alguna manera nuestra culpa? Esta grabación no sería escuchada una y otra vez. El escuchar su voz tocaba emociones muy profundas en mí. Luego de haberla reproducido por completo, y compartir la historia de Jon para Jordyn, la escondí y la puse fuera del alcance de la vista, pero nunca las olvidé.

Kris en el Servicio Conmemorativo Bear Ace de la Base Naval de Norfolk marzo de 1993 El sobrevuel

Capítulo 24

La Última Carta

Finalmente llegó. La última carta de Jon. Fui a buscar el correo como cada día y ahí se encontraba la carta número 11, con fecha de 25 de marzo. Supe que no habría ninguna otra carta. Decidí dejar a las niñas con mamá y dar un paseo privado alrededor de nuestro silencioso vecindario para saborear las últimas palabras de parte de Jon. Tal vez estaba tratando de evitar derrumbarme otra vez, a este punto sabía que era algo que no podía controlar siempre. Pero ese hermoso vecindario era una extensión de nuestro hogar, el hogar que Jon y yo habíamos escogido. Parecía una buena idea escuchar sus palabras rodeada por calles conocidas y dar un último paseo juntos. Mis manos temblaban mientras abría el sobre, encontré dos hojas de papel y tres páginas escritas a mano, con fecha de la mañana del jueves 25 de marzo.

Hola Mujer,

Son las 0830 del 25. Estuve despierto hasta las 0300 planificando la reunión para el grupo ocho del portaaviones y el almirante. Luego me levanté a las 0700 para subir a un helicóptero que me llevaría hasta el JFK. Me estoy poniendo viejo para estas cosas.

Bueno, la suerte está echada. La junta de O-5 terminó ayer. Sabremos de nuestro futuro de seis a ocho semanas. Sigo pensando que debería haber hecho algo diferente, pero luego me doy cuenta de que debo eliminar el "yo" y poner mi fe y confianza en Dios. A veces es difícil, pero Dios me cuidara. Te tengo a ti y a dos niñas maravillosas, tengo salud. Al pensar en todas estas cosas, me doy cuenta de lo insignificante que la junta O-5 en realidad es. Yo sé que cambiaría esa junta en un instante si Taylor o Jordyn no tuviesen salud. Simplemente le agradezco a Dios por la gran vida que me ha dado.

Cuando se trata de las niñas, Kris, confío en tu juicio. Has lo que tengas que hacer. ¿Cómo va el proyecto de empapelar la casa de azul? ¿Quieres hacerlo solo en la cocina? ¡Diviertete con tus amigas! Espero que Jordyn se esté portando bien. Me imagino que va contigo cada noche que se levanta. Tú eres su seguridad mientras yo estoy lejos.

Tengo un turno para hacerme una limpieza dental el 10 de abril así que la vida continua. Te amo Krista, y te extraño. ¡Dales un beso a mis dos bebés! Con amor, Jon.

P.S. grabar las cintas fue muy difícil esta vez. Cuando me envíes un paquete, incluye varios libros pequeños para Jordyn. Así se los puedo leer. Hubiese traído algunos. Jon.

Esta fue una carta escrita por un hombre en paz. En paz con su esposa, en paz con su vida y en paz con Dios. Leí la carta por segunda vez y me di cuenta de que las últimas palabras de Jon para mí fueron un regalo indescriptible. Jon siempre marcaba el reverso de sus cartas con un punto donde se ubicaba el barco en su mapa estacionario. Al darle la vuelta a la carta, vi un pequeño punto de tinta donde él la había dejado esa mañana. El punto estaba en el Mar Jónico, el último lugar donde mi amado Jon se perdió para siempre.

Miré la hora en que había escrito la carta y recordé que casi nunca me escribía por la mañana. ¿Y si hubiera esperado hasta que regresara de su misión para escribirme como solía hacerlo? ¿Estaba Dios obrando entre bastidores para coordinar esta última carta atesorada que tenía en mis manos? Mis dedos tocaron estas preciosas palabras escritas que recordaría en los días, semanas, meses y años venideros

"A veces es difícil, pero Dios cuidará de mí."

"Kris, confío en tu juicio. Haz lo que tengas que hacer."

"Tú eres su seguridad mientras yo estoy lejos."

"Así que la vida continua."

"Te amo Krista y te extraño. ¡Dales un beso a mis dos bebés!"

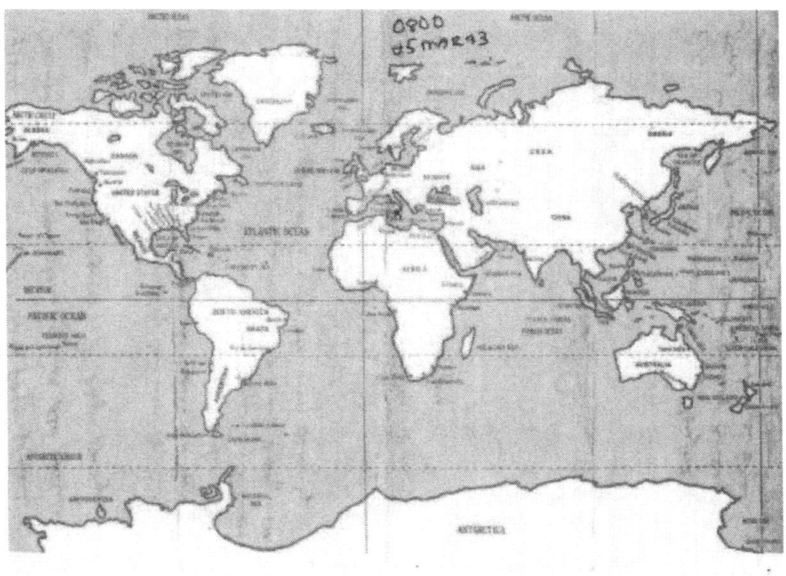

En su última carta, Jon marcó a mano la ubicación del Mar Jónico, cerca del maletero de Italia 38.50.72 N 17.60.58 E, sin saber esto Sería el lugar de descanso final para él y la tripulación de Bear Ace.603.

Un Poco de fuerza

Recibir el correo nunca volvería a ser lo mismo, pero un rayo de luz pronto entró en mi buzón y me tomó completamente por sorpresa. La misma semana que recibí la última carta de Jon, encontré un sobre inesperado en la pila diaria de tarjetas de pésame, facturas y correo basura. Me sorprendió cuando vi la dirección: Kennebunkport, Maine. ¿El nombre? El presidente George H. W. Bush. Corrí adentro y abrí el sobre para encontrar esta nota mecanografiada adentro:

> *Abril 5, 1993*
>
> *Querida Kris, Me sentí muy triste al recibir las noticias acerca de su esposo, Jon, un hombre de coraje que dio su vida al servir a su país de la manera más honorable. Quiero desearles a ti a Jordyn y a Taylor, el bien.*
>
> *Una de las grandes alegrías en mi presidencia fue ver de tanto en tanto a los valientes pilotos de la armada con los cuales me sentía muy cercano. No conocía la personalidad del Teniente Comandante Rystorm, pero se que era una persona maravillosa la cual servía a nuestro país con honor.*
>
> *Debe ser extremadamente difícil para ti, pero tal vez te dé un poco de fuerza pensar que muchos están pensando en ti. Bárbara se une a mi para darles a ti y a los tuyos nuestras condolencias más sinceras.*
>
> *Sinceramente,*
>
> *George Bush*

Me quedé sin palabras. Mientras aprecie la carta del presidente Clinton, realmente atesore esta carta de parte del expresidente George H. W. Bush mucho más. Aunque nunca había conocido al presidente Bush, Jon le había brindado sus servicios durante su viaje a NEACP en Nebraska, y fue uno de sus excompañeros quien escribió al expresidente Bush para contarle acerca de la muerte de mi esposo. El

> *Promesa*
> *"Enjugará Dios toda lágrima de los ojos de ellos; y ya no habrá muerte, ni habrá más llanto, ni clamor, ni dolor; porque las primeras cosas pasaron."*
> *Apocalipsis 21:4*

presidente Bush también fue un aviador de la armada quien sobrevivió ser derribado en el mar. El comprendía el servicio y el sacrificio como muy pocos líderes hacían. El saber que él y su esposa estaba pensando en nosotros significó el mundo para mí.

Tan sólo unos días después las niñas y yo volamos a Nebraska para el último servicio memorial de Jon, y recibí otra sorpresa. Dave nuestro amigo que sirvió en el USS John Fitzgerald Kennedy, volvió a casa de su viaje y vino a visitarme. Me sentí aliviada al saber que el y mi esposo se habían visto, nos dimos un abrazo y lloramos, sabiendo que él fue el último amigo en verlo con vida. Estaba agradecida de que Jon se tomó el tiempo para hacerlo. Dave me dijo que Jon prácticamente le paso la posta a el, a decirle que había cuidado a su esposa e hijos, y ahora era su turno de cuidar las suyas. Él lo hizo. Fielmente me ayudó con el jardín, junto con otros hombres de la escuela dominical, y él y su esposa nos incluyeron a las niñas y a mí, en muchas de sus salidas familiares.

En su viaje de regreso, me recordó que el USS Theodore Roosevelt seguía en el mar. No tenía ningún contacto con nadie en la nave y aunque las esposas del escuadrón me apoyaban, ahora que era una viuda, mi conexión con la armada estaba cambiando.

Restos Hundidos

16 ABRIL 93
0700 HORARIO DE EUROPA CENTRAL UTC+1
USS THEODORE ROOSVELT
MAR ADRIATICO
42.40.18 16.42.89

Durante los días posteriores al percance, un representante de JAG subió a bordo del TR para realizar una investigación formal. Revisó cuidadosamente todos los registros, entrevistas y evidencia del evento. Tras revisar más de una treintena de declaraciones juradas, no tardaría en completar su exhaustivo informe final.

Aunque era demasiado temprano para hacer una afirmación final sobre la causa del choque del 603, ya se había tomado una decisión: escoltar los desechos que habían sido salvados. Alrededor de 80 piezas de desechos habían sido salvadas: muchos pedazos livianos del material del radar, pedazos resquebrajados del fuselaje y las alas, dos cascos, reposacabezas, un pedazo de alfombra, gráfico de navegación, y más, incluyendo muchos posibles pedazos que no pudieron ser identificados de manera precisa. Muy poco fue recuperado.

Luego de una examinación más cercana de parte de los expertos, se determinó que todos los fragmentos de desperdicios serían descartados en el océano.

Nadie tendría que pasar y observar el triste recuerdo. Pero lanzar los desperdicios no removería las heridas de los corazones de aquellos que conocieron a los hombres del Bear Ace 603. La nave y su tripulación siguieron adelante, pero no se habían recuperado.

Héroe del Pueblo

En abril, las niñas, mi mamá y yo viajamos a Nebraska para el último funeral de Jon. Por mucho que temiera tener otro servicio, sabía que esta era una manera especial para que los Rystrom y sus amigos honraran a Jon.

Conducir a Stromsburg, a través de infinitas hectáreas de sembradíos y granjas, me llevó a los felices días en lo que Jon servía en NEACP y hacíamos viajes regulares desde nuestra casa en Belleview para visitar a su familia en su pueblo. Mi sueco Cornhusker había intercambiado sus campos de maíz dorados por las oscuras aguas en la profundidad del océano. Siempre estaría en su hogar en el océano, y ahora sería su hogar eterno.

Mientras conducíamos por la plaza del antiguo pueblo, usualmente lleno de banderas suecas para el festival anual de verano, mi corazón fue conmovido al ver un océano de banderas americanas en su lugar, un hermoso tributo por mi esposo. Su chico de pueblo ahora era un héroe del pueblo, y todos en el pueblo mostraron el aprecio por su sacrificio.

La familia de Jon organizo un hermoso servicio, incluyendo varias historias personales compartidas por la niñez que varios de sus amigos y familiares cercanos. El servicio estuvo acompañado por otro saludo de 21 disparos, y los sonidos de los disparos de rifle seguían penetrando mi alma. Su familia puso una placa memorial, Y una beca universitaria fue enviada en su honor para beneficiar a los graduados de la secundaria local. Yo seguía haciendo duelo profundamente, Jordyn estaba muy emocionada de poder jugar con sus primos en Nebraska. Tuve que recordar las palabras finales de Jon: "La vida continua."

Una Caja Más

Regresamos a Seagrass Reach, e Intenté continuar con mi vida. Pero recuerdos impredecibles seguían llegando que hacía que fuese un desafío continuar con mi cabeza querida por sobre el agua. Las cartas de mi esposo dejaron de llegar, pero el correo no. Me quede deslumbrada un día cuando llegó un sobre con un manuscrito conocido para mi, mi manuscrita. Mi estómago se hizo un nudo al darme cuenta de lo que estaba sosteniendo: la última carta que le escribí a Jon con fecha de 26 de marzo de 1993.

Yo sabía lo que había adentro, pero lo que había afuera del sobre una revelación. La parte de atrás, encontré lo que había etiquetado en la carta número 14, pero junto a ello observé en donde el TR la había procesado el 9 de abril. En el frente, el sobre estaba estampado en rojo con la frase "Retornar al emisor" y marcado como "No reclamado." Luego debajo de la dirección, otra estampa roja que marcaba la razón por la devolución de la carta: "Mudado, no dejó dirección." La ironía lastima mi corazón.

No mucho después de eso, llegué a casa y encontré una caja enorme en los escalones de mi entrada. Esta caja arrugada estaba dirigida a mí. Era del USS Theodore Roosevelt. La caja era pesada, pero me las arreglé para traerla a la casa. Este curioso paquete obviamente había experimentado un desgaste significativo para llegar a mí. ¿Qué podría haber dentro?

Cuando lo abrí, una onda expansiva de desesperación me golpeó una vez más. Dentro de esta caja aplastada estaban todas las posesiones personales de Jon de su camarote a bordo del barco. No sé por qué pensé que sus cosas permanecerían en el barco hasta que el escuadrón regresara a casa de su crucero en el otoño, pero me sorprendió por completo esta Caja de Pandora que aterrizó sin previo aviso en los escalones de mi entrada. Procesar una letra a la vez ya era bastante difícil. Enfrentar una montaña de recuerdos en un instante fue abrumador. Estaba completamente deshecho.

Mi intensa reacción fue una mezcla complicada de ira, confusión, pena y consuelo. Sentí enojo porque parecía que las cosas preciosas de Jon habían sido arrojadas sin pensar como basura sobrante en una caja endeble. Quien haya limpiado las cosas de Jon podría haber llevado a cabo la terrible tarea con el mayor cuidado y respeto, pero después de viajar miles de millas a través del océano, apareció la caja andrajosa, que debería haber sido etiquetada Frágil: manejar con cuidado, en su lugar había sido marcado Fragmentos: No nos importa. Sentí confusión porque no había habido ninguna advertencia, ningún aviso, ninguna instrucción para prepararme para su llegada. ¿Por qué se habían manejado tan mal las cosas de Jon?

El dolor vino con cada artículo que encontré dentro: su extra-trajes de vuelo, su preciado vuelo chaqueta con parches reflectantes los barcos y escuadrones que había sirvió a lo largo de los años, su Biblia de cuero desgastada, sus restos artículos de tocador, fotos familiares que había en su escritorio, cartas de mí, calcetines, zapatos, etc. mucho más. Un artículo me tocó en manera particular. Fue un almanaque lleno de curiosidades deportivas. Se detuvo el 25 de marzo.

También tuve una profunda tristeza por un artículo que sabía que nunca encontraría en esta caja: su anillo de bodas. Eso se había hundido con él en las profundidades del mar Jónico. Me consoló saber que el símbolo dorado de nuestro matrimonio permanecería con él en ese lugar frío, oscuro y sin vida. También me consoló tener en casa las últimas cosas que Jon vio con los ojos y tocó con las manos, pero el doloroso recuerdo de encontrar esa caja aplastada en mi puerta me persigue hasta el día de hoy.

USS Theodore Roosevelt CVN-71

Hey woman 25 AM

It is 0830 on the 25th I was up to 0300 and planning a brief for CG8 (ADR Johnson, Cag's Direct Boss) then it is up at 0700 to get on a helo for the JFK. I'm getting to old for this stuff.

Well the dye is cast, the O-5 board ended yesterday. We should know our future in 6 to 8 weeks. I keep thinking that I should have done something differently but then I realize I need to eliminate I and put my faith & trust in God, it is hard sometimes but God will take care of me. I have you, two healthy wonderful children, I am healthy, when I think of all of this I realize how insignificant making O-5 really is. I know I would trade making O-5 in an instant if you, Jordyn or Taylor were not healthy. I just thank God for the great life he has given me.

We are making history today. The Germans and French are also flying today. 1st time. CO in the 1st F-2 I in the second

La última carta de Jon que le escribió a Kris la mañana de su muerte. 25 de marzo de 1993

Capítulo 25

Restos en Mis Manos

Mi primer verano como viuda llegó, pero en mi corazón seguía en el invierno del duelo. Por primera vez desde que mi esposo había muerto, escribí una carta. Las cartas habían sido una parte central de mi vida por muchos años. Conocí a Jon a través de una carta, nuestra relación fue nutrida a través de cartas, y las cartas contenían las últimas palabras que nos dijimos en la tierra. Meses después, me encontraba lista para dar vuelta la página y escribir cartas una vez más.

La carta que escribí fue al presidente George HW Bush, quien era conocido como un escritor de cartas. Quería hacerle saber lo mucho que sus palabras tiernas habían significado para mi tan pronto luego de la muerte de Jon. Junto con mi carta escrita a mano, incluí fotos de nuestra familia. Tal vez fue tonto de mi parte, pero había una necesidad dentro mío de comunicarle a este líder lo mucho que yo admiraba a Jon por ser un hombre honorable. Me entusiasmé mucho cuando el presidente Bush me respondió con esta corta carta escrita a mano:

13 de Agosto de 1993

Querida Kris,

Luego de leer tu carta el 27 de julio, escrita desde el corazón, sé que tu pujante fe te llevará a ti Y a tus hijas hacia delante y hacia una nueva vida de felicidad.

Jon seguramente fue un gran muchacho.

Cariños de parte de los Bush,

George Bush

Al enviar mi carta, no estaba segura si él respondería, y nunca soñé con que él escribiría una carta con sus propias manos. Este haz de luz pronto se unió a las otras cartas puestas en un marco colgadas en la pared de mi casa.

> *Promesa*
> *"Fíate de Jehová de todo tu corazón, Y no te apoyes en tu propia prudencia. Reconócelo en todos tus caminos, Y él enderezará tus veredas."*
> *Proverbios 3: 5-6*

"Historia de Una Mujer"

Uno de mis amigos pensó que esa era la clase de historia digna para un noticiero local. Hizo contacto con WAVY-TV. Terry Zahn, un respetado notero y periodista, quien se comunicó conmigo y me preguntó si podía anunciar mi historia. Estaba muy sorprendida, pero estuve de acuerdo. La cobertura del noticiero durante el periodo de la muerte de mi esposo había capturado mi reacción de agonía durante la formación de los aviones en el cielo. Yo estaba buscando mostrarle al mundo una versión mucho más calma y dignificada de una viuda estaba bajo control. Y más importantemente, era una oportunidad para honrar a Jon.

Terry Zahn y su equipo hicieron un video montaje de las niñas y yo tomando helado, de mi cantando en el coro de la iglesia, mis cartas de los presidentes en un cuadro, y una reunión de las Wids en mi casa. El montaje fue puesto al aire en agosto, y Terry lo presentó de manera perfecta.

> *Siempre que hay un accidente aéreo militar, se lo contamos. Les contamos quien murió. Pero no le contamos acerca de la lucha de los dejados atrás. ¿Cómo salen adelante? Esta noche, la historia de la tragedia de una mujer, sanidad, y esperanza.*

Terry continuó contando los hechos básicos de la muerte de Jon, y no me molestó que hayan usado videograbaciones de cuando me quebré en llanto en el servicio memorial de la armada, porque después me mostraron sonriente y cantando "Debo Decirle a Jesús" con el coro de la iglesia. Luego de haber mostrado algunos miembros del grupo de apoyo Wids, compartir un pensamiento final con una dulce sonrisa y paz en mi rostro.

> *Simplemente siento que lo veré de nuevo un día, y deseo que me mire y me diga, 'Hiciste un excelente trabajo, Kris. Y realmente estoy orgulloso de ti,' porque él era un hombre muy especial.*

El reporte creo una ola de respuesta positiva en los espectadores, y decidí enviarle una copia del video al presidente Bush en modo de agradecimiento por su carta escrita a mano. Estaba complacida con el tipo de persona serena y pacífica que demostré ser, y me pareció estar reflejando una imagen precisa de mi mundo interior. Seguía estando en el duelo, pero lo estaba logrando. Era fuerte. Estaba estable. Tenía confianza. No necesitaba aconseja miento terapéutico al igual que otras personas, porque estaba bien por mí misma. O eso pensaba.

Sin Lugar Donde Esconderme

Apenas una semana después de que el canal transmitió el programa, era la fecha en la cual el USS Theodore Roosevelt regresaría a casa. Las esposas del escuadrón me invitaron a mi junto a las otras viudas del 603 a asistir a la celebración de vuelo de bienvenida, pero no estábamos seguras de que responder. Estas viudas habían logrado conseguir un fondo de becas VAW para los hijos de los aviadores caídos de los Hawkeye y COD, y crearon libros de cocina como método de recaudación. Ellas probaron que su motivación era verdadera: "Si eres un Bear Ace, lo eres para siempre."

En los meses luego de la muerte de Jon, los muchachos del escuadrón habían permanecido en silencio; estaban concentrados en su misión. Pero ahora que habían regresado, no sabíamos si debíamos estar ahí para darles la bienvenida, o si nuestra presencia les traería tristeza en un día que debería ser de gozo y celebración por regresar con sus familias. Al final decidí no ir. Sabía que los sonidos y la vista de los aviones serían más de lo que podría soportar, y no quería quebrarme y arruinar su momento.

Siempre que barcos y aviones regresaban de un viaje, el evento recibía gran cobertura de los medios locales. Decidí que hasta que todo pasara, iría a un lugar tranquilo para divertirme con las niñas. ¿Cuál fue mi lugar de destino? Un hotel al lado de la playa, donde mis niñas podían disfrutar en el océano y jugar con la arena.

El día que el escuadrón Bear Ace regresó a casa, me sentí aliviada de estar lejos de Seagrass Reach lejos de el paso de aviones militares. Estábamos acomodadas en nuestra suite de hotel, a varios pisos de altura, con una gran vista del océano desde el balcón. Me encontraba en un cuarto de atrás preparándome para el día cuando de repente escuché un sonido.

Parecía que se me hubiese parado el corazón, el sonido comenzó a hacerse más fuerte. No. No podía ser. Ese sonido fuerte familiar no podría confundirse con ningún otro sonido sino con el de un E-2C Hawkeye. Esto no podía estar sucediendo.

Salí corriendo del cuarto hacia el balcón. Mi pesadilla era cierta. Había cuatro Hawkeye E-2C resonando sobre el océano y volando hacia la tierra en una formación perfecta. Seguramente girarían, seguramente estaba yendo hacia otra parte. Deseaba que se fuesen a otro lado sin ningún efecto.

Nuestro hotel se encontraba directamente sobre su paso.

Quedé congelada de pánico, mis manos estaban sostenidas de la barandilla del balcón, de la misma manera que me sostuve de la barandilla en la entrada de mi casa cuando llegaron los oficiales de la armada. Un tsunami de angustia, horror, y desesperación me inundó. Ese sonido tan definido apagó el sonido de mi llanto mientras los aviones pasaban directamente sobre mi. Pasaron tan cerca que pude observar la insignia negra y roja de los Bear Ace pintada a sus lados, parecía que tan sólo con estirarme podría tocarlos. Pasaron tan cerca que tuve miedo de que los tripulantes pudiesen verme parada ahí llorando: la viuda de Jon Rystorm, dolida y sola, consumida por el duelo.

El curita de negación que había pegado cuidadosamente sobre mi corazón herido fue arrancada repentinamente. Cualquier pretensión de pensamiento que me decía que Jon podría estar todavía en el mar, que yo estaba viviendo una vida de esposa de la armada, y que nada había cambiado en verdad fue destrozada en un millón de pequeños fragmentos. La viuda fuerte, estable y con confianza con una sonrisa pacífica y llena de calma que había aparecido en televisión apenas unos días atrás ahora se encontraba reducida a una desgraciada mujer temblando en posición fetal en el piso del balcón.

Una verdad retumbaba en mi alma: Jon no volverá a casa. Por primera vez, eso me golpeó de verdad, y me golpeó fuertemente. Ya no podía seguir jugando a pretender, no podía vivir más en la negación, no podía seguir escondiendo mi cabeza debajo de la arena. Por fin había llegado el momento de enfrentar los hechos.

¿En qué estaba pensando, sin embargo, trataba de escapar al océano en un hotel frente al mar? Yo sabía que el océano era un detonante para mí. ¿Cómo pude olvidar una información tan pertinente? Pero sabía que este momento no venía de mí. Dios me estaba diciendo, "Debes enfrentar esto. No puedes seguir huyendo de la realidad." Por más extremadamente doloroso que haya sido ese momento, también fue un punto de quiebre que expuso mis heridas para poder expresar mi duelo y comenzar la verdadera sanidad.

Mis pobres niñas no sabían ni qué pensar de su madre, y luego de varias dolorosas horas tratando de controlarme, finalmente decidí llamar a una amiga que vivía cerca, y le pedí que venga por nosotras para poder ir a su casa para no estar sola, y para que alguien pueda cuidar a mis niñas.

Durante los siguientes días, contacté a un terapeuta, y comencé a hacer sesiones de terapia. Claramente, sufría de depresión, una condición común de las viudas. Cualquier orgullo qué me decía que no necesitaba de ayuda se había evaporado, acepte de buena gana un antidepresivo recetado.

Cuando escucho a las personas decir que no es necesario hacer terapia, que "Jesús puede sanar, y no se necesita nada más," les pregunto qué harían si tuviesen un brazo quebrado. ¿Dudarías si ir o no a un doctor? ¿Por qué un corazón roto es diferente? Sí, Jesús puede sanarte, pero de la misma forma en la que Él utiliza doctores muy a menudo para sanar tu cuerpo, Él usa terapeutas y consejeros para sanar nuestras almas.

El Misterio del Acontecimiento

Una vez que el escuadrón regreso, el oficial comandante del escuadrón Bear Ace invitó a las viudas del 603, junto a la señora Ardaiz, la madre de la única víctima sin casarse, a su casa para cenar. Esta fue nuestra primera oportunidad de escuchar de primera mano lo que sucedió en el acontecimiento de esta tarde.

El CO estaba calmado y fue comprensivo, pero no se quedó corto de palabras. Dijo que esa fue la noche más oscura que vio. No había luna, una nube de niebla cubría el hangar, y no había horizonte visible. Dijo que la misión era simple, y que a pesar de que el radar de 603 no está funcionando, seguía siendo un jugador muy valioso en esa misión. Su avión aterrizó bien antes de que el 603 se aproximará a la nave, y ya que se encontraba saliendo del avión, no lo vi golpear contra el agua. El vio el video grabado por las cámaras, y con el conocimiento que tenia de la experiencia de otros pilotos durante esa tarde, su mejor suposición fue qué la tripulación estaba experimentando vértigo, que hubo alguna distracción desconocida en la cabina, o que el avión tenía una falla mecánica. Para él, todas las piezas de evidencia indicaban que el avión estaba funcionando bien, y la causa del accidente era un misterio.

Eso no era lo que nosotras deseábamos escuchar, pero eran los hechos. Luego continuó describiendo lo que el perito de vuelo le dijo. A la velocidad que se encontraba volando el avión al impactar contra el agua, hubiese sido al equivalente de un automóvil golpeando una pared a más de 200 km/h. Los cuellos de la tripulación probablemente se rompieron de inmediato, y ni siquiera supieron que les sucedió.

Se recuperó muy poco de los desperdicios, pero de los pedazos rescatados se encontraron dos cascos. El CO no lo podía decir de quienes eran, ya que eran parte de una investigación forense y serían estudiados para ver como soportaron el impacto, y no serían devueltos. Pero había cosas que sí pudo darnos: pequeños fragmentos del avión, dos para cada familia

El Ataúd de mi Marido

Todavía con las piezas de metal irregular en nuestras manos, le preguntamos al CO si podíamos conmemorar a nuestros muchachos visitando uno de los E-2 de los Bear Aces. Tan inusual como sonaba, queríamos entrar en uno de los aviones y sentarnos en los asientos donde habían muerto nuestros seres queridos. Escuchar los horribles detalles del percance fue desgarrador, pero de alguna manera sentarse en un E-2 podría darnos la resolución emocional que tan desesperadamente necesitábamos. Aunque estábamos frustrados y enojados por la falta de información que habíamos recibido, sabíamos que no podíamos exigir respuestas. El CO, sin embargo, estaba ansioso por ayudarnos a obtener el cierre que necesitábamos y planeó nuestra visita al hangar de Bear Ace unos días después.

Nuestros CACOs se reunieron a nosotras a este triste tour, y mi corazón se comprimió mientras nos aproximábamos a la pista para ver un E-2C Hawkeye que nos estaba esperando. El CO nos permitió entrar al avión solas. Pasamos silenciosamente por la puerta del frente, Shelly y Paola caminaron por el angosto pasillo hasta la cabina, mientras el resto de nosotras nos apretujamos en la parte atrás, yo me senté en el asiento del medio entre la señora Ardaiz y Katie.

La experiencia fue dolorosa, como si fuese volver a una escena del crimen o la escena de un accidente fatal, como volver a la zona de impacto para quienes perdieron a sus amados en las torres gemelas el 11 de septiembre. Estaba sentada en el ataúd de mi marido, el lugar final de su descanso.

Quedé impactada por lo confinado del espacio. Eyectarse no era una opción, pero incluso teniendo paracaídas bajo sus asientos. No podría imaginarme a mi esposo apretujándose entre los asientos hasta la parte de atrás, especialmente en un momento de crisis. Conociendo lo que el perito de vuelo había dicho, me di cuenta que ninguno de nuestros muchachos tuvo ni siquiera la oportunidad de intentar salir.

Sostuve los fríos, y pesados broches de cinturón en mis manos. Seguramente los que sostuvieron en su lugar a Jon en el momento del impacto contra el agua. Pero no había manera de saberlo con certeza. Al menos puede remover la imagen terrible de Jon ahogándose mientras luchaba para salir del avión, decidí aferrarme a la imagen de verlo sentado con su traje de vuelo, rodeado del fuselaje de su amado Hawkeye, y descansando en compañía de sus hermanos de la armada.

El asiendo en donde me encontraba representaba la culminación de la carrera de 15 años de Jon. A él le encantaba ser un CICO, y cumplir la función de un mariscal de campo en una misión aérea, dirigiendo el sistema del avanzado radar del E-2C, y comunicar su experiencia considerable a los oficiales de menor rango. Jon y yo compartíamos muchas cosas, pero mucho en su vida de la armada era un ministerio para mí. Mirando alrededor de su "oficina," tuve un mayor entendimiento del mundo que él tanto amaba.

650 páginas… ¿Para Que?

Cuando el reporte Final del grupo JAG de investigación fue publicado unos días después. Mi CACO Rick me ayudó a leer mi copia, y me quedé asombrada al ver que más de 650 páginas llegaron. No tenía la energía mental para leer esas páginas interminables de declaraciones juradas, mantenimiento, y registros de seguridad, transmisiones de radio escritas, fotos de algunos desperdicios, registro de la nave, y mucho más.

Un título que leí me hizo enojar. Mencionaron que Jon no había volado por algunas semanas, ¿pero cómo podría hacerlo con todo el mal clima que mencionaron? No estaba segura que tan sólo un par de aterrizajes hubiesen hecho una diferencia en la noche en cuestión, no con sus años de experiencia, y el hecho de que él no estaba pilotando el avión. El reporte también hablo de "la coordinación del equipo": la idea de que todos abordos tenían la responsabilidad de estar atentos al altímetro y hablar si algo parece estar mal. Yo sabía que mi esposo se tomaban su papel de oficial armando muy seriamente, y Francesito era probablemente el mejor piloto del escuadrón. ¿Cómo pudieron cinco hombres dormirse en el trabajo al mismo momento? Simplemente no tenía sentido para mí.

La conclusión final del grupo de investigación JAG fue similar a la del CO. "La causa exacta del desastre es desconocida," decía. El reporte apuntaba a la teoría del vértigo como explicación. La investigación recomendó hacer varios cambios en la comunidad del VAW, lo cual incluía la coordinación del equipo, refrescar entrenamientos, y alarmas de altímetro. La armada fue diligente en su intento de aumentar el nivel de seguridad en la flota de E-2C y hacer todo bajo su poder para asegurar que esta clase de desastres no ocurra de nuevo.

Debería haber sentido algún tipo de honor por el sacrificio de Jon, pero en cambio, me consumía la tristeza. Triste porque Jon se había ido, triste porque así había terminado su vida y triste porque nuestras hijas nunca conocerían a su papá. La tripulación del Bear Ace 603 ahora se consideraba héroes estadounidenses, y las familias que quedaron atrás se consideraron sobrevivientes. Sobrevivientes de una tragedia sin causa conocida y sobrevivientes que llevarían los restos del Bear Ace 603 para siempre en nuestros corazones. Mientras cerraba las páginas del informe JAG, me senté en silencio, descartándolo mentalmente. No vi ningún propósito en sus conclusiones, ya que nada de lo que alguien pudiera decir traería de vuelta a mi amado Jon. Nunca habrá respuestas a todas las preguntas. De alguna manera, tenía que llegar a un lugar donde pudiera vivir sin saber.

Los restos del Bear Ace 603

Capítulo 26

¿Cómo Superar?

Cuando alguien escucha mi historia por primera vez por lo general me preguntan, "¿Cómo pudiste atravesar esa situación?" los siguientes dos capítulos están diseñados para ayudar a responder preguntas. Todos hacen duelo de manera única, pero muchas de las emociones y experiencias por las que pasé son comunes para todos los que han sufrido pérdidas significativas. Mi esperanza está en que si estás atravesando por el duelo, ya sea reciente o no, estos temas te ayudarán en tu viaje. Y si no estás pasando por duelo, estas páginas te darán entendimiento para apoyar a aquellos que lo están pasando.

Compañía no Deseada

Los servicios conmemorativos finalmente quedaron atrás y me negué a tener un cuarto cuando se colocó la lápida de Jon en el Cementerio Nacional de Arlington. Si bien ya había tenido suficientes funerales, el duelo solo había comenzado. Había llegado el momento de seguir adelante, pero me sentía como un barco sin timón a la deriva en el mar.

No tenía idea de lo que era el duelo antes de la repentina muerte de Jon. Al ser tan jóvenes, mis amigos no estaban pasando por duelo, y yo nunca había perdido a nadie cercano a mi hasta ese momento. Incluso antes de ser una viuda, el duelo era algo de lo que yo escapaba, negaba, y evitaba. Eso, por supuesto era imposible de hacer. El duelo se transformó en una compañía constante no deseada, a veces escondido detrás de las sombras y otras veces victorioso lanzándome a por las escaleras cacheteándome en la cara repetidas veces.

El duelo es más que una emoción. El duelo comió su camino hasta llegar a mi alma, mantuvo a mi mente en la niebla, e interrumpió mi vida en los momentos más inconvenientes e inesperados. Tan doloroso como las profundidades del duelo lo eran las experiencias, todo era un proceso necesario para mi sanidad. Para ser honesta, el duelo nunca se va por completo. El viaje cambia al pasar el tiempo mientras sale el sol, las flores florecen, y vuelve el gozo. Pero al principio, pasar por el duelo es un trabajo agotador y demandante.

Santuario

Tener un lugar privado y seguro para el duelo es fundamental para cualquier persona que haya experimentado una pérdida. Por agonizante que pueda ser llorar y enfrentar preguntas difíciles, la curación no llegará si no se puede liberar el dolor. Mi baño se transformó en mi lugar de duelo. Yo lo llamaba mi cuarto de llorar, porque era el único lugar en el cual podía estar completamente sola, sin distracciones y sin temor de que mis dulces niñas escucharán mis intensas emociones que llegaban hasta las entrañas. Al planear nuestro hogar de ensueño, elegimos un lote sin vecinos detrás de nosotros y una hermosa vista de pinos en las tierras en frente. Jon y yo diseñamos un gran baño en nuestro segundo piso para aprovechar esa vista, creando un oasis íntimo para disfrutar juntos. Con una gran ventana de paladio sobre un jacuzzi, un vanistorio doble, lujoso, un empapelado ornamental color verde esmeralda, nuestro baño reflejaba un modelo de hogar como en un display de showroom. Ese santuario privado qué habíamos visionado como nuestra suite de luna de miel de una década, observo la atmósfera mórbida de un servicio fúnebre.

En donde sea que miraba lo veía a Jon. La bata colgada, sus elementos de baño personales, como sus afeitadoras y perfumes. La vista de la gran ventana en el baño no solamente me daba una visión de árboles de pino altos en nuestro fondo sino también la cerca que habíamos construido juntos y las hamacas de las niñas que él había instalado. Justo por fuera del baño se encontraba su clóset, lleno de ropas que traían recuerdos especiales.

> *Promesa*
> *"Jesús les dijo: Por vuestra poca fe; porque de cierto os digo, que si tuviereis fe como un grano de mostaza, diréis a este monte: Pásate de aquí allá, y se pasará; y nada os será imposible."*
> *Mateo 17:20*

El artículo más preciado en su clóset no era su uniforme de la armada o alguno de sus trajes de seda que compramos al ir a Hong Kong, sino que era su vieja, marrón terracota, bata de baño. Esa prenda era un objeto muy personal, era lo último que había usado en esa última mañana juntos al salir corriendo de la ducha para ponerse su uniforme. Cuando la abrazaba enterrado mi rostro en su suave tela, la esencia de la colonia favorita de Jon aún podía sentirse. A veces entraba a su armario, apagaba la luz, cerraba la puerta, me abrazaba a su bata de baño.

Durante esos tiempos solitarios en la oscuridad, solía llorar: profundamente, con jadeos de dolor. Rodeada de sus ropas, solía hacerme preguntas oscuras. ¿Pudo sentir el impacto del avión al chocar contra las aguas heladas? ¿Pudo sacarse el cinturón de seguridad a tiempo? ¿Trato de nadar? ¿Cuánto tardo hasta parar de respirar? ¿Hubo gritos? ¿Acaso tuvieron tiempo de gritar? ¿O tuvieron tiempo de orar? La imagen de él flotando en las profundidades del océano no dejaría mi mente mientras seguía repitiendo el choque, al menos como yo imaginaba, una y otra vez.

Había pasado mucho tiempo en el fondo del mar, aunque mi buceo ni siquiera se acercaba a las millas de profundidad en donde el avión 603 había chocado. Pero yo sabía algo acerca del frío, la oscuridad, el lugar sin vida en el océano. Mi único confort era que no había tiburones viviendo a tales profundidades para molestar sus restos.

El estar en nuestro baño no era siempre una tortura. A veces salía de mi rutina diaria, maquillándome o lavándome los dientes, y las emociones no me golpeaban. Pero otras veces los sentimientos dolorosos me inundaban y casi no podía respirar, o una tristeza profunda permeaba el cuarto y mi alma. Estos episodios eran una versión amplificada de lo que había experimentado antes en nuestro matrimonio cada vez que él se iba de viaje. El vivir sola en San Diego en una casa vacía con una cama vacía me había hecho sentir como si hubiese estado casada con un hombre que nunca estaba presente. Recordé cuando abría su clóset para ponerme una de sus camisas y sentirme cercana a él. Y ese sentimiento temporal terminaba al recibir sus cartas. El dolor de corazón que había sentido en San Diego era genuino, pero no era nada comparado a la angustia de saber que mi esposo nunca volvería.

Estrellando

El duelo me golpearía y me sacaría del ring, chocando como una ola de tsunami. Recuerdo encontrarme en el lavamanos de la cocina y las niñas sentadas en la isla de la cocina comiendo su almuerzo. Y de repente, el dolor por la muerte de mi esposo me golpeo de frente como un tren de la nada. Traté de esconder mi dolor de las niñas, pero mis hombros decayeron, y ellas se dieron cuenta. Solía darme la vuelta y decirles que simplemente estaba triste porque extrañaba a papi. A veces me encontraba divirtiéndome o jugando con mis hijas cuando una ola de dolor pasaba sobre mi, revolviendo mis emociones hasta producir las aguas revueltas del duelo.

Casi tan de repente como estas olas me golpeaban, se retiraban en un instante. Minutos después, me encontraba lavando los platos, lavando ropa, o jugando con las niñas. Otras veces monstruosas olas me lanzaban de un lugar a otro debilitándome y derrumbando todo mi mundo.

Finalmente llegó el día en el cual me di cuenta que no había llorado por más de 24 horas. Luego pasaron un par de días, luego una semana, y así sucesivamente. Lleva tiempo. Por el bien de mis niñas, no esperé hasta que las olas fueran raras ocurrencias para volver a mi vida normal. Me mantuve proactiva asegurándome de que ellas estén jugando con otros niños regularmente.

Como esposa de la armada, me hacía cargo de muchas cosas en mi vida, y el duelo era una de ellas. Había ocasiones en las que guardar el duelo en una caja para poder concentrarme en las tareas que tenía, cosas del hogar, o asuntos financieros. Cuando la vida se hacía más fácil, podía sacar en duelo de la caja y lidiar con eso de nuevo. A veces, inesperadamente, mi caja de duelo venia y derramaba su doloroso contenido por todas partes. Nadie que esté en duelo debe sentirse culpable por hacer a un lado el dolor por pequeños momentos para poder concentrarse en otra cosa.

Para poder lidiar con mi caja de dolor, solía imaginar que mi esposo me estaba observando, y me estaba alentando, yo deseaba que estuviese orgulloso. Él no querría que yo me derrumbara frente al dolor y el duelo, sin embargo, a veces no podía superarlo. Había perdido demasiado.

Hora Nocturna

Durante el día me concentraba en mis niñas y hacía que su gozo y felicidad fueran mi prioridad. Pero una vez que se iban a dormir y la noche permeaba la casa, yo hacía duelo en especial en mi cuarto de llorar. Mis amigos me decían que escribiera un diario. Pero eso parecía un horrible recordatorio de que mi rutina nocturna de volcar mis sentimientos hacia mi esposo en una carta se había acabado para siempre.

Una cosa que me traía consuelo era hablar por teléfono con mis amigas viudas. Olga, la esposa del piloto que me llamó por teléfono luego de la muerte de Jon, era una de ellas, junto con las otras viudas del 603: Paola, Shelly y Katie quien era ahora la madre de un saludable niño varón. Tarde en la noche, sabíamos que podíamos sostenernos durante los tiempos de debilidad.

Hasta que la Muerte nos Separe

Al perder a Jon, me sentí como si hubiese perdido todo. En los siete cortos años en los que nos conocimos, Jon se transformó en mi mejor amigo, mi amante, mi motivador, mi mayor admirador, mi proveedor, y el padre de mis hijas. Nunca dejé de estar casada con él. Hicimos los votos tradicionales "hasta que la muerte nos separé," pero incluso en la muerte seguí siendo fiel a el. Él no era mi "ex" y yo seguía teniendo su apellido. Yo estaba criando a sus hijas y cuidando su legado.

La pérdida de identidad era una de mis grandes luchas. Me di cuenta de eso cuándo mi CACO Rick, me llevó a la base Naval para cambiar mi tarjeta de identificación militar para marcarla como "viuda no vuelta a casa." No tenía ningún deseo de aferrarme a mi nueva identidad. Sentía como si tuviera una gran "V" marcada en mi frente, y yo trataba de ocultarla en vano. Seguía asistiendo a las clases matrimoniales de la escuela dominical en la iglesia, y me tomó algo de tiempo cambiarme a la clase para solteros.

Durante los primeros meses luego de la muerte de Jon, cuando enfrenté el hecho de que era una viuda y una madre soltera, me dije a mí misma que no importaba, porque Jon se hubiese encontrado en altamar de todas formas. Estaba viviendo una vida de esposa de la armada todos modos. Nada había cambiado en verdad. Me encantaba ser una esposa de oficial, ser saludada al manejar a la base. Ese saludo continuaba debido al parche en mi coche, pero yo sabía que mi esposo no estaba ahí para recibirlo.

Un rayo de luz luego de la muerte de Jon fue cuando llegó la noticia de su promoción. Él nunca lo supo, días después de su muerte, el equipo de promoción había promovido su rango a comandante. Se añadió una banda más a todos los uniformes de Jon y una estrella dorada en su sombrero.

El perder a Jon también significó perder mi seguridad y muchos de mis sueños del futuro. Estaba tan agradecida de que él hubiese aumentado la póliza de seguro, no tuve que vender nuestra casa. De ninguna manera tenía todo asegurado para mi futuro, sabía que tendría que volver a trabajar en algún momento. Jon se había dedicado tanto a manejar nuestras finanzas, que yo nunca me había molestado en aprender cómo hacerlo. Hubiese deseado hacerlo. Sus sueños de retirarse de la armada y comenzar una nueva carrera habían terminado. Mis propios sueños de tener un título de doctorado parecían no tener ningún sentido. Los sueños de viajar, enviar a nuestras niñas a la universidad, y transformarnos en abuelos habían desaparecido en un horrible momento.

Yo no era la única sufriendo la pérdida. Mis hijas habían perdido a su padre, aunque pasarían muchos años hasta que ellas pudiesen entender lo que realmente eso significaba. Algunas pérdidas fueron inmediatas. Jon no estaba en casa en el cumpleaños de Jordyn como había prometido. No iría con ella a Disney en el otoño. Y no volvería a enseñarle las clases de Mission Friends nunca más.

Otras pérdidas fueron a largo plazo. Jon nunca le enseñaría sus hijas a montar una bicicleta, o como manejar el auto. Mirar a nuestras hijas salir en su primera cita, nunca las vería graduarse de la secundaria, nunca las enviaría a la universidad, o caminaría junto a ellas en el día de su casamiento. Su padre se había ido para siempre.

Yo sentía la pérdida de su padre más fuertemente en la iglesia. Ahí observaba a otros padres con sus hijas y sentía el golpe de saber que mis hijas se estaban perdiendo del afecto de su padre y su presencia. Mientras que estas familias regresarían a casa luego de la iglesia a tener un asado y a sus hogares llenos de felicidad, nosotras no teníamos dónde ir, excepto a una casa llena de silencio.

El sentirme celosa de aquellos que no estaban sufriendo como yo era una tentación constante. Mi Jon era un hombre bueno y honesto, y no parecía ser justo que hombres de mucho menos carácter se encontraran viviendo una vida maravillosa. Sentirse como una víctima era fácil. Tomar la decisión de estar agradecida por lo que tenía y estar agradecida incluso por las pequeñas cosas fue el camino que me llevó a estar completa.

Los Verdaderos "Blues"

Dios trajo personas a mi vida para ayudarme a llenar los vacíos de mi corazón a través de su amor a mis niñas y a mi. Muchos acudieron al llamado a ser defensores de una viuda y alcanzar a los abatidos de corazón. El ser una viuda joven de 31 años de edad era bastante diferente a ser una viuda a los 70 años, aprendí a tener relaciones cercanas y no viajar sola durante el tiempo de duelo.

Aquellas relaciones cercanas eran las que a mí me gustaba llamar "Verdaderos Blues," mis increíbles amigos y familiares que caminaban a mi lado.

Jon y yo habíamos priorizado siempre las relaciones y esa decisión tuvo su ganancia cuando mi mundo se vino abajo. La familia de mi iglesia se movilizó como un ejército de amor que se transformó en las manos y los pies de Jesús. Se hicieron cargo de necesidades prácticas, como por ejemplo mantener mi jardín por el primer año, haciendo reparaciones en el hogar, cuidando a mis niñas, y también cubriendo necesidades emocionales, como por ejemplo asegurándose de que no esté sola en días especiales e incluyéndome en reuniones familiares. Mi red de amigas viudas era una fuente constante de ayuda mutua también.

Pero nada se igualó al sacrificio que mis padres hicieron por mi. Mi dulce madre por un mes, y antes de que hubiese pasado el primer año, mis padres se jubilaron, vendieron su casa, y tomaron parte de su jubilación de una casa en la playa para poder estar cerca de mí y de las niñas. Ellos estaban en una misión para rescatarme a mí y a las niñas de esta horrorosa tragedia, su ayuda y apoyo fueron sin igual. Ahora yo tenía un lugar en donde ir almorzar los domingos también, y su presencia me ayudó a llenar el vacío que todos sentíamos por la muerte de mi esposo.

Más allá de mi círculo familiar, otras personas amables se ocuparon de mi y me brindaron su simpatía y preocupación, por ejemplo, vecinos, amigos al otro lado del país que se enteraron de las noticias de la muerte de Jon, y excompañeros de universidad. Pero otra clase de personas llego a mi vida, y ellos no eran mis Verdaderos Blues.

Gente de Bizcochos

Durante los días y meses luego de la muerte de Jon, todos me traiga comida, incluyendo personas que no conocía muy bien. Pero algunas de esas personas, por traerme un guiso o un postre, sentían que tenían la confianza para entrometerse en mis asuntos y darme sus opiniones de cómo debería vivir mi vida. Mamá y yo inventamos el término "las personas de los bizcochos" para describir a estos bien intencionados pero desubicados, y metidos individuos.

No tenían malas intenciones en su corazón, pero estas personas que apenas conocía me ponían presión para que yo llenara sus expectativas e ideales. Me decían cuando debería lidiar con los asuntos de mi esposo, cuando sacarme mi anillo de casada, cuando debería o no comenzar a salir en citas, y como criar a mis hijas. Me preguntaban que haría con mi casa o con el auto de mi esposo. ¡No solamente me dijeron que debía mudarme, sino cuando, y donde, y como debería hacerlo! Ellos no entendían mi situación verdadera o el hecho que el duelo debía pasarlo a mi tiempo y no al de ellos.

Algunas de estas personas de los bizcochos no tenían ni idea por lo que le estaba pasando. Una situación que recuerdo en particular,

fue cuando una mujer me pidió que orara por ella porque estaba por poner una piscina en su fondo y tenían problemas con la compañía que la instalaría. Los trabajadores llegaban tarde, lo cual era una molestia para la familia, y les causaba mucho estrés. Yo deseaba agarrarla de los hombros y gritarle "¡Tú estás estresada por una piscina mientras que mi esposo está muerto en el fondo del océano! ¡¿¡Te das cuenta por lo que estoy pasando para poder sobrevivir esta situación, verdad¡?¡"

Así como era muy difícil recibir a estas personas de los bizcochos con sus postres y guisos, realmente necesitaba de ellos en los días dolorosos luego de la muerte de Jon. Ellos me ayudaron a alimentar a mi familia, y aprecié su amor y preocupación. Pero eventualmente no se iban. Pero un año después se habían ido para siempre, los extrañé un poco. La conclusión es que no puedes vivir tu vida tratando de llenar las expectativas de todos. Escucha atentamente a tus Verdaderos Blues, y simplemente sonríe y agradécele a las personas de los bizcochos.

Libros Muertos

Mamá y yo creamos otro término para describir la pila de libros que me regalaron luego de la muerte de mi esposo. Los llamamos "libros muertos." En muy poco tiempo acumulé una biblioteca masiva de libros acerca del duelo, la muerte, y el morir. No podía leerlos al principio. Estos libros muertos me ponían triste. Yo quería gozo, ánimo, pensamientos felices, y risa. Una parte de esta repulsión era por negar mi viudez. Yo quería seguir pretendiendo que mi esposo seguía en el mar y que esto era una pesadilla temporal.

No todas las viudas compartían mi distanciamiento hacia estos libros. Una amiga viuda leyó todos los libros, y fueron de inmensa ayuda para ella. A veces es más una cuestión de tiempo. Estoy feliz de no haber tirado mi colección, porque al pasar el tiempo, encontré que algunos de ellos tenían mucha importancia en maneras que no podía tener el principio. Sin importar el libro, siempre quise recibir el amor inmediato cuando se me ofrecía, y eso era de gran alivio. Me parece irónico que luego de evadir los libros de muerte en el pasado, ahora he escrito uno yo misma.

El libro más grandioso de todos no es un libro de muertos, es la Palabra viva de Dios, la Biblia. Y cuando el shock por la muerte de mi esposo se apaciguaba, comencé a volver a las Escrituras, buscando respuestas, guía y alivio. ¿Qué me estaba contando Dios a través de las historias de los héroes de la antigüedad, en los Salmos y las palabras que Jesús compartió con Sus seguidores? Encontré múltiples versículos que hablaban de Dios ocupándose de las viudas y los huérfanos. A leer en las Escrituras que los mares devolverán a los muertos en la resurrección, tuve un gran alivio al saber que ese versículo en particular se aplicaba a Jon, pero algunas personas tenían una visión retorcida de las escrituras, y no tuvieran dudas en compartir su teología deformada.

Cosas Estúpidas que las Personas Dicen

A veces las personas de los bizcochos eran culpables de compartir este tipo de cuestiones, y a veces lo hacían personas que ni siquiera me conocían. Ya sean opiniones distorsionadas o preguntas inapropiadas de extraños, aquí van algunas de mis favoritas.

"Dios necesitaba otro ángel en el cielo."

"Era la voluntad de Dios. Ahora está en un mejor lugar."

"Tienes suerte de no haber recibido su cuerpo devuelto luego del accidente."

"Deberías mudarte de nuevo con tus padres."

" ¿Te volverás a casar?"

" ¿Qué harás con el auto de Jon?" (Esto es en realidad quería decir que lo quería comprar, aunque apenas habían pasado algunas semanas de su muerte.)

Algunas de estas declaraciones tenían algo de verdad en ellas.

Sin embargo, fue difícil responder, al darse cuenta de que estos comentarios no tenían la intención de dañar sino de simpatía y consejo. La pérdida, la muerte y la devastación son diferentes para todos. Cómo elegí vivir mi vida con mis hijas era solo para mí decidir. Navegar por las aguas del dolor y la desesperación es una experiencia nueva para cualquier persona, especialmente para alguien que es joven y vive una vida de cumplimiento y promesas anticipadas. Cuando personas bien intencionadas dijeron que Jon estaba en el cielo, que era un lugar mucho mejor para él y que estaba con Jesús, me tranquilicé un poco, pero aún más me perturbé al saber que mi amado esposo murió en el treinta y ocho años, dejándome una joven viuda y dos niñas sin padre. Perder la relación vibrante, amorosa y apasionada que Jon y yo compartimos fue nada menos que devastación, y no entendía por qué la gente sentía la necesidad de dar lugares comunes impotentes y, a veces, insensibles.

Las personas siempre dirán cosas estúpidas, e inapropiadas, es inevitable. Lo que hice con estas palabras fue mi elección. El dejar pasar estas palabras sin sentido como el agua sobre las plumas de un pato, creando una distancia saludable, y extenderles gracia a las personas despintadas que dijeron tales cosas me mantuvieron en un lugar más saludable.

La Rutina

La vida necesita un ritmo y un propósito. Para mí, el preocuparme de mis dos hijas me ayudaba a vivir y seguir avanzando hacia delante. No podía arrastrarme a mi cama, esconderme debajo de las mantas, y desconectarme. Mis hijas necesitaban ser alimentadas, bañadas, y más importantemente, ser nutridas con amor. En mi situación una vez que el servicio memorial terminó, mi rutina diaria no varió mucho del pasado. desafortunadamente, eso me permitió vivir en la negación de su muerte.

Las tareas diarias proveían estructura, sentido de control y gratificación. ¿Hice mi cama hoy? Listo. ¿Saqué la basura hoy? Listo. ¿Le di de comer a Max, tiene agua fresca? Listo. Las tareas diarias de la vida me mantuvieron mentalmente saludable y me impulsaron hacia delante.

El estar involucrada en la iglesia y mi objetivo de volver la vida de la manera más divertida y normal para mis hijas, dentro de lo posible, me sacaron de la casa y me devolvieron a la comunidad. Pero la fatiga del duelo hacia que no pudiese llevar el ritmo que llevaba en el pasado. Debía tener gracia de mi misma y ocuparme de las cosas un día a la vez, a veces una hora a la vez. A veces había días que incluso con mis mayores esfuerzos de mantener una rutina normal se descarrilaban por un nuevo detonante del enemigo.

Bear Ace 603 "Wids". De izquierda a derecha: Katie Forwalder, Kris Rystrom, Shelly Messier y Paola Dyer, Bahamas, 1994

Capítulo 27

Detonantes, y a Seguir Adelante

Los detonantes son sensaciones o eventos que instantáneamente, inesperadamente, te lanzan por las escaleras hacia una erupción de duelo fuera de lo planeado. La mejor manera en la que puedo describir esto es imaginando que vives cerca de un concesionario de automóviles Corvette y solamente los vende en color rojo. Las personas los prueban todo el tiempo, pasando por tus calles cada día. A tu esposo le encanta ver estos increíbles automóviles y decide dar una vuelta con uno. Desafortunadamente, tu esposo choca y mueren como resultado.

Pero cada día estos autos son conducidos por tu calle. Puedes cerrar las cortinas, pero no puedes apagar el sonido de los motores V8 supercargados. Te pasas al frente de ese concesionario cada vez que sales de tu casa. En donde sea que ves o escuchas uno de esos autos, instantáneamente recuerdas la pérdida de tu esposo. Incluso si vas de vacaciones, un Corvette rojo inesperadamente aparece estacionado, en la ruta, o en un semáforo. ¿Puede ver lo difícil que es escapar de constante recuerdo de tu duelo?

Algunos ocurren una vez, como cuando recibí las posesiones personales que mi esposo en una caja rugosa en las escaleras de mi casa.

Pero la mayoría de ellos son recurrentes. El sonido único de un avión E-2C sobrevolando por mi casa cada día era uno de estos. Lo que alguna vez llenaba mi corazón con orgullo y gozo, ahora desencadenada en torrente de dolor, angustia, y lágrimas descontroladas. Cuando necesitaba conducir a la base Naval de Norfolk para hacer compras, el ser saludado en el portón era un detonante. Una vez que entraba a la tienda de la armada, había detonantes por todas partes: aviadores en sus trajes de vuelo, oficiales en esos trajes azules, y el sándwich de galletas de vainilla favorito de Jon en el pasillo cuatro. Todos estos recuerdos me hacían llorar.

Tuve un incidente vergonzoso cuando mis padres y yo decidimos llevar a las niñas a disfrutar en la playa pública en la base Naval de Dam Neck, por supuesto ahí fue también donde tuvimos nuestra boda, pero ya habían pasado meses desde su muerte, y pensé que podría manejarlo. Sin embargo, una vez que llegamos a la base, me distraje y no preste atención a la velocidad. Un policía militar me hizo aparcarme y me pidió mi identificación. El ver su uniforme y estar en un lugar tan memorable, se combinó con el estrés de tener una multa por exceso de velocidad, e instantáneamente me quebré. Me quebré completamente. Comencé a llorar y gritar tan histéricamente que el oficial no tenía idea de que hacer conmigo, así que llamó a los paramédicos. Mis padres y mis hijas no pudieron ayudarme en ese momento, y lo que debió ser un día de playa divertido para estas niñas se transformó en una sesión de tortura del infierno. Y todo por los detonantes.

El fútbol americano universitario, uno de los amores más grandes de Jon, era otro detonante. Y así también cualquier cosa relacionada a Nebraska: fútbol, basquetbol, una licencia de conducir. Podría decir que mi casa era el detonador más grande de todos. Al ver por fuera de la ventana de la cocina, ver nuestra cerca con nuestros arbustos me tría la imagen de Jon en sus overoles de trabajo en el jardín. Y ya que habíamos diseñado nuestra casa juntos, cada esquina, cada moldura y cada puerta podría detonar un episodio de duelo. Aunque los recuerdos de mi esposo me rodeaban, no tenía deseos de dejar la casa que construimos juntos.

Algunos detonantes eran los olores. El olor a pastel de chocolate me recordaba cuando Jon los preparaba en la cocina luego de un largo día de trabajo.

La fragancia de ciertas flores sigue recordándome al día en que volvimos del servicio memorial de la armada, y mis vecinos plantaron flores alrededor de nuestro terreno. Incluso ahora, puedo recordar el olor del perfume favorito de Jon, el cual yo siempre le compraba.

Los días especiales también eran detonantes, como el día de nuestra primera cita, o la fecha de nuestro aniversario. También las películas. Ya pasado 25 años, y no puedo mirar la película "Top Gun" o "Un oficial y un Caballero." El océano y la playa eran lugares que me llevaban a un frenesí de llanto. Vivir cerca de la playa y tener niños significaba que ese no era un lugar que yo pudiese evitar. Para mi, el océano era la tumba de mi esposo, y la playa me recordaba momentos especiales como nuestro casamiento en San Diego, las vacaciones tropicales que disfrutamos juntos.

Al pasar el tiempo, algunos detonantes pueden tomar doble personalidad, dolor o alegría. Max, el Elkhound Noruego de Jon, era así. Por un lado, este amoroso y peludo perro, que se recostaba en nuestra puerta de entrada para protegernos y quien permitía que las niñas lo usen como una almohada, era una fuente tremenda de felicidad. Pero en otros momentos su presencia te recordaba a su conexión con Jon y que nunca volvería a a ver a su amo nunca más.

Otros recuerdos que eventualmente me traían lágrimas luego me traerían sonrisas. Pero si no hubiese encontrado las herramientas para ayudarme a pasar el duelo, estos detonantes me hubiesen mantenido atrapada y aislada en un pozo de desesperación. Los detonantes no se pueden evitar. Y a veces, no deben ser invitados. Cuando sabes que vienen, puedes prepararte para lidiar con ellos. Pero cuando te toman por sorpresa, ponte firme. Hubo tanto que procesar durante esos días oscuros, y los detonantes a menudo me guiaban a otros problemas.

Fe

Antes del percance, había estado navegando a lo largo de mi vida como esposa de la marina, ingenuamente inconsciente de gran parte del dolor, el sufrimiento y el conflicto en nuestro mundo caído. Como persona de fe, llevaba mi relación con Dios como la pata de un conejo de la suerte, esperando protección contra calamidades "inmerecidas". Una falsa sensación de seguridad me había llevado a creer arrogantemente que, debido a que tenía marcada mi casilla cristiana, era inmune a los dolores de cabeza de la vida. Ahora estaba viviendo mi pesadilla más oscura, y ¿qué iba a hacer con Dios? ¿Dónde estaba ahora mi pata de conejo de la suerte?

Ser abofeteado por un dolor repentino me hizo enfrentar mis luchas con fe. Había desaparecido la vida religiosa de verificación de casillas que había vivido antes. No había forma de fingir ahora, sin pasar por alto ninguna de mis dudas o fallas. Estaba crudo, real y desesperado, pero tomó tiempo antes de estar listo para profundizar y encontrar respuestas reales a mis preguntas difíciles.

Al comienzo de mi dolor, no me acerqué a Dios de inmediato. Mi ira hacia Él hizo que me volviera a lo único de lo que había dependido durante años: a mí misma. No estaba leyendo las Escrituras en busca de consuelo o esperanza, y no estaba orando por guía y sanidad. Las preguntas difíciles que le hice a Dios en mis primeros meses de dolor fueron preguntas que seguí haciendo, sin esperar respuestas: ¿Por qué sucedió esto? ¿Fue mi culpa? ¿Cómo puedes quitarles el papá a estas preciosas niñas? ¿Me estás castigando? Si eres un Dios tan poderoso y amoroso, ¿por qué permitiste que esto sucediera? ¿No te importa? ¿Me escuchas?

En los primeros meses después de la muerte de Jon, no leí mucho la Biblia. La abría en la iglesia, pero de lo contrario acumuló polvo. Sin embargo, Dios encontró una manera de seguir ministrando a mi alma herida. La música cristiana se convirtió en un salvavidas para mí porque, aunque no estaba dispuesto a meditar en las Escrituras, estaba dispuesto a escuchar música. Me reincorporé al coro de mi iglesia y escuché música en casa. Las canciones llenas de palabras de esperanza y aliento poco a poco trajeron la luz del amor de Dios a mi alma amargada y oscura.

Durante las noches oscuras y solitarias de dolor, descubrí que la música ministraba a mi corazón. Si bien me trajo recuerdos de la infancia de los cantos del evangelio del sur con mis padres, también me llevó a un lugar de dulce paz de adoración sencilla. Lloraba mientras escuchaba las letras melódicas escritas a mi Salvador, y me encontraba orando. Mis oraciones a menudo eran pequeñas y egoístas, pero la fe estaba despertando lentamente en mi alma afligida y desesperanzada.

Los domingos por la mañana, mientras cantaba en el coro, miraba una imagen de cristal de colores de Jesús sosteniendo sus manos extendidas hacia la congregación de abajo. En mi corazón, era como si Dios me estuviera susurrando: "Le tendí los brazos a Jon y le di la bienvenida a casa. Kris, él está aquí conmigo, seguro y amado por la eternidad".

Los poderosos mensajes de los himnos y las canciones de alabanza que nuestro coro ensayaba y cantaba cada semana eran como un bálsamo curativo suavemente masajeado en mis heridas por la pérdida. A través del lugar seguro de la familia de mi iglesia y los sonidos de los que me rodeaba en casa, Dios estaba restaurando lo que Satanás pretendía destruir. Me estaba revelando dulcemente su profundo amor por mí a través del don de la música, soltando chispas de sol en mi sombrío invierno de dolor.

Pasé tiempo en oración, pero no estaba escuchando una respuesta, todavía no. Derramaría mi corazón, pero en mi ira contra Dios, no me acercaría a Él. Lo único que podía hacer era cumplir las promesas que Jon y yo habíamos hecho cuando dedicamos a nuestras hijas. Habíamos prometido criarlos en un hogar piadoso, mantenerlos conectados con el cuerpo de la iglesia y alentarlos a tener su propia relación con Dios. Como un avión que vuela por instrumentos, la fe me mantuvo en el buen camino. Incluso en mis dudas, en el fondo sabía que Dios era real. Y en esta temporada oscura, Él me mantuvo fuera de la zanja mientras cojeaba con Él apoyándome.

A veces, en oración, fingía que podía enviarle mensajes a Jon. Clamaría a Jesús y le diría: "¿Puedes decirle a Jon que lo amo? ¿Puedes decirle que lo extraño?" o "¿Puedes desearle a Jon un feliz cumpleaños por mí? Hacer preguntas difíciles es importante. Dios puede manejar cada pregunta dolorosa, amarga y odiosa que le lanzamos. Durante la confusión y el dolor, sigue buscando Su bondad. Con el tiempo lo verás.

Destellos de Luz

Durante los días oscuros, Dios te dará destellos de luz para iluminar tu camino, aligerar la carga, y recordarte que Él está ahí. Uno de estos destellos fueron mis vecinos arreglando mi jardín. Otros destellos fueron las cartas que recibí de los presidentes George HW Bush y Bill Clinton. Las enmarqué y las colgué en mi pared.

Algunos destellos estaban atados a fechas especiales. El cheque del seguro de vida que llegó por el correo en la fecha de nuestro aniversario de bodas. Fue como un cálido abrazo, que me recordó el amor de Jon. Ese fue el día en el que floreció la primera rosa como en esos arbustos plantados encantadoramente por las manos de Jon. No me digas que esa fue una mera coincidencia.

Algunos amigos míos escondieron 200 pedazos de papel con las palabras de Isaías 43:2 por todas partes en mi hogar: en una caja de pasta, en mi desodorante, debajo de las toallas, en los cajones, en el cuarto de las niñas, etc. Incluso encontré una, años después, cuando nos mudamos a otro estado. El constante, y a veces cómico recuerdo de no temer, que Dios estaba conmigo, y que Él no permitiría que yo fuese vencida por la tragedia me daba esperanza.

La clase de Mission Friends plantó un hermoso árbol de cornejo e instaló una placa en honor a Jon en la iglesia. El viaje a Disney que habíamos reservado junto a Jon, siguió su rumbo, a excepción que mi familia de la iglesia y mis padres se unieron a nosotras. Ese primer verano luego de la muerte de Jon, Jordyn aprendió a nadar, y en otoño, Taylor comenzó a caminar. Muchos de estos eventos fueron agridulces, pero aún así eran rayos de luz.

Los destellos de luz vendrán, pero puedes perdértelos si no estás atento. Espéralos, recuérdalos, y te darán la gracia para salir adelante.

Juegos Mentales

Al intentar poner los pies sobre la tierra, pasas por juegos mentales que te ayudarán a lograrlo. La mayor parte de los míos no eran saludables, ni soluciones a largo plazo. Muy ampliamente, la negación era mi mecanismo de defensa más insalubre. Seguía fantaseando que John y los muchachos habían encontrados un bote, y que estaban en alguna pequeña isla en alguna parte, esperando a ser encontrados. En un momento me encontraba llorando su muerte, y un minuto después le pedía a Dios que regresara a casa pronto. Y ya que el hubiese estado cinco meses más en el mar luego su muerte, esta negación era algo conveniente de mantener.

También negaba la realidad de cómo murió y lo que le ocurrió a su avión. El saber que ese avión se encontraba en aguas de más de 1500 m de profundidad, me imaginaba que el estaba protegido por el avión. Seguramente ningún tipo de vida marina se entrometería con su cuerpo a esa profundidad. Seguramente, Él y sus hermanos de la armada seguían abrochados en sus cinturones, descansando en paz. Jordyn comenzó a hacer preguntas acerca de dónde está su padre, yo invente una respuesta única. Le dije que él estaba "muy muy muy profundo en donde los tiburones no van." Esto era cierto y parecía darles cierta tranquilidad a mi hija.

Decisiones

Cuando superas todos los factores desencadenantes, los libros muertos, la gente fácil, la pérdida, las preguntas difíciles y más, todavía debes manejar las cosas prácticas cotidianas de la vida y trabajar con los detalles esenciales y las decisiones después de perder a alguien que amas. Como esposa de la marina, tener que tomar decisiones en ausencia de Jon no era una experiencia nueva, pero ahora que estaba muerto, cada decisión debía tomarse sola. Mi principio en las decisiones, grandes o pequeñas era ¿Qué haría Jon? ¿Qué lo enorgullecería?

Yo sabía acerca del viejo dicho de no tomar decisiones importantes durante el primer año luego de enviudar, pero había muchísimas decisiones que no podían esperar. Una vez que finalicé los primeros temas financieros y de vivienda, estuve agradecida a hombres de la escuela dominical que me ayudaron a vender nuestros dos vehículos y comprar uno más apropiado para una madre soltera con dos hijas.

Para mí, qué hacer con la ropa de Jon era una de esas cosas prácticas. No me apresuré a vaciar su armario y, a menudo, me consolaba con sus perchas de ropa. Pero una vez que superé la negación y acepté que Jon nunca regresaría, estaba lista para separarme de su ropa. Me puse mi sombrero de viuda azul marino, tomé la caja de duelo del estante e hice lo que tenía que hacer. Estaba en una misión. ¿Cómo podría distribuir los artículos de Jon para bendecir a otros?

Reclué a un amigo de confianza para que caminara a mi lado en el proceso. Los uniformes caqui de Jon fueron para un jefe de la marina cuya casa se incendió. Su ropa casual fue para sus sobrinos. La ropa de vestir y sus trajes de seda hechos a mano de Hong Kong fueron para nuestro maestro de escuela dominical. Durante el proceso de selección, fui estoico y metódico. Por una vez, no me derrumbé.

Prioridades

Hay muchos primeros en el primer año de dueño. Primer aniversario, primer cumpleaños (el tuyo y el de tus amados), primera vez venir al iglesia sola, primera Navidad, y así sucesivamente. No puedes evitar estas primeras experiencias, y de alguna manera debes atravesarlas. El primer día del padre fue difícil, pero estaba determinada hacer honor a Jon y encontrar la manera entre mis niñas puedan demostrarle su amor. Decidí probar una idea que una amiga compartió conmigo, colgar mensajes escritos a mano para un amor que había partido en globos de helio, y luego soltarlos para que vayan flotando hacia el cielo. Jordyn dibujo algo para Jon y escribió lo que quería decirle a su papá. Pero tenía casi un año, así que yo escribí una nota en nombre de las dos.

Y ya que papi estaba enterrado en el océano, mis niñas y yo fuimos hasta la playa para lanzar los globos. Pronunciamos una simple oración del día del padre: "Querido Jesús, por favor dile a papi feliz día del padre y que lo amamos. Y Jesús, por favor cuídalo en el cielo. Amén."

Mis ojos se llenaron de lágrimas mientras Jordyn brincaba por todas partes, y saludamos desde lejos nuestras notas de amor que iban al cielo. Este fue un evento muy significativo para mí y muy emocional. Yo continué pensando: ¿Puede Jon vernos? ¿Sabe que sus pequeñas niñas le están enviando su amor? ¿Está recibiendo nuestros mensajes?

Cuando llegó el cuarto cumpleaños de Jordyn, no quería que recordara la promesa incumplida de papá de que estaría en casa para su cumpleaños. Compensé en gran medida al pedir varios inflables grandes, reservar un espectáculo de marionetas e invitar a todos los niños que conocíamos. Logré crear un gran espectáculo que los niños nunca olvidarían, pero ninguna cantidad de juegos o fiestas podría borrar nuestra pérdida.

La primera navidad fue difícil porque en la tradición de los Rystorm Jon y yo decorabamos el árbol juntos. Vinieron amigos de la iglesia y armaron el árbol por mi, no me molestó, porque las niñas tuvieron una navidad apropiada. Pero apenas terminamos de abrir los regalos de Navidad en la mañana, saque el árbol y las decoraciones. La vista de todo eso se asociaba a recuerdos demasiado dolorosos para soportar.

Por más difícil que era atravesar el primer año, me di cuenta que el segundo año fue aún más difícil. A llegar el segundo aniversario de bodas o navidad, te das cuenta que será así para siempre. Tu amado no regresar a casa. Muchos de esos amigos que me ayudaron durante el primer año habrán regresado a sus vidas normales, y ahora te encontrarás solo para enfrentar el vacío.

Aunque extrañaba a Jon terriblemente, me alegro de no haber dejado de celebrar y recordar los preciosos momentos de la vida. Jon hubiese deseado que yo fuese feliz, y mis niñas no necesitaban perderse el gozo de los días especiales. Haz planes para no quedarte solo, y encuentra la manera nada de recordar las dulces memorias del pasado, mientras haces nuevos proyectos para el futuro.

"Wids"

Afortunadamente, no estuve sola en mi viaje de duelo. Mis dulces amigos y hermanas viudas del 603 se convirtieron en un grupo mucho más grande de viudas de la milicia que vivía en mi zona. Años antes del suceso de mi esposo, las "Wids" comenzaron a existir cuando muchas viudas de la armada formaron un el equipo de apoyo mutuo. El grupo dejo de estar activo por un tiempo, pero luego de la tragedia del 603, una señora del grupo original se contactó con varias de nosotras y nos insistió para comenzar de nuevo con las Wids. Ella tenía razón al decir que nosotras no éramos las únicas viudas en la zona.

Durante ese verano, mientras se corría la voz, comenzaron a llegar viudas de todas partes y pronto llegamos a hacer casi 20 mujeres interesadas. Me puse triste al ver tantas otras viudas jóvenes con hijos, al igual que yo. Nos juntamos en la casa de alguien, y pasábamos el tiempo de manera informal y relajada. Compartíamos nuestras luchas y nuestras preguntas. En este grupo, podrías ser cruda y real. Podrías decir: "Me pregunto si los peces habrán empezado a comer el cuerpo de mi esposo aún," o " ¿Habrá gritado mi esposo al quemarse vivo?"

Discutíamos cosas prácticas, por ejemplo, cuándo y cómo deshacernos de la ropa de nuestros maridos o cómo lidiar con la burocracia de la armada. Nos entendíamos de formas que nadie más lo hacía, porque teníamos historias similares. 11 de las viudas estaban ahí por accidentes en la armada.

La esposa del teniente comandante Fred Dillinham vino a una de nuestras primeras reuniones. Al decir el nombre de su esposo, me quedé en shock. Recordé la carta de Jon, él había asistido a su servicio memorial en el USS Theodore Roosevelt un par de días antes de su propia muerte.

Promesa
"Venid a mí todos los que estáis trabajados y cargados, y yo os haré descansar. Llevad mi yugo sobre vosotros, y aprended de mí, que soy manso y humilde de corazón; y hallaréis descanso para vuestras almas; porque mi yugo es fácil, y ligera mi carga."
Mateo 11:28-30

No limitamos nuestro grupo a solamente viudas militares. Cuando un noticiero local compartió la historia de un hombre perdiendo su vida en el mar en un trágico accidente de bote, invite a su esposa a venir. Cuando un avión comercial chocó en Pittsburg y se reportó que un hombre local perdió a su esposa (una azafata) el accidente, el acepto la invitación de unirse a nuestro grupo. Sin importar cómo murieron nuestros esposos o esposas, nos ayudábamos mutuamente en los días importantes, y hacíamos una fiesta de Santa para los niños en Navidad.

Más tarde, contacté a otra viuda de la marina para que viniera a hablar con nosotros. Su nombre era Jane Smith Wolcott. Su difunto esposo fue Michael Smith, el piloto del condenado transbordador espacial Challenger. La pérdida del Challenger y su tripulación años antes conmocionó a la nación, ya que su explosión se transmitió en todo el mundo solo unos segundos después del despegue.

La NASA tenía un historial de seguridad tan sobresaliente que los lanzamientos y recuperaciones exitosos se daban por sentado. Todos estaban atónitos de que algo así pudiera suceder, y solo podía imaginar el dolor y el sufrimiento que estaban experimentando las familias de los siete astronautas, especialmente cuando su dolor estaba a la vista.

Nunca soñé que conocería a la esposa del piloto y ciertamente no en circunstancias tan difíciles. Se derramaron muchas lágrimas cuando Jane compartió abiertamente su viaje a través del dolor. Sin embargo, su sonrisa y sus palabras tranquilizadoras nos dieron la esperanza de que volveríamos a encontrar la alegría. Un día nuestros caminos se cruzarían de nuevo.

Las Wids no se juntaban solamente en casas para llorar juntas. A veces salíamos a divertirnos. Recuerdo una vez en la que fuimos a ver una película "Sleepless in Seattle," en la que Tom Hanks hacer un papel de viudo luchando por abrir su corazón una vez más. Ocupamos una fila entera y lloramos juntas durante toda la película. Con el tiempo, asistimos a los casamientos de las demás y nos animamos mutuamente a vivir la vida.

El asesoramiento que recibimos unos de otros nunca fue guionado ni académico de ninguna manera; fueron meras palabras alentadoras y sinceras de unos y otros las que nos animaron a seguir viviendo la vida. Con el tiempo, celebraríamos cada vez que uno de nosotros volvía a encontrar el amor. Sin excepción, siempre podíamos contar con un grupo de Wids en nuestras bodas.

Al menos un año después del percance, el Wids of Bear Ace 603 original fue a las Bahamas para celebrar el primer año. En ese viaje, desempolvé mis habilidades de buceo y, dejando atrás a mis amigas viudas que no bucean, disfruté un tiempo explorando bajo el agua. Había elegido una inmersión en grupo a un barco hundido. Sin embargo, sin que yo lo supiera, nuestro barco estaba siendo desviado a un sitio alternativo. Cuando el maestro de buceo nos dijo que veríamos un avión derribado, me quedé paralizada. Incluso en vacaciones, no podía escapar de los factores desencadenantes.

Sabía que mi compañero de buceo al azar no querría escuchar mi triste historia, y determiné que no tendría un colapso diez metros bajo el agua. Mientras nadábamos hacia el pequeño avión privado, obtuve una imagen espeluznante de cómo era el Bear Ace 603. La magnitud de ese momento fue aún más poderosa que lo que había experimentado en el servicio conmemorativo de la marina.

Cientos de personas habían visto la formación del hombre desaparecido ese día, pero este momento fue diseñado solo para mí. Cuando regresé de mi inmersión, compartí con las otras viudas lo que había visto y cómo Dios había orquestado ese momento único para ayudarme a sanar y obtener un cierre muy necesario. No sé cómo lo habría logrado sin el apoyo que me brindaron los Wids. Hoy en día, hay muchos grupos de apoyo y consejeros maravillosos que brindan una terapia eficaz para ayudar a los afligidos a superar la pérdida. Encontrar lo que se adapte a su situación vale la pena y será una gran bendición en su camino hacia la sanación.

Seguir Adelante

Estos temas cubren muchas de mis experiencias como una viuda joven, pero mi viaje en el proceso de duelo no había acabado para nada. Muchos eventos significativos debían ocurrir antes de llegar a cumplir las promesas que me llevaría hasta la esperanza duradera. Mi camino seguía siendo nublado y lleno de dolor y angustia, y por momentos sentía que por cada paso hacia delante volvía dos hacia atrás. Pero rara vez puedes ver tu progreso real o discernir la guía divina que parece estar guiándote de la nada. Como el poema, "Pisadas en la arena," en los momentos que me sentía abandonada y sola, la verdad era que "alguien" me estaba cargando en la ruta de sanidad. Eso es en lo que tenía que confiar mientras continuaba avanzando.

Capítulo 28

Hola Sr. Presidente

Cuando tuve que enfrentar el hecho de que nunca tendría respuestas concretas respecto a las circunstancias que rodeaban la muerte de Jon, hubo preguntas espirituales más profundas que necesitaba responder si alguna vez quería sanar. Mi pastor, el Dr. Reccord, estaba al tanto de mi lucha y me llamó por teléfono un día para saber cómo estaba. Me contó que recientemente había leído un libro llamado "Cuando lo que Dios hace no tiene sentido". El autor Doctor James Dobson, un psicólogo cristiano muy conocido, había perdido a varios de sus amigos cercanos en un trágico accidente de avión, el libro explicaba cómo se sostuvo mediante la fe durante las pruebas más difíciles de su vida. El doctor Reccord pensó que sería un libro importante para que yo leyera.

La pila de libros de la muerte que tenía parecía la torre de Babel, pero confiaba en el doctor Reccord así que obedecí su consejo. Dudando, me acerque a una librería cristiana local y compre una copia, el primer libro sobre muerte que compré para mí misma. Al leer las páginas, una lamparita se encendió dentro mío. Aunque me había sentado en la iglesia tiene estudios bíblicos por años, nunca tuve explicaciones tan claras sobre nuestro mundo caído, y el rol de Dios en él.

El doctor Dobson explicó que Dios no creó el sufrimiento en el mundo: las guerras, los desastres, los crímenes, los accidentes, las enfermedades, y todas esas cosas. El creó un mundo sin fallas, pero el hombre sucumbió ante la tentación de Satanás, y el pecado vino al mundo como resultado. El mundo es malvado, Dios no. El hombre tiene libre albedrío, y Dios no evita que las personas pequen. Él no detiene todas las consecuencias de vivir en un mundo caído.

Explicó que la mayoría de nosotros parecemos estar protegidos por un tiempo por una membrana imaginaria que nos escuda del horror, casi siempre cuando somos jóvenes y la vida es fácil. Pero sin darnos cuenta, esa membrana se rompe y el horror llega a la vida de la persona, creando una crisis de fe si la persona no es salva. Esto resulta en enojo y sentido de abandono, eventualmente, una lejanía de Dios para los que deciden cortar relaciones con El.

Promesa
"Para que por dos cosas inmutables, en las cuales es imposible que Dios mienta, tengamos un fortísimo consuelo los que hemos acudido para asirnos de la esperanza puesta delante de nosotros. La cual tenemos como segura y firme ancla del alma, y que penetra hasta dentro del velo"
Hebreos 6:18-19

Dobson continuó diciendo, "El dolor y sufrimiento no son los mayores causantes de daño. La confusión es el factor que destruye la fe personal." Realmente me encontraba en confusión por la muerte de mi esposo, Y no sabía cómo manejar esas preguntas tan terribles. Dobson escribió que aunque por tiempos dios hace milagros por nosotros, "cuando nada tiene sentido, cuando lo que estamos pasando no es justo, cuando nos sentimos solos en la sala de espera de Dios, El simplemente dice 'confía en mí' y a menudo, "demasiada confianza es puesta en lo que las personas sienten y muy poco en las promesas de Dios."

Comencé a seguir el consejo del doctor Dobson: "En tu hora de crisis, no busques explicaciones. No confíes en tu habilidad de entender las cosas. No renuncies a tu fe. Sino elige confiar en Él... la única otra alternativa es la desesperación."

Elegir confiar es posible por lo que Dios escogió hacer: el envío a su Hijo perfecto a morir en nuestro lugar para que podamos vivir eternamente. Dios tiene la capacidad de hacer que todo funcione para nuestro bien. El no causa el mal para enseñarnos una lección, pero sí transforma nuestro dolor y lamento si nos volvemos hacia Él. Gracias a Jesús, la muerte no tiene aguijón. Él nunca nos deja ni nos abandona. Él es padre de los que no tienen padre y esposo de las viudas.

Tenía una decisión que tomar. Podía endurecer mi corazón contra Dios y culparlo por la muerte de Jon. O podía correr hacia Él y entregarle mi dolor para recibir su consuelo y sanidad. El dolor de mi corazón podría ser usado para su gloria. Y por más desgarrador que fuese mi dolor sabía que el doctor Dobson y su observación tenían razón "...no hay dolor más grande que el de una fe destruida." Abrirle mi corazón a Dios no fue fácil, y fue un proceso que llevó tiempo. Gracias en parte al doctor Dobson en su libro, mi proceso de sanidad dio un giro.

Impulso de Dios

El aniversario de la muerte de Jon se acercaba, pero también otra fecha venía primero: San Valentín. Siendo el día en el que Jon se me propuso, esa fecha estaba repleta de detonantes, así que mi terapeuta se aseguró de agendarme una consulta el 14 de febrero. Pero cuando las niñas se despertaron esta mañana, Jordyn tenía fiebre. Y no podía ir a la niñera.

Más tarde esta mañana, Taylor quien ahora era una niña activa, descubrió la manera de cómo subir las escaleras, encontró una botella de esmalte para uñas rojo, y la tiró desde el primer piso hasta el piso de abajo. La botella se hizo trizas y el esmalte salpicó por todas partes. Tuve un quiebre de histeria mientras limpiaba el desastre. Taylor simplemente estaba siendo una niña, así que no podía enojarme contra ella. Pero el dolor siempre estaba escondiéndose bajo la superficie esperando ser detonado. Ese día fue como una tormenta perfecta. Al igual que el frasco de esmalte, mi esperanza fue destruida, y mis sueños se desparramaron por todas partes.

Aún seguía apoyada sobre mis rodillas y manos tratando de limpiar los remanentes del esmalte de uñas cuando sonó el teléfono. Una amiga del coro y de la escuela dominical me estaba llamando. Me dijo oye cris acabo de dejar a mis niños en el colegio, ¿podría pasar y hacer unos cupcakes de San Valentín con Jordyn y Taylor?

Esas palabras no pueden describir la tremenda bendición de tener a mi amiga viniendo a mi rescate, sin ni siquiera tener que pedirlo. Este rayo de luz llegó en el tiempo perfecto, y pude ver a mi terapeuta como lo planeé en ese día difícil. Si una persona en necesidad viene a tu mente tal vez Dios te está empujando. No desestimes esos sentimientos, alguien necesita un rayo de luz y ese podrías ser tú.

Por favor espera

Esta fue la primera vez, desde que me fui de mi casa a los 17 años, en que mis papás eran parte de mi día a día, y su presencia era una bendición que me traía consuelo.

A comienzos de 1994, Mamá leyó un artículo en el periódico local que el expresidente George Bush estaba dando una charla en Norfolk en unos días. En otoño cuando le envié una carta y una copia de la cinta del programa de televisión él me respondió agradeciendo. Y ya que habíamos establecido una relación amigable de cartas sentí invitarlo a mi casa para que me conozca junto a otras viudas militares de nuestra zona. Sabía que nosotras como viudas teníamos un valor importante en el corazón de este presidente ex militar y aviador. ¿Qué tenía que perder?

No recibí una respuesta lo cual no me sorprendió, pero tenía ganas de escuchar su discurso y verlo en persona. Para la ocasión decidí utilizar un traje hecho a medida de mi viaje a Hong Kong. Con orgullo llevo puesto mi pin dorado de viuda de la armada. No mucho antes de partir para manejar hasta Norfolk sonó el teléfono y escuché la voz de un hombre que no conocía.

¨¿Podría hablar con la Sra Rystrom por favor?¨

¨Soy yo,¨ Respondí sin tener la mejor idea de qué se trataba. Por favor espere a que el señor presidente George Bush le responda. Respondió y me quedé sorprendida sin palabras. Mi madre se encontraba cerca, y vio la expresión de sorpresa en mi rostro. Le susurré,

¨el presidente Bush me estaba llamando: ¨ las dos quedamos sorprendidas. Mi corazón se estaba acelerando y unos pocos momentos después la voz familiar del presidente se escuchó en el teléfono.

¨Cris habla el presidente George Bush¨

¨Hola señor presidente. ¨ No supe qué más decir.

¨Sólo quería decirle que recibí son muy amable invitación. Si tan solo tuviese 15 minutos más en mi agenda iría a su cocina a tomar una taza de café. ¨

¨Entiendo completamente. Iré escuchar su discurso esta noche. ¨

Al menos ya estaba lo suficientemente calmada como para seguir una conversación.

¨ ¿Vendrá?¨ Preguntó sonando complacido.

¨No me la perdería. ¨ Hice una pausa para juntar coraje y preguntarle ¨¿existiría la oportunidad esta noche para poder conocerle?¨

¨Absolutamente¨ respondió rápidamente. ¨Busca alguien del servicio secreto y dale tus datos y él te llevará hasta donde yo estoy para hablar. ¨

Le agradecí y nos despedimos. Colgué el teléfono y me fui a mi madre para decirle ¡voy a conocer al presidente!

¿Puedes ver esto Jon?

Mientras conducía al centro Norfolk Chrysler, estaba emocionada y orgullosa. Mi esposo había dado su vida por la libertad de mi país y era un héroe ante los ojos del presidente Bush, quien tenía un interés suficiente como para honrarnos a los dos. Ingresé hacia el hall con mi cabeza levantada en alto. Seguí las instrucciones del presidente y encontré a un agente del servicio secreto en el auditorio. ¿Después de decirle quién era y que quería ver al presidente, el agente respondió ¨Sabe el presidente que usted está aquí? ¨

¨Sí¨ respondí con orgullo. ¨Él llamó a mi casa hace más o -1 hora. ¨

El agente me llevó a través de un mar de personas detrás del escenario a hacia una sala verde en donde el presidente estaba esperando antes de salir a dar la charla. Al ingresar en la habitación me quedé asombrada por lo alta que era esta persona. Me acerqué hacia él, se dio la vuelta para mirarme y estrechar su mano. ¨Señor presidente soy Kris Rystrom, ¨ no solamente me dio la mano sino que me dio un abrazo, me dio un beso en la mejilla, me miró a los ojos con una sonrisa gentil.

¨ cómo están las niñas¨

me preguntó y quedé impactada por su preocupación genuina.

“ estamos bien” le respondí con una sonrisa. “ no estamos logrando” “me gustaría presentarte algunas personas aquí y se dio vuelta hacia otros dignatarios en la sala incluyendo a ex oficiales de alto rango de la armada. Incluso de los niveles más altos, muchachos de la armada que seguían siendo hermanos.

Mientras conversábamos amigablemente, otra señora ingresó al salón, la reconocí de inmediato. Era Jane Smith,

la esposa del piloto del Challenger que había hablado en nuestra reunión de viudas.

“Hola Jane,” dijo el presidente Bush amablemente y la saludó con un abrazo.

"Hola Kris" me dijo Jane.

"¿Ustedes se conocen?" Preguntó el presidente sorprendido.

"Sí señor Presidente," sonrió Jane.

"Las familias de la Marina se mantienen unidas."

Jane no dijo "nosotras las viudas," si no que dijo "nosotros la familia." Incluso con la burocracia de la armada yo era oficialmente una viuda de la armada, una viuda sin volver a casar, para estos hermanos y hermanas, seguía siendo parte de la familia de la armada. Al sentarme en la audiencia más tarde oí el poderoso discurso del presidente, quedé sorprendida. Y pensé: "¿puedes ver esto Jon? ¿Puedes creer a quien conocí? ¿Sabes que el presidente aprecia tu sacrificio?"

No mucho después de conocer al presidente Bush, las niñas y yo viajamos a Nebraska para visitar a la familia de John en el primer aniversario de su muerte. Como era de costumbre Jordyn y Taylor jugaban con todas sus primas, y yo estaba agradecida de tener cuñadas tán maravillosas. Pero con el primer año detrás mío no me sentía animada de enfrentar mi segundo año.

GEORGE BUSH

November 26, 1993

Dear Kris,

Your good letter and the videotape were waiting for me when I returned to the office today following two weeks abroad. I leave again Sunday for four days in London, but soon, when my schedule is less hectic, I will view the tape. I'm looking forward to seeing it and appreciate very much your sending it along.

I hope everything is going well for you and your beautiful family. Barbara and I send you our warm wishes for a joyous holiday season.

Sincerely,

Mrs. Krista K. Rystrom
724 Seagrass Reach
Chesapeake, Virginia 23320

10000 MEMORIAL DRIVE · HOUSTON, TEXAS 77024

Carta personal del presidente George Bush, noviembre de 1993

Kris con Jordyn y Taylor, Chesapeake, VA, 1993.

Capítulo 29

Globos al Cielo

La primavera se volvía verano y eso significaba que se acercaba nuestro segundo día de los padres sin Jon. Yo ya lo había superado, todo el llanto, el duelo, y el tratar de mantener la tradición de los días especiales. Pero sabía que las niñas necesitaban continuar con la tradición de soltar globos para papi al cielo. La terapia y los antidepresivos me ayudaron, pero estaba cansada y con la necesidad de mantener las cosas simples. No había forma, no permitiría que llevar a las niñas a la playa de nuevo este año se transformara en un detonante. Decidí que lanzaríamos los globos desde mi patio.

Cuando fui con las niñas a comprar los globos del día del padre escogimos tres globos brillantes. Uno era redondo y decía "eres el mejor, 'los otros dos tenían forma de corazón, uno decía pensando en ti y el otro tenía flores y mariposas que decían "eres tan especial." Mientras la muchacha detrás de la caja inflaba los globos con helio, ella observó a mis hijas y sonrió.

"Alguien se llevará una sorpresa," dijo con una voz animada. No quise arruinarle el día a esta amable señorita al decirle a dónde irían en realidad estos globos. Mi inusual historia parecía sacarle el aire a los oyentes inocentes cada vez que la oían. Jordyn me miró y sonrió. Incluso con cuatro años de edad se dio cuenta que no todos querían

Taylor y Jordyn, Día del Padre 1994
Jon plantó los rosales al fondo.

escuchar la verdad acerca de su padre, que estaba muerto, en el fondo del mar. Así que ambas nos mantuvimos en silencio.

Al volver a casa hicimos dibujos y notas de cariño, y las atamos a los globos. Saqué mi cámara y salimos al patio del frente. Ese domingo estaba soleado y con un poco de brisa. Hicimos nuestra oración del día del padre: "Amado Jesús, por favor dile a Papi feliz día del padre y que lo amamos. Y Jesús por favor cuídalo en el cielo. Amen."

Soltamos los globos para que volaran al cielo. Las chicas estaban tan concentradas saltando y saludando al cielo que no se dieron cuenta que uno de los globos se desvió. Y fue a parar detrás de la casa. Los otros siguieron volando cada vez más alto, cada vez se veían más pequeños, hasta que desaparecieron completamente de nuestra vista. ¿Adónde estaba el otro globo? Lo busqué y rápidamente me di cuenta que estaba atorado en un pino en nuestro fondo. Estaba frustrada. Pero mientras las niñas no se dieran cuenta todo estaría bien. De lo contrario se pondrían tristes porque su padre no habría recibido el mensaje completo de amor. Pero creí que no había nada por que preocuparse. Un globo de helio debería seguir flotando especialmente con brisa.

El lunes me levanté temprano como siempre, me puse mi bata vieja y mis pantuflas, y me preparé para comenzar otra semana emocionante como viuda de la armada. Mientras me lavaba los dientes en el baño, algo me llamó la atención al frente de la ventana del jacuzzi. No me di cuenta que mi cuarto para llorar daba perfectamente a la vista del globo atrapado, su cuerpo plateado reflejaba el sol del amanecer y sus cintas se movían gentilmente con la brisa. No podría tener un mejor ángulo para verlo. Mi corazón se hundió, no se había ido. ¿Qué sucedería si las niñas vieron esto?, se decepcionarían. Por suerte casi nunca venían a mi baño. Y estaban lo suficientemente lejos como para saber cuál de los tres globos era. Estaba tan alto en las ramas más alto que una casa de dos pisos, y no había forma de bajarlo. Mi única esperanza era pensar que las niñas no lo verían. Pero si lo hicieran yo tendría que tener alguna idea creativa para que no lloren.

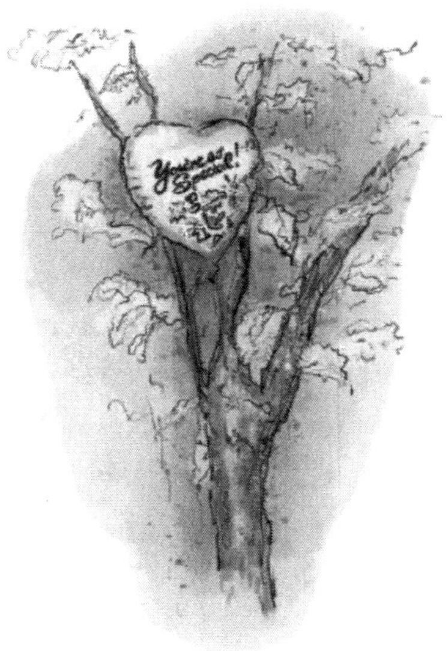

Llegó el martes y el globo seguía ahí atascado. Llegó el miércoles, luego el jueves, el viernes, el sábado, y seguía atascado. Cada vez que miraba fuera del baño estaba ahí. Cada vez que salía por la cochera estaba ahí podía verlo saludándome desde la copa del pino. Apenas se veía sobre la parte superior del techo. Pasó otra semana y el globo continuaba ahí. Llegó una tormenta de verano a nuestro vecindario, pero el globo se resistió. Pasó un mes y su figura parecía más desinflada, pero la superficie brillante reflejaba el sol de todas maneras. Evite tener el almuerzo del día del padre en la playa para no tener un momento dramático en el océano. Ahora tenía un recuerdo triste de la muerte de mi esposo por un globo atrapado al frente de la ventana de mi baño. Mi única esperanza era que las niñas no viesen el globo desubicado desde su casita de juegos en el patio del fondo.

¿Así que tú papi murió?

No mucho después de eso, me emocioné al ver un camión de mudanzas calle abajo con dos bicicletas rosadas en el patio delantero. Inmediatamente pensé: ¡Compañeros de juegos para mis hijas! Al día siguiente, caminamos para dar la bienvenida a nuestros nuevos vecinos. La dulce mujer que abrió la puerta y nos invitó a pasar tenía dos hijas pequeñas.

Mientras las niñas se iban juntas a jugar, le di a mi amiga una descripción general de nuestro vecindario, le conté sobre la pareja de jubilados que compartían su piscina y el pediatra que vivía calle abajo.

Se me acercó, y en voz baja me dijo "escuché que hay una joven viuda que vive aquí quien perdió a su esposo en un accidente de avión".

Sin dudarlo me incliné y susurré, "sí esa soy yo". Una mirada de horror se vio en su rostro.

"¡Oh no, perdón!"

"No hay problema," me reí. "Estoy acostumbrada." Me sentí mal por ella, pero ese pequeño error no impidió que nos transformáramos en mejores amigas. Mientras aceptaba finalmente mi identidad como viuda, no me había fijado en las personas que conocía.

Un día, escuché a Jordyn lidiar con un comentario más difícil. Ella tenía una pequeña amiga nueva, quién vino a la casa y estaban haciendo galletitas en la cocina. Mientras me encontraba ocupada con la masa de las galletitas en la mesada, las niñas estaban detrás mío. Yo me encontraba sentada en la isla de la cocina eligiendo entre la colección de chispas que teníamos.

"¿Así que tu papi murió?" Preguntó la amiga con inocencia.

"Si, vaya que sí" Ella respondió sin dudar. Esta no era la clase de charla de niñas a la que estaba acostumbrada escuchar. Me encontré a mi misma batiendo la masa más rápido, nerviosa sobre la dirección que podía tomar esta charla.

"¿Se lo comió un tiburón?"

Se me congeló el corazón mientras que apreté más fuerte el cucharón, y comencé a batir más vigorosamente y con enojo. ¿Qué estaba pensando esa niña? ¿Cómo se atrevía hacer una pregunta tan descorazonada? ¿cómo manejaría Jordyn esto? ¿Debería meterme y protegerla? Por más que quería darme vuelta y estrangular a esa niña insensible, esa era una oportunidad de ver la reacción de Jordyn.

"No" dijo Jordyn, "porque mi papá está muy muy muy muy en lo profundo donde los tiburones no van."

Estaba orgullosa de Jordyn y su confiada respuesta, pero me daba dolor el saber que así viviría mi hija el resto de su vida. Su pequeña amiga no quería ser mala, estaba haciendo una pregunta honesta, como la que haría cualquier niño. Los amigos de la iglesia eran sensibles a la situación de Jordyn, pero ella iba a tener que enfrentar preguntas difíciles al ir creciendo.

Todavía Atascada

Al pasar el verano estaba agradecida porque mis padres estaban cerca dándonos apoyo y ánimo. Pero sabía que en su corazón querían irse a vivir a su casa de playa en Carolina del Norte. Aunque valoraba su compañía, no quería que ellos se sintieran obligados a retrasar su jubilación indefinidamente. Comencé a idear vender mi casa de sueño y seguir adelante.

En el entretiempo, intentaba avanzar emocionalmente, pero había algo que volvía eso muy difícil, ese globo infernal. Ya habían pasado semanas, y seguía colgado ahí en los pinos. Mientras intentaba continuar mi rutina el globo me encontraba al salir del estacionamiento y se burlaba en mí cara cada vez que iba al baño. Y aunque ya estaba en mi segundo año de viudez, mi cuarto de llanto seguía siendo el lugar al que iba para llorar profunda y desesperadamente. El clóset de Jon estaba casi totalmente vacío, pero yo seguía colgándome neciamente de su vieja bata de baño mientras que ese globo colgaba en las ramas de los pinos.

> *Promesa*
> *"E invócame en el día de la angustia; Te libraré, y tú me honrarás."*
> *Salmos 50:15*

Llegó agosto y el globo seguía ahí. Luego septiembre. Y seguía ahí. Jordyn y Taylor comenzaron el preescolar, pero yo luchaba para volver a la vida normal. En la superficie mi apariencia era normal y engañaba a la mayoría de las personas, pero por dentro me sentía insignificante, inestable y sola.

Recuerda tu Legado

Mi Iglesia me ofreció un puesto parte-time como directora en comunicaciones, y tome la oportunidad para salir de casa y ganar un poco de dinero extra. Al trabajar en el mismo horario en el que mis hijas estaban en preescolar, era un acuerdo perfecto. Y ya que la mayoría del staff conocía mi situación, esto era seguro un pequeño paso hacia el mundo exterior del empleo para mí. Mis colegas del trabajo me brindaban apoyo y me entendían, especialmente si me encontraba en un inesperado periodo de dolor que se veía en mi rostro y debía disculparme para lidiar con un posible torrente de lágrimas. Nuestra iglesia tenía un equipo muy grande pero los pasillos de mi iglesia eran un lugar cómodo. Mi cubículo estaba cerca de la oficina de uno de los pastores. Un día el doctor Reccord me pidió que vaya a verlo. Me sentí honrada, ya que aún con su agenda llena se tomará un tiempo para hablar conmigo.

"¿Cómo estás Kris?" me preguntó, con una pequeña sonrisa en su rostro. "Estoy bien", le respondí. Pero ambos sabíamos que no estaba bien, y que él no me había llamado para tener una simple conversación. Él estaba genuinamente preocupado por mí.

"Kris quiero que recuerdes tu legado." Me miró con amabilidad, pero sus palabras fueron firmes y puntuales. Tal vez mis problemas internos eran más obvios de lo que yo pensaba, al menos para aquellos con sabiduría para verlo.

Sus sabias palabras repercutieron en mi corazón. Tantos sueños habían muerto cuando cayó el avión de Jon, planes sobre mi carrera, tener mi doctorado, viajar y conocer el mundo, y tantos más. Siempre tuve metas altas, y ahora mi más grande recompensa era sacar la basura a tiempo. No estaba mal ser una madre para mis hijas, pero mi vida estaba atorada en una ruta no muy rápida. Mi más grande barrera era estar atrapada en el duelo.

Imagen Imperfecta

Al recoger a Jordyn del preescolar poco después, mi dolor encontró una oportunidad para tirarme por las escaleras y cachetearme delante de otros padres. Ese día en la clase, los niños habían dibujado a sus familias, y la maestra estaba entregando las obras de arte a los padres que esperaban en el pasillo. Estaba esperando ver el dibujo de mi hija, pero al verlo sentí un puñal en mi corazón. Me había dibujado a mí, a Taylor, a ella misma, y a Max. Pero no a Jon.

Lágrimas comenzaron a correr por mi rostro, y la maestra me dio una caja de pañuelos descartables mientras terminaba de entregar el resto de los dibujos. Muy pocos Padres sabían quién era y entre mis llantos incontrolables, les intenté explicar la situación. Qué vergüenza. Pero no era la culpa de Jordyn. Lo que ella dibujó era real y acertado. Yo era la única que se rehusaba a aceptar nuestra nueva realidad.

Al llegar a la casa de la escuela subí las escaleras, y la vista del globo me golpeó de nuevo. ¿Cuánto más podría soportar? Intentaba avanzar, pero como a las ramas de los pinos que tenían atrapado al globo, los constantes detonantes que seguía encontrando me tenían atrapada en el duelo.

El frío llenó el aire mientras que el otoño se transformó en invierno. Las hojas caían de los árboles y los colores llenaban el paisaje, el globo desinflado se veía aún más. Meses después de haber sido atrapado entre los pinos el material del que estaba hecho estaba arrugado, y su moño estaba reducido a pedazos. Tormenta tras tormenta habían soplado entre los árboles, sin embargo, el globo se sostuvo como un ancla.

Comencé a batallar con Dios cada vez que veía el maldito recuerdo a través de la ventana del baño. "Dios estoy tratando de salir adelante. ¿Por qué me recuerdas que tengo un esposo muerto? Tú permitiste que este estúpido globo quedara atorado en el árbol. Lo entiendo. No tengo el control. Pero tú sí. ¿Qué me estás haciendo?"

No hubo respuesta.

La Temporada más Solitaria

El segundo invierno luego de la muerte de John fue la temporada más solitaria de mi vida. Mi grupo de amigas viudas no estaba activo como antes, todas estaban saliendo adelante, o mudándose. Ya había pasado mi primer año de viuda, y estaba transitando el segundo sola. Cada vez me juntaba menos con mis amigos casados y con familia. A pesar de que amaba a mis hijas Jordyn y Taylor, ellas no podían llenar el vacío de mi corazón. Mi depresión se profundizaba mientras que los días grises aumentaban y se acortaban y el viento frígido aumentaba. El invierno y el duelo se unieron y cayeron sobre mi hogar como una nube oscura.

De alguna forma, me las arreglé para aguantar hasta el día de acción de gracias y Navidad. De igual forma lo hizo el globo. Llegó el Año Nuevo de 1995. Algo tenía que cambiar. No iba a poder enfrentar otro año de duelo en esta casa. Mi alma estaba vacía y cruda, y la constante visión de ese globo horrible echaba sal a mi herida. Clame a Dios "Tu pusiste este globo en el árbol. ¿No puedes bajarlo?"

Poco después estaba saliendo del garaje con las chicas para ir a pasear. Alce mi vista y de repente me di cuenta, el lobo no estaba más. Pisé el freno y dirigí mis ojos fijamente para asegurarme. Pero no hubo ningún error, el globo necio se había ido.

Por primera vez en muchísimo tiempo una chispa de gozo entró en mi corazón. Me di la vuelta y seguí por la calle. Finalmente, luego de siete meses de tortura, la maldición del globo se había ido de mi vida para siempre. Mis hijas no tenían ni idea de lo que yo estaba pensando y no podían escuchar mi conversación interna con Dios. "Dios, así que me estás diciendo qué ya puedo seguir adelante. ¿Te deshiciste del globo por mí? Te tomó demasiado tiempo, pero muchas gracias. ¡Estoy tan agradecida que esa miserable cosa haya desaparecido!"

Con mucha alegría giré en la esquina y seguí camino por el vecindario. Luego de parar en una intersección antes de continuar por una avenida, un destello de luz me llamó la atención. En un instante miré hacia arriba y mi corazón se detuvo. Allí estaba el maldito globo enganchado a otro árbol. Me quedé sentada ahí por un momento sin poder creerlo, mientras que el resentimiento inundaba mi corazón. Estaba agradecida de que Jordyn y Taylor no pudieran escuchar mi diálogo enfurecido con el creador del universo.

" ¿De verdad? ¿En serio? Tienes que estar bromeando. Esto es como una broma enfermiza. ¿Qué? ¿Acaso el globo va a comenzar a seguirme ahora? ¿Acaso puedo ir algún lugar sin recordar que mi esposo murió?"

Al siguiente día me di cuenta de que había desaparecido para siempre. Tal vez ese globo infernal al fin se había ido al cielo. No me importaba en donde estaba mientras fuese lejos de mí. Di un suspiro de alivio, pero mi mente estaba decidida. Pondría mi casa a la venta, y mis padres y yo podríamos mudarnos a un nuevo capítulo de nuestras vidas.

Tan pronto como el cartel de "a la venta" se puso en el patio, la realidad de estar preparándome para despedirme me golpeó como una tonelada de ladrillos. Durante las próximas semanas, mientras seguía el invierno, la garra del duelo me sostenía más fuertemente de lo que podía soportar. Tantas pérdidas, Jon mi amante, mi mejor amigo el ser la esposa de un oficial, mi seguridad, mis hijas perdiendo a su padre, mis sueños, y ahora como detalle final perder mi precioso hogar que habíamos construido junto a Jon.

Sin Respuesta

Una noche lluviosa y fría, luego de poner a las niñas en la cama, entré a mi cuarto de llanto, apagué las luces, y sucumbí a la abrumadora angustia y dolor. Llorando incontrolablemente, me sostuve de la bata de baño de John y su Biblia de cuero usada, y me sostuve de ellas mientras caía de rodillas desesperadamente e inclinaba mi cabeza en duelo en el frío piso del baño. Tenía que parar este incesante dolor. No podía seguir en esta tormenta. La única manera que imaginaba para recuperarme era que mi esposo volviera.

Sollozando con dolor amargo, clamé a Dios en llanto, "¡Tráelo de vuelta tráelo a Casa, por favor Dios, déjalo volver a casa!"

Ésa fue mi hora más oscura. Muchas horas de desesperanza habían pasado desde la repentina muerte de Jon, pero esta sin dudas fue la peor, la más cruda y más dura. Mi corazón nunca había sufrido tanto por Jon como lo hizo en ese momento.

Esperé la respuesta de Dios.

No hubo ninguna respuesta.

No estaba loca, estaba desesperada, por supuesto que John no volvería. Y yo era consciente de eso incluso cuando la casa se vendió y nosotras nos habíamos ido, el paralizante duelo que estaba en mi como un cáncer seguiría conmigo en mi nueva vida. No había un escape fácil. No había razón para tener esperanza. No, al menos teniendo un futuro sola. Mi Jon no podía ayudarme. ¿Pero qué acerca de Dios?

Una gran tristeza muy profunda vino a mi corazón, y por última vez clamé en desesperación. "¿Me escuchas? ¿Sabes que estoy aquí? Por favor dime que me escuchas."

En su palabra Dios repetidamente dice que él ama a las viudas, y que él promete ser un esposo fiel a las viudas. Seguramente un Dios amoroso rápidamente contestaría a estos llantos urgentes. En la densa oscuridad, esperé ansiosamente en ese piso duro y frío, expectante por escuchar la voz audible de Dios.

No hubo respuesta.

No recuerdo por cuánto tiempo me quedé ahí en esa oscuridad, pero eventualmente con un corazón quebrado y un cuerpo exhausto me tambaleé, y me metí bajo las frías sábanas de mi cama vacía, y lloré hasta quedarme dormida.

El sol de la mañana alumbró por mi ventana y me despertó de ese momento sombrío. Mientras mi mente nublada se aclaraba gradualmente, recordé la agonía de la noche anterior. Di un suspiro de decepción al darme cuenta que incluso mis llantos más profundos no trajeron una respuesta de mi Padre Celestial.

Lo último que quería hacer era enfrentar otro día de guerra, pero tenía dos niñas pequeñas que necesitaban a su madre. Jon me había dicho que yo era su seguridad cuando él no se encontraba. Tenía que cumplir mi promesa. Lentamente salí de la cama, me puse mi vieja bata, y puse mis pies en mis sandalias gastadas. Me puse mi sombrero de madre en su lugar, intencionadamente puse un pie delante del otro una y otra vez. Decididamente bajé a las niñas, les di cereal para desayunar, y encendí en la televisión su programa matinal preferido, Barney.

Vi el calendario y me quejé cuando me di cuenta de que hoy era el día de sacar la basura. Qué alegría. Tiempo de sacar la basura. No tenía la energía que tenía en las otras madres del vecindario, ya que sus esposos sacaban la basura. Me puse en modo resolución de tareas y sin pensarlo levanté la basura de toda la casa. Letárgicamente a través de la cocina y arrastrando la gran bolsa de denegación detrás mío, caminé y crucé la puerta dirigiéndome hacia el garage. Pase al lado de mi coche y con somnolencia abrí la puerta como lo había hecho en incontables ocasiones. Con mucho sueño saqué un pie de la casa hacia el viento helado, y sin pensar miré hacia abajo, había algo muy raro debajo de mis pies.

Era el globo.

Capítulo 30

Mi Carta del Cielo

Allí estaba delante mío, ese globo viejo, sucio, arrugado y con forma de corazón, estaba en el piso cerca de la basura, con su gastado pero visible mensaje que decía:

"¡Eres tan especial!"

¿Cómo podía ser posible? Mi mente estaba saturada y trataba de procesar lo que mis ojos estaban viendo con dolor. ¿De dónde vino? ¿Cómo llego hasta aquí, cómo abrió su camino hasta mi bote de basura? ¿Y cómo aterrizó de boca arriba mirando hacia la puerta como si alguien lo hubiese puesto precisamente ahí a propósito?

¿No es el mismo globo que mis hijas y yo habíamos comprado hace más de siete meses? ¿no era este el mismo globo que fue soltado junto a otros dos pero fue hacia una dirección completamente diferente? ¿no era este el mismo globo que quedó atorado en el pino enfrente de mi cuarto de llanto? ¿El mismo globo que se burló de mí por meses lastimando a mi corazón con el recuerdo diario de que mi esposo estaba muerto?

¿No era este el mismo globo que voló por más de 1 km y aterrizó sobre otro árbol alto, desapareció por semanas, y luego, esa mañana me recibió junto a mi bote de basura luego de una terrible noche de lucha con Dios, con llanto en desesperación, y de pedirle fervientemente, "¿Me escuchas? ¿Sabes que estoy aquí? ¡Por favor demuéstrame que me escuchas!"

Él me respondió.

Su respuesta se encontraba justo delante de mis pies: "¡Eres tan especial!"

Promesa
"Y sabemos que a los que aman a Dios, todas las cosas les ayudan a bien, esto es, a los que conforme a su propósito son llamados."
Romanos 8:28

Dejé caer la bolsa llena de basura. Y también dejé caer mi bolsa llena de dolor. Al instante alcé mis manos hacia el cielo de la mañana y mis ojos hacia los cielos. Las lágrimas llenaron mis ojos, pero esta vez fueron lágrimas de gozo. Luz, paz y amor saturaron mi corazón roto, al mismo tiempo que el opresivo peso de la angustia y la terrible desesperación se disolvían en la gloriosa presencia de mi precioso salvador.

"¡Gracias por escucharme Jesús, gracias por contestar a mi llanto!" Exclamaba mientras que lágrimas de liberación caían sobre mi rostro resplandeciente.

¡Él me escuchó! ¡Fue especial!

Lo que fue planeado para ayudar a dos pequeñas niñas a demostrar su amor a su papi que estaba en el cielo, fue utilizado por Dios para mostrar su infinito amor por su preciada hija en Seagrass Reach. Él permitió que ese globo con forma de corazón quedara atrapado justo enfrente de la ventana de mi cuarto de llanto durante junio, julio, agosto, septiembre, octubre, noviembre, y diciembre. En enero, se llevó a globo de viaje, y el lugar a donde estuvo durante esas semanas que desapareció, sólo el cielo lo sabe. Pero un día, en el momento preciso, hizo un aterrizaje de globo, con un mensaje de amor para mí capaz de cambiar mi vida.

Hombres con franjas llegaron a mi puerta con un mensaje que abrió un torrente de duelo a mi vida. Pero un Hombre con franjas en Sus espaldas vino hasta mi puerta lateral y desató un río de esperanza sobre mi corazón dolorido. No se reunió conmigo en un palacio magnífico, en una deslumbrante cumbre de montaña, ni siquiera en una catedral. Él se encontró conmigo en un mugriento, común, y pequeño momento cotidiano de la vida, y con un objeto común y corriente.

Tal como soy

Muchos de nosotros somos como ese globo. Y comenzamos brillando de nuevo, proclamando con orgullo un mensaje de ánimo y promesa, pero por dentro simplemente estamos llenos de aire. Todo está bien hasta que un torrente de viento nos saca del camino y nos encontramos sin esperanza tambaleando, atorados entre las ramas de nuestras propias malas decisiones, las acciones hirientes de otros, o el inevitable sufrimiento de la vida. Estamos atrapados en nuestro pasado, paralizados en nuestro presente, e incapaces de movernos y seguir adelante. El viento pronto nos deja desinflados y vacíos. Pensamos que de pronto fuimos liberados, y nos damos cuenta que hemos sido atrapados de nuevo por nuestras propias obras.

Pero un día nuestro salvador nos encuentra cuando estamos arrugados y gastados, y él nos levanta gentilmente con sus manos con cicatrices de clavos. Con amor nos transforma en una nueva criatura, nuevas criaturas de su amor eterno en nuestro espíritu, y nos levantamos de nuevo victoriosos para vivir nuestro verdadero destino dado por Dios, empoderados por su inmensurable amor.

Por años busqué sentirme valorada basada en lo que podía lograr con mis propias fuerzas. Mi hambre de control resultó en un desorden alimenticio con el cual luché por años. Escondí mis verdaderas necesidades de las personas que me rodeaban incluso de mi misma. Mi relación con Dios se basaba solamente en una religión y en cumplir con objetivos, y mientras que yo creía en Dios, y que me salvó de mis pecados, no lo conocía como amigo. Verdaderamente, Jesús había estado conmigo todo el camino, pero en mi quebranto no reconocía su presencia. Pero luego de que él se encontró conmigo junto a la basura, mis ojos fueron abiertos y mi relación con él creció como una amistad íntima que llenó mi corazón con un nuevo sentido de esperanza, gozo, y paz.

Jesús no espera que tengamos vidas perfectas. No debemos exagerar nuestros objetivos, exagerar nuestras habilidades, o llegar a los más altos rangos de la escalera del éxito. No debemos cubrir nuestras gracias o debilidades. Ya sea que estemos luchando con adicciones, paralizados por el miedo, incapacitados por el dolor, sobrepasados con remordimiento, esclavos al pecado, o dominados por la inseguridad, Jesús quiere que vengamos a él, tal como somos, sucios, arrugados, crudos y reales. Es la única forma en la que él puede comenzar a sanarnos.

Así fue como Él comenzó a sanarme. Algo precioso se había perdido en mi vida, y busqué diligentemente hasta que lo encontré de nuevo. Todo el tiempo, Dios me estuvo buscando, deseando no solo recuperar nuestra relación, sino también transformarla en una de tierna intimidad, amor perdurable y gozo duradero.

A menudo en la neblina de nuestro sufrimiento, esperamos que Jesús entre por la puerta delantera para rescatarnos de nuestra crisis. Y a veces lo hace. Pero en otras temporadas, él vendrá en una forma que nunca imaginamos, como en silencio y gentilmente a un lado de la puerta en nuestro momento de mayor necesidad.

Mi salvador se encontró conmigo en el tacho de la basura. Y fui cambiada para siempre.

Las huellas de Dios

Sería una mentirosa si te dijera que mi vida estaba llena de arcoíris y mariposas a partir de ese momento. Aún tenía que sacar la basura. Todavía tenía que limpiar a mis niñas. Todavía tenía que dormir en una cama vacía y enfrentar un futuro sin el amor de mi amado Jon. Algunas noches lloraba. Otros días tenía detonantes. Y muchas de las preguntas que atormentaron mi corazón nunca fueron respondidas completamente. Pero ahora lo tenía a Él, y Él me tenía a mi. Podía confiar en Él en los inciertos. Podía confiar en Él mi futuro. Y podía confiar en Él con mi corazón.

Para estar completa, no necesitaba otro hombre que me amase y reemplazase a Jon. Jesús era el amante de mi alma. Finalmente estuve completa. Más completa de lo que había estado cuando Jon estaba vivo. Simplemente éramos yo, las niñas y Jesús, era todo lo que necesitaba para seguir adelante.

Al mirar hacia atrás mi vida con John, puedo ver las huellas de Dios desde el principio: como guió nuestros caminos y nos unió, como me liberó de mi desorden alimenticio y sanó el corazón roto de Jon y restauró su fe, como a través del tiempo Dios nos transformó a los dos, como nos enseñó sobre lo que verdaderamente es importante, y como nos bendijo con dos hermosas hijas. La última carta de Jon me demostró la profundidad de esa transformación al decir:

Me doy cuenta que debo eliminar el yo y poner mi fe y confianza en Dios. A veces es difícil, pero Dios me cuidará... Me doy cuenta de que insignificante realizar el 0-5 realmente es... Simplemente agradezco a Dios por la gran vida que me ha dado.

Qué contraste en relación al hombre solitario que conocí en una cita a ciegas en la playa de Virginia.

Hablando de cartas, atesoro los tesoros contenidos en las cartas que John y yo nos escribimos mutuamente. Qué agradecida estoy de haberlas guardado todos estos años a través de todas las mudanzas. Sus palabras poderosas aún me ministran hoy. Y cambiando las palabras un poco el mensaje de amor de John ahora refleja la relación que disfruto con mi salvador. Pero más que eso, éstas son mensajes de Jesús de amor a todos nosotros. ¿Puedes imaginar al Salvador escribiendo estas palabras para ti?

En primer lugar, te amo.

Nunca quisiera perderte.

Mi hijo nunca te olvides lo importante que eres para mí. Cuando me dijiste lo que sentías, mi corazón lloró al escucharlo. Puede sentir las mismas emociones que tú sentías. Estoy tan feliz que finalmente estás recibiendo mis mensajes. Como puedes ver te he estado hablando cada día. ¡Oh, cuánto te amo! He ganado tanto en nuestra relación a través de las oraciones. Puedo sentir tu dolor, tu alegría, tu intenso deseo de complacerme. Al oír tus oraciones leo entre líneas y me maravillo por la gran persona que eres. Mi hijo, desde antes de haber hecho el mundo, te escogí como mi amado y no eres una decepción para mí ni mucho menos. Mi amor por ti no puede ser medido y tú te preocupas por mí más y más cada día. ¡¡¡Simplemente me encanta!!!

Te das cuenta de que mientras más confías en ti y crees en la persona que eres, más es lo que puede darme de ti.

Siempre recuerda, tú nunca, repito nunca, estarás sin mi amor.

¿Ahora puedes imaginar esas mismas palabras de amor en las cartas que compartí con Jon siendo compartidas con tu salvador como si fueran escritas por El?

Lo que leí hoy en tu palabra, son las palabras más cálidas y llenas de amor que me hayas dado. Las atesoraré por el resto de mi vida. Gracias Jesús por darme amor, eso ha llenado mi vida porque has hecho que mi vida esté completa! Eres mi mundo y haría lo que fuese por ti, siempre y por siempre.

Te amo Jesús, más de lo que puedo expresar. Pienso en ti constantemente. Te doy lo mejor que puedo. Sin condiciones, demandas, sin expectativas… Sólo yo, con todas mis fallas y faltas, el paquete completo y es para ti por siempre.

Hoy pensé en ti todo el día, sabiendo que, por ti, podemos celebrar la libertad cada día. Gracias por permitirme tener libertad en Jesús. Eres tan especial y honorable al dar tanto por tus hijos…

Me diste la vida y me enseñaste cómo vivirla. Gracias, Jesús. Te amaré eternamente.

Eres el único en este universo que me hace sentir vivo, especial, y amado. Quiero ir a cada lugar que tú vayas, hacer todo lo que hagas, hacer todo lo que eres, y nunca, nunca estar sin tu amor.

Por supuesto, Jesús ha escrito palabras especiales a cada uno de nosotros en su palabra, la Biblia. En mi viaje del dolor hacia la esperanza, cambié las cartas de John desde el mar por una carta hermosa escrita miles de años atrás por el Padre de los cielos y para mí. Esfuerzos insuficientes fueron hechos tratando de encontrar intimidad con Cristo a través de las actividades de la iglesia y páginas de libros muertos. Pero fue la Biblia con sus cartas de verdad y promesas que comenzaron a sanar mi alma sangrante. Parece simple y obvio, y lo es. La palabra divina de Dios es el ungüento de sanidad para las heridas.

Había memorizado la Biblia cuando era niña. Había abierto la Palabra toda mi vida el domingo en la iglesia. Pero al pasar por mi duelo, abrí las páginas de la esperanza. Tal vez por primera vez en mi vida, la Biblia fue mi salvavidas para la redención. Y no había nada más. Podemos llenar nuestras vidas de quehaceres y cosas, pero para la sanidad pura, el gran doctor ha escrito su prescripción en las páginas de su santa Biblia.

Para algunos de ustedes, este libro es como un globo. Que tengan este libro en sus manos no es una coincidencia. Él te ha estado hablando a través de sus páginas, y extiende sus manos con cicatrices de clavos para inyectar vida a tu situación sin esperanza, para iluminar tu espíritu oscuro, y para derramar gozo en tu alma afligida. Puedes quedarte atorado en la oscuridad o salir hacia la luz. La decisión es tuya.

Veinticinco años después de que Kris recibiera su bandera plegada.

Capítulo 31

Esperanza

¿Qué es la esperanza? Cómo dice Andy Dufresne en "Cadena Perpetua" ... la esperanza es algo bueno. "Tal vez es la mejor de las cosas y nada que es bueno muere." Mientras me tambaleaba en mi base de duelo, mi única constante, y continua pregunta era, ¿cómo tendré esperanza de nuevo? La biblia dice que la esperanza es el ancla de nuestra alma. ¿Pero cómo tener esperanza en un futuro bueno cuando nuestra ancla se perdió en el medio del mar?

Decía que iba a tener esperanza de manera desesperada. Tener esperanza y gozo de nuevo, para una vida plena. Espero obtener respuestas y encontrar un propósito. Esperanza de poder reír de nuevo. Risa real, el tipo de risa que hace que tu estómago te duela y llores de alegría. Esperanza de que mis hijas tengan una vida feliz, Y que esta tragedia no definiría sus vidas y lo que serían en el futuro. Esperanza de que un día mi corazón en duelo sanaría. La esperanza estaba allí fuera. Al principio, no sabía dónde encontrarla. Pero la esperanza de encontrar esperanza me dio una razón para respirar de nuevo.

La fe se define como creer en lo que no se ve. Siempre tuve fe en Dios, y que él cuidaría a John cuando él volaba. Tenía fe en que mi vida perfecta continuaría un paso predecible. Cuando esa vida tuvo un giro inesperado, la fe se transformó en algo diferente, algo mucho más profundo. La fe ya no se basaba en una lista de tareas y lo que yo quería en la vida. La fe ahora se basaba en la eternidad. ¿Podría la fe ser el vehículo que me llevará al encuentro de la esperanza? A pesar de mis preguntas y mi enojo hacia Dios, me di cuenta de que mi fe en un Dios amoroso todavía estaba allí. Era una pequeña brasa, pero estaba presente.

¿Cómo vuelves a encontrar esperanza después de haber experimentado una crisis de fe? ¿Cómo poner un pie delante del otro después de la tragedia? Tal vez no haya perdido a su esposo en un accidente aéreo, pero ha tenido otras pérdidas. todos perdemos No hay manera de evitarlo en este mundo. Vivimos en un mundo que sufre pérdidas: la pérdida de un matrimonio, la pérdida de un negocio, la pérdida de una relación, la pérdida de la salud, la pérdida de los sueños o incluso la pérdida de la esperanza, pero al final se puede ganar. Dios gana al final, y podemos experimentar la victoria que Él nos ofrece.

Después de una pérdida, muchos creyentes eligen huir de Dios con ira y amargura. Me imagino que en el cielo se derraman lágrimas cuando los hijos de Dios dan la espalda a Aquel que los ama profundamente con un amor eterno. No, no tenemos respuestas, y quizás nunca sepamos por qué sufrimos en nuestro mundo caído, pero tenemos dos opciones, y la elección es nuestra. Nuestras opciones son vivir para nosotros mismos en la amargura y la desesperación o elegir la esperanza a través de Aquel que la ofrece gratuitamente. Elegí la esperanza.

Después del percance de Jon, aprendí a vivir de acuerdo con cuatro verdades simples que dieron esperanza a mi alma herida. Mi oración es que estas verdades te ofrezcan esperanza mientras luchas con tus preguntas y recorres tu propio camino para encontrar esperanza después de la angustia.

siempre hacemos es "¿Si Dios es amor cómo pudo permitir tal tragedia en mi vida?" Esto es una pregunta a la que no tendremos respuesta en esta tierra. Para mí, tuve que recordar que él no creó el conflicto en Bosnia, fueron los hombres. La muerte es un resultado de la caída del hombre, pero Dios nos ama y pagó el precio para tener la victoria sobre la muerte.

Satanás fue derrotado en la cruz, entonces, ¿por qué dejaría que ganara la batalla que estaba librando en mi vida? ¡Soy amado por

H: aférrate a las promesas de Dios
Promesa: Dios te ama

Dios ama a cada parte de ti. El conoce tu dolor y puedes descansar en saber que él baja a las oscuridades de tu duelo y pérdida junto a ti. La pregunta natural que

¡el Rey de Reyes, y soy más que vencedor por medio de Cristo (Rom. 8:37)!

> Os he amado como el Padre me ha amado a mí. Permanece en mi amor. Cuando obedecen mis mandamientos, permanecéis en mi amor, así como yo obedezco los mandamientos de mi Padre y permanezco en su amor. Os he dicho estas cosas para que seáis llenos de mi alegría. ¡Sí, tu alegría se desbordará! (Juan 15:9-11)

> Pero Dios es tan rico en misericordia, y nos amó tanto mucho. (Efesios 2:4)

Promesa: Dios nunca te dejará ni te abandonará.

Él nos envuelve en nuestro dolor de tal manera que podamos descansar en sus brazos. Las escrituras nos dicen que nunca nos dejará o nos abandonará. Una y otra vez, su palabra nos dice que podemos descansar en él. Él no le dará la espalda a sus hijos. Jeremías 29:11 dice "él promete darnos esperanza y futuro". Saber que tenemos a nuestro consolador abriendo sus brazos para darnos el descanso que buscamos tan desesperadamente.

> "Es el señor quien te busca. Él estará contigo, él no te abandonará ni te dejará. No temas ni desmayes." (Deuteronomio 31:8 La Biblia)

> "… sé fuerte y valiente. No temas, y no desmayes, porque el señor tu Dios estará contigo donde quiera que vayas." (Josué 1:9 La Biblia)

A través de las cartas de Jon, de su tiempo en el mar, él me decía constantemente "se fuerte puedes hacerlo". Ahora escuchaba esas mismas palabras, excepto que venían de parte de Dios. Él estaba allí para mí y me prometía cuidarme.

Promesa: Dios es nuestro proveedor.

Dios es Jehová-Jireh (hebreo que significa "Dios que Provee"). Las preocupaciones y el estrés pueden superarnos, pero Dios se preocupa por todas nuestras necesidades. Según Filipenses 4:19:

> …Dios, que me cuida, suplirá todas vuestras necesidades con las riquezas de su gloria, que han sido dado a nosotros en Cristo Jesús.

Al igual que Operación Proveyendo Promesa, que fue una misión dirigida por los aliados para proporcionar alimentos y medicinas a los refugiados de Bosnia devastada por la guerra, nuestro amoroso Padre brinda a la humanidad Sus provisiones de amor, misericordia, gracia, perdón y vida eterna. a través de Jesucristo. Las Escrituras están llenas de evidencias de que Dios provee para sus hijos. No siempre vemos Su provisión inmediatamente. A veces no sabemos que Él ya se ha ocupado de nuestras necesidades; no somos conscientes de Su mano en nuestras vidas, pero podemos descansar sabiendo que el Creador del universo se preocupa por todas nuestras necesidades. Él proveerá.

Promesa: Dios es el Padre de los huérfanos y el esposo de las viudas.

Mientras buscaba respuestas en la Palabra de Dios, descubrí un tema recurrente: Dios cuida de las viudas y los huérfanos. Nos trata de manera diferente. Nos trata con cuidado, y ordena a otros que también lo hagan.

> Padre del sin padre, defensor de las viudas, este es Dios, cuya morada es santa. (Sal. 68:5)

Creo que la promesa de Dios de ser un protector de las viudas se aplica por igual a aquellos que han perdido a un marido por muerte física, así como por muerte marital, y en el mundo de hoy, muchos niños quedan sin padre. Encuentra consuelo, amigo mío, al saber que tu Padre Celestial está ahí para ser el más elegante de tus preciosos hijos.

> Pero ves los problemas y el dolor que causan. Toma nota de ello y los castiga. Los indefensos confían en ti. Usted defiende a los huérfanos. (Ps. 10:14)

Promesa: Dios te sostiene a través de la tormenta.

Durante los primeros días luego del accidente, mi profesor de la escuela dominical y su esposa escondieron fragmentos de la biblia con referencia a Isaías 43:2 por toda mi casa. Nunca había leído ese pasaje. Curiosamente abrí mi biblia para ver porque este pasaje era tan importante y esta pareja sentía que era necesario cubrir mi casa con él. Lo que leí me sostuvo durante los últimos 25 años. Éste se convirtió en el versículo de mi vida:

> "cuándo pases por aguas profundas, yo estaré contigo. Cuando pases por ríos de dificultad, no te ahogarás. Cuando pases por el fuego de la opresión, no te quemarás; las llamas no te consumirán." (Isaías 43:2)

Llorar era todo lo que podía hacer en ese momento. Las lágrimas eran constantes, los sollozos agotadores. Pasé mis días y noches en una niebla perpetua de entumecimiento. El duelo es la emoción más dura que jamás experimentarás. Además del versículo de Isaías, encontré algo de consuelo en la dulce escritura del Salmo 56:8. Nos dice que Dios recoge nuestras lágrimas en un odre. Cuando lloras, Él ve cada lágrima que derramas. De hecho, ¡Él llora con nosotros! A menudo gritaba en mi ira: "¿Cómo es posible que Tú, el Todopoderoso, ¿sepas cómo se siente o comprendas este dolor?". De repente, recordaba que Él sabe cómo se siente esto. Él entregó a Su Hijo por la humanidad. Vio a Su único Hijo ser asesinado en una cruz. Sí, mi Señor comprende vuestro dolor. Él se aflige contigo mientras sostiene tu alma llorosa en sus manos consoladoras.

Promesa: Dios reúne a aquellos que se acercan a Él.

Una última promesa que debe enfatizarse es el subtema de la oración. Dios quiere tener una relación contigo, y la oración hace que suceda, sí, la oración (tener una relación con Dios). "Acércate a Dios, y Dios se acercará a ti" (Santiago 4:8). Me doy cuenta de que puede que no quieras tener nada que ver con la oración, pero confía en mí: él puede manejar tus frustraciones, tu dolor y tus necesidades. Él es Dios, y te hizo. Rezar se convirtió en parte de mis conversaciones diarias. Recé en voz alta. Recé en el coche. Recé donde quiera que fui. Estas no eran palabras elocuentes y elegantes. Hablé, grité, lloré y susurré todos mis pensamientos. Si iba a ser amigo de Jesús, entonces íbamos a hablar, y hablar mucho.

O: Abre tu corazón a otros

El duelo nos arroja hacia un pozo y nos cubre de soledad. La tentación está en mantener la cabeza dentro de ese hoyo mientras la vida pasa a nuestro alrededor. Tu lógica podría ser, "deja que los demás vivan sus vidas la mía está arruinada," pero te darás cuenta que estás cayendo más profundamente en ese vacío de autocompasión y desesperación.

Permite que las personas entren a tu mundo; hay personas que quieren ayudar en tiempos de necesidad. Por supuesto habrá muchas personas alrededor durante una temporada, pero los verdaderos amigos caminarán junto a ti a cada paso del camino. Desean ayudarte a encontrar plenitud y bienestar una vez más, y Dios usará su amor como herramienta para tirarte un salvavidas. Incluso cuando menos lo esperas, los llantos se cambiarán en sonrisas.

La Biblia nos dice en segunda de Corintios que estamos para ayudar a otros así como hemos sido ayudados.

> "Bendito sea el Dios y padre de Nuestro Señor Jesucristo, el padre de misericordias y Dios de toda consolación, que nos consuela en nuestras aflicciones, para que podamos consolar a otros que están en la flexión, con el consuelo que recibimos de parte de Dios." (2 Corintios 1:3-4).

La vida duele, y el mundo está lleno de personas que hacen daño. Abrir tu corazón a ellos trae una oportunidad de curación para ti y para ellos, ya que hay una curación de tu alma cada vez que ministras a los demás. Escucharlos, llorar con ellos y sentarse a su lado mientras lloran son todos los pasos para hacerte más fuerte. Cuando abras tu corazón a los demás, serás una persona muy diferente de lo que eras antes de tu pérdida. Habiendo sufrido mucho, me parece que tengo más empatía por los demás que están sufriendo. Si bien la mayoría de la gente se siente incómoda hablando con un amigo o miembro de la familia que ha experimentado una pérdida, ahora tengo el coraje suficiente como para incluso sentarme en una habitación con un amigo mientras su marido da su último aliento.

Llamo a mis amigos viudos y a mis hermanas del alma. Somos el cuerpo de Cristo, y cuando hay una parte que sufre, nos unimos y ayudamos a sanar la parte que necesita sanación. De la misma manera que los Wid se ayudan unos a otros, puedes buscar personas que estén sufriendo y ofrecer ayuda en sus tormentas. Dios traerá suavemente cielos azules a tus días nublados mientras le permites que Él te use para ser un rayo de sol en la vida de alguien.

P: Prepárate para la obediencia

La obediencia es escuchar, confiar, someterse y rendirse a Dios y Su Palabra. Para mí, eso incluía honrar las promesas que Jon y yo habíamos hecho a nuestras hijas. En los servicios de dedicación de los bebés de Jordyn y Taylor, hicimos un pacto con Dios para criarlos bajo Su autoridad. Después de la muerte de Jon, no obtuve un pase solo porque ya no estaba para responsabilizarme. Mi pacto era una promesa a Dios, y continuará sometiéndose a Su autoridad, me apeteciera o no.

Algunos días, debido a la ira hacia Dios, no tenía ningún deseo de poner un pie en la iglesia, leer la Biblia o cantar cualquier canción de adoración. El acto de adorar con otros creyentes y estar en comunión con el pueblo de Dios era un paso de obediencia. La obediencia no siempre se siente bien, pero no se trata de sentir, se trata de promesas y compromiso.

Para una madre soltera de dos niños pequeños, ir a la iglesia un domingo por la mañana o un miércoles por la noche no era tarea fácil. Incluía pañales, biberones y bocadillos. Tomó planificación y trabajo; a veces era abrumador. A veces quería quedarme con mi dulce y afligida familia en casa, dormir hasta tarde, hacer un gran desayuno, ir a la playa, ver dibujos animados todo el día y olvidar que teníamos que ir a la iglesia.

Esa habría sido la salida más fácil.

Ahora que Jon se había ido para siempre, ¿continuaría siguiéndolo? ¿Bajo el camino de la obediencia? La elección fue mía, y elegí posicionarme para obedecer y someterme a la autoridad. Yo era muy frágil, pero mi Salvador era fuerte y capaz. Descansé sabiendo que si me sometía a la autoridad de Jesús, Él guiaría a nuestra familia por el camino de Su elección.

> Sabemos que amamos a los hijos de Dios si amamos a Dios y obedecemos sus mandamientos. Amar a Dios significa guardar sus mandamientos, y sus mandamientos no son gravosos. (1 Juan 5:2-3)

Ser obediente a mi papel dado por Dios como madre significaba ser obediente en la crianza y provisión de nuestras hijas, incluso en las tareas más aburridas y mundanas. Las facturas, las citas con el médico, el mantenimiento del automóvil e incluso sacar la basura eran algunas de las formas en que era obediente. Mientras caminamos en sumisión a Dios a través de nuestros trabajos diarios, sin importar cuán insignificantes puedan parecer, Él encuentra gozo en bendecirnos porque somos Sus hijos.

E: Abraza el pasado y en cara al futuro

Para seguir adelante, debe haber una aceptación de lo que ha sido en el pasado, pero mientras abrazas la vida que una vez tuviste, comprende que hay un futuro frente a ti. Siempre me ha encantado la cita de la película Shawshank Redemption cuando "Red" Redding afirma: "Ocúpate viviendo o ponte a trabajar muriendo."

Yo no morí en ese avión, y mis hijas tampoco.

¡Qué sacrificio inútil hubiera hecho Jon si, cuando murió dándonos libertad, hubiese elegido arrojarle su sacrificio en la cara renunciando a la vida! No, elegí vivir la vida al máximo y buscar la alegría de vivir. Un amanecer dorado, una flor en flor, el suave pelaje de Max, una película cursi y las risas de mis chicas me fueron dadas libremente. La vida era

buena y Dios era bueno. Encontrar lo bueno puede ser fácil con un corazón agradecido, y yo, como Jon, estaba agradecida por la gran vida que Dios me había dado.

Todos tenemos una elección que hacer: ¿qué hacemos con las cosas malas de la vida que nos da?

Esforzarse por encontrar esperanza en tu mundo de dolor no te hace olvidar a la persona que has perdido. No significa que hayas dejado de amar a esa persona. Les he dicho a mis hijas que siempre amaré a su papá, y él siempre será mi esposo, pero hay una temporada para todo. Hay un tiempo para el duelo y un tiempo para el amor y la vida.

A lo largo de los años en el ministerio, he conocido a personas que permanecen atrapados en su dolor sin nunca superarlo. Dejan que defina quiénes son y quiénes serán por el resto de sus vidas. Pierden de vista que hay una hermosa vida frente a ellos. Dios tiene muchas personas y lugares para que los descubras.

Dios es nuestro Maestro Tejedor, y Él está haciendo una vida bellamente entretejida para nosotros. No podemos ver los hilos entrelazándose o el diseño que Él está creando, pero Él está haciendo algo hermoso. Sabemos que al hacer una obra de arte tejida, hay nudos, raspaduras y manchas desagradables en la parte posterior. Mientras atravesamos nuestros propios nudos y lágrimas en la vida, debemos confiar en Su mano, ya que Él ve el panorama general y está creando Su obra maestra en nosotros.

En su futuro está la alegría, que es fruto del Espíritu. Aunque parezca difícil de creer, volverás a experimentar la alegría. Debes estar preparado para dar esos primeros pasos hacia un nuevo futuro. Comienza probando algo nuevo: toma una clase, únete a un gimnasio o asista a un club de lectura. Considere hacer pequeños cambios. Comprar un nuevo juego de edredón para nuestro dormitorio fue un pequeño cambio, pero fue un gran logro para mí en ese momento.

A medida que comencé a hacer pequeños cambios en mi entorno, se volvieron personales para mí. Estas no fueron decisiones que Jon y yo hubiéramos tomado juntos; fueron decisiones que tomé por mi cuenta. Se sintió bien. Tomar decisiones individuales condujo a un sentido de logro e independencia. Lo estaba haciendo sin él y haciéndolo bien. Sí, amigo, la vida es buena y Dios es bueno.

Una Esperanza Duradera

¡Si has leído este libro hasta este punto, gracias! Sé que mi viaje por el duelo fue difícil de experimentar, y tal vez derramaste algunas lágrimas al voltear estas páginas. Muchas lágrimas fueron derramadas por todos los involucrados en el proceso de escribir este libro, pero el revivir esos momentos y emociones fue vital, para poder proveer una promesa para ti, el lector.

Y cuál es el objetivo: proveerte una promesa. Una esperanza duradera, ésta está disponible para todos. No te estoy diciendo que si te arrodillas esta noche y lloras a Dios por un globo lo encontrarás mañana en tu entrada, pero puedo prometerte lo siguiente: Dios responde el clamor de los corazones que le buscan. Lo encontrarás de una manera extraordinaria que será única para ti. Él te encontrará en donde estás, tal vez cuando menos lo esperes. Dios sabe que están unidos, y él sabe exactamente cuáles son tus necesidades y cuándo lo necesitas.

Pero Él vendrá.

Isabella, la nieta de Jon, rinde homenaje a papá Jon el día 25 aniversario de su muerte, Base Naval de Norfolk

Conclusión

Sí, la vida continúa

En el aniversario número 25 de la pérdida del Bear Ace 603, ex compañeros del escuadrón de John, Francesito, Billy Ray, Oso Hormiguero, y Bob vinieron de todas partes del país y se reunieron junto a las viudas, los sobrevivientes, sus familiares y amigos para un fin de semana en memoria en Norfolk, Virginia. Esta fue la primera vez desde la tragedia en que nos unimos para honrar y recordar al equipo caído.

En medio de tours en los portaviones, una visita al hangar de aviones, y una cena memorial, un servicio memorial especial se celebró en la capilla David Adams, en la base Naval de Norfolk, la misma capilla en donde la armada honro al equipo Bear Ace 603, 25 años antes.

Como representante de las viudas, se me pidió compartir algunas palabras en esta ocasión solemne. Parada frente a la multitud, en el mismo lugar donde mi amado esposo fue honrado mucho tiempo atrás, el significado de este momento tan importante y concluyente no se me perdió de vista. Pude ver el pasillo en el que mis hijas y yo caminamos juntas y la primera fila en donde no había un lugar para mí. estaba parada en el mismo escenario en el que el coro de mi iglesia se reunió previamente, detrás de la mesa que una vez desplegó las fotos y cubiertas de la armada de los perdidos en el Bear Ace 603.

Justo afuera de la puerta de la capilla fue en donde me golpeó la tragedia cuando los aviones sobrevolaron en formación Hawkeye hombre perdido.

Pero el duelo paralizante no finalizó ese día. Porque mi corazón continuó con dolor por la pérdida de mi amado esposo, era una persona muy diferente en ese momento en comparación a la viuda que fui tiempo atrás. Me paré detrás de podio, miré a la congregación y sonreí. Estos eran mis amigos, mis hermanas viudas, my familia de la armada, y mi familia personal. Me sentí tan honrada de estar en ese lugar sagrado y compartir palabras de aliento para todos los presentes.

Hace 25 años, hubo cuatro familias que se sentaron en estas hileras en esta capilla y recibieron una bandera plegada. Para la mayoría de los americanos, una bandera plegada significa honor, servicio, y sacrificio. Para las 5 familias del Bear Ace 603, nuestras banderas plegadas representaban pérdida de amor, familias destruidas, sueños y futuros completamente destrozados. Mi familia esta una de esas familias.

¿Así que, qué haces cuando tu vida se derrumba completamente delante tuyo? ¿Qué haces con tu fe? ¿Qué haces con tus "porqué"? ¿Por qué nosotros? ¿Por qué nuestros chicos? ¿Y ciertamente por qué nuestros hijos?

Siempre que se pasa por algún tipo de devastación, pérdida o duelo, no puedes sino preguntarte "¿Por qué?", especialmente si crees en un Dios que te ama y te cuida. Pasas por una crisis de fe mucho peor que cualquier otra experimentada antes.

El Jueves a la noche, del 25 de Marzo, mis niñas y yo comenzamos nuestro ritual nocturno: Jordyn, Taylor y yo nos dirigimos a la sala de estar y cortábamos un estaban de la cadena de papel que usábamos para contar los días que faltaban para que papá regrese a casa. Y al igual que lo hicimos cada noche desde que Jon se había ido, mi hija Jordyn oró. Ella dijo, "Querido Dios, por favor proteja a papá y sus vuelos junto a su avión".

¿Así que como le dices a una niña de 3 años al siguiente día que Dios no protegió a su papi en el avión, y que nunca volverá a ver a su padre de nuevo? ¿Cómo le explicas luego que Dios la ama? ¿Dios me ama? ¿Luego, como explicas todos los que han pasado por crisis, devastación y pérdida? ¿Dónde están esas explicaciones?

Para la mayoría de las personas, al pasar por momentos de crisis en sus creencias, los que sucede es toman decisiones basadas en el enojo y la desesperación, y por su desesperación le dan las espaldas a Dios. Pero luego están aquellos que deciden cambiar y buscan a Dios por consuelo, amor y esperanza. Porque si le das las espaldas a un Dios que dice que te ama no tienes esperanza. La esperanza desaparece.

Para nuestra familia y las demás que se encuentran en este lugar, nos decidimos por la esperanza. Decidimos mirar a Dios. No teníamos respuestas. Aun en este día no tenemos respuestas. Pero buscábamos a Dios por consuelo.

¿Así que, dónde están las respuestas? Nuestras respuestas se encuentran basadas en una palabra muy sencilla, HOPE (esperanza en inglés).

Continué y compartí mi acrónimo de H.O.P.E. (en inglés forma esperanza). H, sostenerse en las promesas de Dios. O, abrir tu corazón a otros. P, prepararte para la obediencia. Y finalmente E, acepta el pasado y encara en futuro. Concluí mis palabras leyendo la última preciosa carta que Jon me escribió, terminando con esta frase, "Así que, la vida continúa".

Y la vida continuó, yo continué. Y encontré un nuevo futuro, así como también las demás viudas del Bear Ace 603. Continuamos cada día y seguimos sanando. Y me aferré a mí Jesús al atravesar esos valles.

No se que clase de bandera te ha sido entregada hoy; no sé que clase de duelo estés pasando. Pero te pido, como viuda del 603, que te aferres a la fe y le pidas a Jesus que lleve tu bandera plegada.

Al bajar del podio, estaba agradecida por ese fin de semana planificado tan amorosamente por las viudas y las familias sobrevivientes del 603. Me gusta pensar que pudimos proveer la promesa a los ex compañeros de escuadrón de nuestros esposos y hermanos. Hemos sanado. El proceso llevó su tiempo, pero hemos encontrado, gozo, esperanza, vida, paz y propósito de nuevo. Y eso ese fue la promesa de la cual nos sostuvimos todos.

Las familias de Bear Ace 603 en la 25° Reunión del percance Norfolk, Virginia, 26 de marzo de 2018 De izquierda a derecha: Jordyn, Taylor y Kris Rystrom Emmert; Shelly Messier Hill; Paola Dyer McNeil y Christopher Dyer; Katie Forwalder Riley y Sean Forwalder

Palabras Finales

Durante el fin de semana del recuerdo de Bear Ace, mi dulce y pequeña nieta, Isabella, se robó el espectáculo durante nuestras giras navales, pero su punto culminante tuvo que ser la gira final y más significativa. Comenzamos con un barco que representa el futuro de la marina: el USS Gerald R. Ford, el portaaviones tecnológicamente más avanzado de la Marina. La naturaleza inquisitiva de mi nieta, su personalidad llena de energía y el sentido del humor de Rystrom continuaron generando sonrisas al día siguiente cuando recorrimos el hangar Bear Ace y un avión E-2C Hawkeye en funcionamiento.

Reunión del 25 aniversario de Bear Ace en el avión USS Gerald Ford transportista, Norfolk, VA

El 26 de marzo de 2018, veinticinco años después de la pérdida del Bear Ace 603, nuestra familia, mi coautora y su esposo recorrimos el USS Harry S. Truman, un portaaviones de clase Nimitz, la misma clase compartida por el USS Carl Vinson y USS Teodoro Roosevelt. El capitán nos invitó a su camarote para darnos una calurosa bienvenida a bordo. Nuestro recorrido personalizado incluyó la bahía del hangar, el comedor de oficiales, la sala del hospital y la sala de preparación, incluida incluso la ubicación del camarote TR de Jon.

Isabella disfrutó trepando por encima de la cubierta de vuelo y hasta la isla y el puente. Mientras se sentaba con orgullo en la silla del capitán, Isabella examinó un mapa del mar Jónico proporcionado por nuestros amables guías turísticos, quienes señalaron dónde se estrelló el avión de papi Jon en esa fatídica noche. Como siempre, Isabella estaba llena de preguntas.

"¿Funcionan estos teléfonos?" preguntó Isabella, mirando hacia el equipo de comunicaciones que rodeaba la silla del capitán.

Uno de nuestros guías turísticos demostró con entusiasmo, de una manera que un niño de segundo grado podría entender, cómo funcionaban.

"¿Puedes pedir algunas galletas en esta cosa?" se preguntó, y la tripulación del puente se echó a reír. Isabella compartía el gusto por lo dulce de Jon, y recordaba con cariño los platos de galletas con chispas de chocolate que el personal del USS Gerald R. Ford nos había dado dos días antes. ¡Isabella siempre estaba buscando un delicioso manjar!

Cuando finalizamos nuestro recorrido, nos paramos afuera en el muelle de la Estación Naval de Norfolk con globos patrióticos rojos, blancos y azules y rosas amarillas en nuestras manos. El vigésimo quinto aniversario de la muerte de Jon no coincidió con el Día del Padre, pero sentimos que lanzar un globo en ese lugar significativo era una forma apropiada de honrar su memoria. Quizás Isabella no pudo usar los teléfonos del barco para comunicarse, pero la oración inocente de un niño y un globo lanzado al cielo podrían cerrar la brecha entre una preciosa nieta y su amado abuelo.

La familia Rystrom Emmert en el USS Gerald Ford, 25 de marzo de 2018; De izquierda a derecha: Cole Emmert, Taylor Rystrom Emmert, Kris Rystrom Emmert, Isabella Rystrom Emmert Collana, Jordyn Rystrom Emmert, Makenzie Emmert y Joe Emmert

Con el USS Harry S. Truman atracado detrás de nosotros a nuestra derecha y el USS Gerald R. Ford frente a nosotros a nuestra izquierda, Isabella y yo dijimos una oración rápida: "Querido Jesús, por favor dile a papá Jon que lo amamos". De espaldas al pasado y su rostro luminoso y esperanzado vuelto hacia el futuro, la nieta de Jon lanzó su globo de amor hacia el cielo.

El fuerte viento del noreste impulsó el globo brillante sobre el agua, sobre el USS Gerald R. Ford, y se perdió de vista, mientras Isabella levantaba los brazos y se despedía con la mano. Sonriendo con ternura, arrojó sus rosas amarillas al puerto.

***

Así que ahora, Isabella, te he contado la historia, toda la historia, incluso las partes que, a tu corta edad, no sabías preguntar. Y ahora, tengo algunas cosas más que quiero que recuerdes siempre. Dios es tu

Proveedor. Él es el que te da promesas. Aférrate a esas promesas todos los días de tu vida, en los días buenos y en los días malos, especialmente en los días malos.

Recuerda que tu libertad no es gratis. Muchos hombres y mujeres valientes como Daddy Jon han pagado el precio más alto para que puedas vivir en libertad y seguridad. Recuerda y honra a estos héroes. Y recuerda a Jesús, quien compró tu libertad eterna al dar Su vida por ti en la cruz. Como dijiste, Dios nunca rompe Su promesa. ¡Nunca!

Dios siempre te proveerá una promesa.

Las chicas de Jon Rystrom hoy en la pista del hangar VAW-124 durante el fin de semana de conmemoración de Bear Ace 603; De izquierda a derecha: Isabella, Jordyn, Kris y Taylor

¿En Dónde Están Ahora?

La viuda de Francesito, Shelly Messier Hill, ahora vive en Marietta, Georgia, con su esposo, el senador estatal Judson Hill. Ellos han estado casados por 22 años y tienen 3 hijos. Con 25 años, Shelly era la viuda más joven del grupo.

La viuda de Billy Ray, Paola Dyer McNeil, está casada hace 21 años con su esposo Matt, un exitoso hombre de negocios de Midlothian, Virginia. Paola Y Matt tienen 3 hijos, incluyendo al hijo de Billy Ray, Christopher. Christopher Dyer, se graduó de Davidson College, gracias a recaudación de la fundación VAW-VRC, donde también jugó para el equipo de Baseball de Davidson. Vive en Charlotte, Carolina del Norte, y trabaja como Financial Services Recruiter en Aerotek. Cristopher también es entrenador de baseball de de niños de 9 años en una liga americana (AAU).

Katie Forwalder Riley, la viuda de Bob, está casa hace 22 años con el capitán Greg Riley, un de piloto de F-18 retirado, de la armada de EEUU, quien hoy en día es piloto de American Airlines. Residen en Woodbridge, Virginia, Katie y Greg tienen 4 hijos, incluyendo a Sean, el hijo de Bob, quien nació poco tiempo después de incidente. Sean Forwalder, se graduó de la academia naval en 2015 y también fue un recipiente de la beca escolar VAW-VRC. Forwalder fue asignado al escuadrón de helicópteros HSC-9, los Tridentes, al portaviones USS George H.W Bush, fuera de Norfolk, Virginia. Sean está casado con Kathleen Hawkins Forwalder. La Sra. Arldaiz, la madre de Patrick

“Advark” (Oso hormiguero), ya tiene sus años, pero su familia tiene una actitud notable y positiva con respecto a la corta vida de Patrick, y activamente honran su memoria hasta hoy.

(Shelly Messier Hill, Kris Rystorm Emmert, Katie Forwalder Riley, y Paola Dyer McNeil, en la cabina de un E-2C Hawkeye durante el fin de semana memorial)

En cuanto a mi, me casé con mi increíble esposo, Joe Emmert, en 1996, en la misma iglesia en donde 3 años antes fue el memorial de Jon, el Dr. Bob Reccord llevó adelante la ceremonia. Joe adoptó a Jordyn y a Taylor y tuvimos dos hijos, Cole y Makenzie. Vivimos en Isla del Roble, Carolina del Norte.

Mi hija mayor, Jordyn Rystorm Emmert, se graduó con honores de Eastern University en Pennsylvania, gracias a la beca de la fundación memorial VRC. Jordyn recibió su doctorado en la escuela de leyes Thurgood Marshal, donde se graduó con honores. Practica la abogacía en Huston, Texas, y cria a su hija y mi nieta, la dulce Isabella, una brillante, y extrovertida niña de segundo grado).

(Las hijas de Jon Rystorm, hoy en la pista de aterrizajes del hangar del VAW-124 durante el servicio memorial. De Izquierda a derecha, Isabella, Jordyn, Kris y Taylor.

Taylor Rystorm Emmert, vive al este de Tennessee. Gracias a la beca recaudada por el VAW-VRC, se graduó summa cum laude de la Universidad Carlson-Newman en Tennessee en 2014, donde fue premiada como graduada destacada, como así también el premio escolar presidencial. Trabaja como Coordinadora de Sistemas para Atrio, y se casará en el otoño del 2018 con Will Ford, graduado de Citadel.

Mi padre Chuck Windham, murió hace muchos años, pero mi madre Doris, sigue teniendo fuerzas y nos acompañó al servicio memorial. Continúa viviendo en su casa en la playa en la costa de Carolina del Norte.

Bear Ace 603 "Wids" hoy en la cabina de un E-2C Hawkeye durante el fin de semana del recuerdo. De izquierda a derecha: Shelly Messier Hill, Kris Rystrom Emmert, Katie Forwalder Riley y Paola Dyer McNeil.

Un Lugar de Honor

26 de Marzo 2018
12:52 Horario del Este diurno UTC
Cementerio Nacional Arlington
Arlington, Virginia, EEUU
MH 657
38.87.83 N, 77.07.50 O

En los terrenos sagrados donde una nación agradecida descansa aquellos que han muerto al servicio de su país, también hay un lugar de honor para aquellos cuyos cuerpos nunca fueron recuperados. Bajando la colina desde la Tumba del Soldado Desconocido se encuentra una distinguida sección conmemorativa para aquellos que nunca regresaron a casa. Estos marcadores sombríos se colocan cerca de un área boscosa, ya que estas piedras no perturbarán las raíces ocultas como lo hacen las tumbas tradicionales.

El cálido sol de la tarde se filtra a través de los imponentes robles, nogales y pinos cerca de la lápida MH 657. Grabado en la piedra de mármol blanco se lee las palabras, Jon R. Rystrom CDR US Navy, 21 de enero de 1955–26 de marzo de 1993, VAW-124 Operación Proporcionar Promesa. Ubicado cerca de un cornejo recién plantado, este monumento, uno de muchos dispuestos en filas limpias y ordenadas, se encuentra directamente frente a otro que lleva la misma fecha. Dos hermanos de la marina unidos en la vida y unidos en la muerte en Bear Ace 603.

Los marcadores solemnes son un testamento duradero de vidas bien vividas y sacrificios costosos realizados. La vista de tantos marcadores y las horribles pérdidas que representan es aleccionador, pero nada está enterrado en esta tranquila ladera. Ningún ataúd descansa en reposo bajo la superficie. Los cuerpos de los honrados allí yacen ocultos en tierras extranjeras, fueron destruidos en calamidades indescriptibles o se perdieron terriblemente en el mar.

Trágicamente, muchos soldados nobles no pueden ser sepultados adecuadamente. Sin embargo, sus sucesores pueden estar seguros de que las almas de sus soldados vivirán independientemente de sus entierros. Cuando el Hijo aparezca, algunas cosas que estaban enterradas resucitarán: la fe, la esperanza, el amor y los hijos de Dios.

Esa es una promesa.

Jon A Rystrom
CDR
Marina de los EE. UU.
21 de enero de 1955
26 de marzo de 1993
VAW-124
Operación
Proporcionar Promesa

Preguntas de Discusión

Las próximas preguntas pueden ser utilizadas en pequeños grupos, estudios Bíblicos, clubes de lectura o para los lectores individuales.

Capítulo 1: Creciendo

1. Julie Voudrie habla de los restos del naufragio en "Palabras del coautor". ¿Ha habido un momento en su vida, ahora o en el pasado, cuando inesperadamente le entregaron "restos"?
2. ¿Hubo algún momento en su vida en el que sentiste que estabas viviendo la "vida perfecta"? Lea Mateo 6:19-21. Discuta lo que dicen estos versículos acerca de obtener las posesiones de este mundo.
3. ¿Alguna vez ha sentido que debido a tu fe en Dios, las calamidades de la vida no podrían tocarte?
4. ¿Alguna vez ha sufrido acoso por parte de sus compañeros, familiares o compañeros de trabajo? ¿Qué efecto tuvo eso en usted?

Capítulo 2: Los próximos pasos

1. ¿Ha habido algún momento en su vida en el que cuestionó su trayectoria profesional o sintió que estaba atrapado en un trabajo sin salida? ¿Qué pasos tomó para que su situación fuera diferente?

2. ¿Alguna vez ha sentido que sin importar los premios que haya ganado, los logros que haya logrado o los elogios que haya recibido, nunca fue suficiente? Lea Josué 1:9 y Juan 16:33.

Capítulo 3: El ojo de halcón

1. Explique un momento de su vida en el que su arduo trabajo y determinación para alcanzar sus metas lo ayudaron a tener éxito. Lea Colosenses 3:23 y Proverbios 13:4. ¿Hubo algún momento en el que, por mucho que trabajara, su vida parecía estar llena de decepciones y fracasos?

2. ¿Cómo se compara el Salmo 121:8 con la misión de Hawkeye? ¿Cómo le hace sentir este versículo?

Capítulo 4: El buque insignia de la libertad

1. ¿Usted o alguien que conoce ha luchado alguna vez con un trastorno alimentario? ¿O alguna vez ha estado atrapado en una adicción o lucha que consumía sus pensamientos y actividades cotidianas? Lea I Corintios 6:19-20 y I Samuel 16:7. ¿Cómo ayudan estas escrituras a definir cómo debemos mirar nuestra apariencia?

2. ¿Qué pasos tomó para ayudarse a sí mismo o a un amigo a superar esta lucha?

Capítulo 5: Solteros y Buscando

1. ¿Ha habido algún momento en su vida en el que tenía planes y metas específicas para su vida, pero las circunstancias no funcionaron bien? Explicar. Lea Romanos 15:13.

2. Jon pasó por la angustia de un divorcio. ¿Ha tenido que luchar a través de una angustia propia? ¿Qué emociones sintió? ¿Qué áreas de su vida le ayudaron a superar esos momentos? ¿Qué

consejo le daría a alguien que está sufriendo por el rechazo, la traición o el abandono?

3. ¿Ha utilizado alguna vez el trabajo como sustituto de la realización personal? Lea el Salmo 127:2. ¿Qué dice este versículo acerca del trabajo?

Capítulo 6: Dama de ojos verdes

1. ¿Qué parte de la historia del anuncio personal y la reunión le hizo sonreír? ¿Alguna vez ha estado en una cita a ciegas que se convirtió en algo especial? Lea 1 Corintios 13:7.
2. ¿Qué tan importante es la aprobación de su familia en sus elecciones de citas? ¿Por qué crees que es?

Capítulo 7: Bienvenida a la Marina, Sra. Rystrom

1. ¿Usted o alguien que conoce ha estado comprometido y casado en menos de un año desde que se conocieron? ¿Cuáles son algunos de los desafíos de un noviazgo corto?
2. ¿Alguna vez ha asistido a una boda militar? La tradición militar del arco de espadas simboliza un juramento de fidelidad de los militares a la nueva pareja. ¿Cuál es el simbolismo entre esta tradición y el pacto del matrimonio con Dios? Lea Efesios 5:25. ¿Tiene esta escritura un significado personal para ti?
3. ¿Cuál es la ironía de la declaración de Jon en la boda de pasar los próximos cuarenta o cincuenta años con Kris? Al mirar hacia atrás en su pasado, ¿Hay algún recuerdo, frase o gesto que presagia algo en tu futuro?

Capítulo 8: Carretera a la Zona de Peligro

1. ¿Alguna vez ha tenido que hacer una gran mudanza a otro estado o país? ¿Qué desafíos tuvo que enfrentar? ¿Sería esto más difícil o más fácil como recién casado?
2. ¿Ha habido alguna vez en su vida cuando la única forma de comunicación era escribir cartas? ¿Esto hizo que su relación fuera más cercana? ¿Cómo?

Capítulo 9: Cartas de amor a través del mar

1. Jon y yo hicimos la promesa de escribirnos todos los días. ¿Por qué esta promesa es significativa en la historia?
2. El apóstol Pablo escribió trece cartas en las Escrituras. Nuestras cartas se convirtieron en una parte importante de nuestra relación. ¿De qué manera las cartas del Nuevo Testamento son una parte importante de nuestra relación con Dios?
3. ¿Alguna vez has tenido una relación a distancia? ¿De qué manera ha dañado o ayudado la distancia a la relación?
4. Asignación: elija a una persona de su familia o un amigo cercano y prometa que le escribirá una carta (no un correo electrónico o una simple tarjeta) a esa persona todos los días durante una semana. Después de hacer esto, comparta cómo este ejercicio ha cambiado cómo se siente hacia esta persona. ¿Ha hecho una diferencia en su vida?

Capítulo 10: De vuelta en el mar

1. ¿Por qué el 4 de julio fue tan significativo para mí? ¿Qué significa para ti la libertad de Estados Unidos, o de tu país?

Capítulo 11: Regreso a Hong Kong

1. "Cuando miré la imagen de la joven viuda que sostenía la bandera estadounidense doblada en la portada del periódico local,

tuve la extraña sensación de que algún día esa sería yo". ¿Alguna vez ha tenido un presentimiento o una imagen que se hizo realidad? Explicar.

2. Lea Daniel 7:1, Mateo 2:19-20 y Génesis 28:12. ¿Cuál es el tema común en estos pasajes? ¿Cree que Dios puede hablarle en sueños?

Capítulo 12: Vuélvete rojo grande

1. Dado que la mayoría del personal naval está estacionado en bases a lo largo de la costa, ¿por qué fue importante para Jon y nuestra familia mudarnos a una base de la Fuerza Aérea en Nebraska?
2. ¿El nacimiento de un hijo ha cambiado alguna vez su carrera/opciones? ¿Cómo?

Capítulo 13: Seagrass Reach

1. "Con cada movimiento que hacíamos, marcaba las casillas de mi vida para ver dónde estaba. ¿Qué tipo de casillas marcas en tu vida?"
2. Tuve un susto como madre cuando mi pequeña hija, Taylor, ingresó en el hospital. Jon no podía llegar a casa y, por primera vez, tuve miedo de ser madre soltera. ¿Has sido padre soltero? ¿Cuáles son tus miedos y desafíos?

Capítulo 14: Agarre de hierro

1. ¿Pasa por alto, o ignora las horribles noticias sobre conflictos en otras partes del mundo? Después de leer este capítulo, ¿cómo ha cambiado su opinión sobre la difícil situación de los refugiados de países devastados por la guerra?
2. Hay mucha controversia sobre los refugiados en los Estados Unidos. Si fueras una madre en Bosnia que trata de mantener con vida a sus hijos, ¿cómo cambiaría o no cambiaría tu opinión?

3. Lea Mateo 25: 35-40. Discuta cómo se relaciona esto con ayudar a otros en su comunidad, en su país, en todo el mundo.

Capítulo 15: Rosales y despedidas

1. Los últimos días previos al despliegue de Jon estuvieron llenos de más "verificación de casillas". Estos eran los tipos de cajas de una "lista de cosas por hacer". Si supiera que estuvo pasando las últimas dos semanas con su cónyuge o familiar antes de que se vayan por seis meses, ¿qué "casillas" marcaría?
2. ¿Cuál es el significado de que Jon describa en detalle su equipo de supervivencia en la presentación preescolar en el día de la carrera de Jordyn?
3. Jordyn y yo creamos la cadena de papel para contar los días hasta que Jon volviera a casa. ¿Alguna vez ha creado un gráfico de cuenta regresiva para algo especial?

Capítulo 16: Oraciones con cadenas de papel

1. Jon olvidó firmar su nueva póliza de seguro de vida, pero alguien descubrió ese detalle y pudo solucionarlo. ¿Alguna vez has experimentado momentos en los que ves a Dios cuidando de ti en detalles que casi pasas por alto?"
2. ¿Cuál es el significado de la tormenta del siglo y los días sin vuelos? ¿Cree que hay alguna correlación entre la falta de horas de vuelo y el accidente?

Capítulo 17: Operación Provide Promese

1. ¿Por qué cree que esta operación se denominó Operación Proporcionar Promesa?

2. Cuando Jon descubrió que tenía una hora extra antes de que su helicóptero partiera hacia el JFK, ¿qué fue lo importante que hizo?

Capítulo 18: Sin horizonte

1. ¿Por qué este capítulo se titula "Sin horizonte"? Los pilotos deben volar solo con sus instrumentos cuando la visibilidad es limitada o nula. ¿Cómo se relaciona esto con caminar por fe cuando no podemos ver el camino frente a nosotros?

2. La aproximación inicial del 603 a la cubierta de vuelo fue perfecta, pero debido al mal funcionamiento inexplicable de un cable de detención, la nave tenía una cubierta de vuelo defectuosa y el 603 fue expulsado. Esto provocó que el avión se estrellara contra el agua. ¿Ha habido momentos en tu vida en los que con tu esfuerzo y trabajo, todo iba según lo planeado, pero luego una situación fuera de tu control te hizo tomar un giro inesperado y posiblemente perjudicial?

3. El recuento de lo que estábamos haciendo las niñas y yo en el momento del accidente es exacto debido a la conservación de las cartas manuscritas. ¿Encuentras una correlación entre la velada pacífica que pasamos las chicas y yo y la horrible escena que tuvo lugar al mismo tiempo en el mar Jónico?

Capítulo 19: As del Bear 603

1. Al mismo tiempo que las niñas y yo pasábamos una noche tranquila, se estaba produciendo una escena horrible en el mar Jónico. ¿Crees que Dios a veces evita que nos demos cuenta de los eventos trágicos que suceden a nuestro alrededor para nuestra protección emocional? ¿Cómo has visto esto en tu vida?

2. ¿Cuál crees que fue mi primera reacción cuando vi a los hombres a rayas pasar por la ventana de mi comedor? Después de mi sorpresa inicial, entré en modo de supervivencia y comencé

con las tareas necesarias. ¿Ha habido alguna vez en que continuó con las tareas después de enterarse de un shock o trauma? ¿Crees que estas son habilidades de afrontamiento que aprendes o son de Dios para ayudarte a superar el shock?

3. ¿Alguna vez ha experimentado una pérdida profunda? ¿Alguna vez has tenido un momento en tu vida en el que tu vida se hizo añicos por completo y sentiste que nunca más podrías respirar? Comparte tu experiencia. ¿Cuáles son algunos versículos que te ayudaron? ¿Cuál es la respuesta de Dios a nosotros cuando preguntamos por qué? ¿Cómo nos consuela y nos encuentra en esos lugares?
4. ¿Cómo le explicas a alguien que ha perdido la fe como resultado de la pérdida y la muerte?
5. A pesar de la tragedia, los hombres del barco debían continuar con su misión. ¿Ha habido alguna vez en que tuviste que continuar con algo a pesar de que estabas profundamente herido por dentro? ¿Alguna vez has estado en situaciones en las que tuviste que compartimentar tus sentimientos solo para sobrevivir? ¿Cuándo y cómo finalmente procesaste?

Capítulo 20: Perdido en el mar

1. ¿Cuál es la respuesta de Dios cuando preguntamos por qué suceden esas tragedias? ¿Cómo nos consuela y nos encuentra en esos lugares? ¿Cómo explicas por qué la tragedia le sucede a alguien que ha perdido la fe debido a la pérdida y la muerte?
2. Hasta el día de hoy, todavía me atormenta el hecho de que el cuerpo de Jon nunca se recuperó y nunca he recibido la respuesta de por qué sucedió esa tragedia. ¿Alguna vez ha experimentado un momento en su vida donde las preguntas difíciles nunca fueron respondidas? ¿Ha tenido un ser querido que ha desaparecido de su vida? ¿Cómo has enfrentado esta trágica pérdida?

3. A pesar de la tragedia, los hombres del barco debían continuar con su misión. ¿Ha habido alguna vez en que tuviste que continuar con algo a pesar de que estabas profundamente herido por dentro? ¿Alguna vez has estado en situaciones en las que tuviste que compartimentar tus sentimientos solo para sobrevivir? ¿Cuándo y cómo finalmente lo procesaste?

Capítulo 21: Cartas de amor desde la tumba

1. Cuando el presidente Clinton se dirigió a la nación sobre la desaparición del avión de Jon, se convirtió en una tragedia nacional. Entonces me consideraban "pariente más cercano". ¿Usted o su familia han estado alguna vez en el centro de atención de las noticias por una historia trágica? ¿Siente que las circunstancias de estar en una plataforma nacional cambian la forma en que la gente reacciona o se siente?
2. Cuando recibí la carta de Ion después de que me dijeron que se había ido, sentí dolor y consuelo al mismo tiempo. ¿Por qué crees que me sentí así? ¿Hay una similitud de encontrar consuelo en la lectura de las Escrituras?
3. ¿Cuál es el paralelismo entre la imagen de buceo de Jon bajo el agua con sus dos pulgares hacia arriba y dónde está su lugar de descanso final? ¿Por qué crees que encontré consuelo en esa foto?
4. La noche del accidente, mecí a Taylor en su cuarto de niños solo en la oscuridad y la cuidé por última vez. ¿Por qué crees que tomé esa decisión?
5. Durante mi primera noche solo en mi habitación después del accidente, encontré consuelo en sostener la bata de baño de Jon. ¿Hay algún objeto o prenda de vestir que tenga un significado profundo en tu vida?

6. Leer Isaías 43:2-4, que son los versículos para mi vida. Describe el significado de estos versículos.

Capítulo 22: ¿Es papá feliz?

1. Las cartas de Jon son muy especiales para mí y para nuestras hijas. ¿Tiene un artículo o artículos que significan mucho para usted de alguien especial en su vida?
2. ¿Cómo explicaría el amor de Dios a un niño cuando las oraciones no son contestadas?
3. Lea Juan 3:16-17. ¿Por qué este versículo llega a significar mucho más después de que perdemos a alguien? Lea Juan 14:1-6. ¿Cómo son estos versículos reconfortantes?

Capítulo 23: Mi bandera plegada

1. La tradición de darle al miembro de la familia de un militar/mujer una bandera estadounidense doblada en el momento de su muerte significa que esta bandera ya no ondeará. Representa honor, servicio y sacrificio. ¿Cuáles son algunas palabras que describirían lo que significa para mí mi bandera doblada?
2. Cuando la formación del hombre desaparecido voló sobre la iglesia, ¿por qué crees que tuve un colapso total frente a todos? ¿Ha habido alguna vez un momento en el que pensaste que te estabas controlando y luego sucedió algo específico que te hizo perder el control?
3. ¿Cuál fue el significado de la última línea del poema de mi papá sobre Jon? Lea Gálatas 6: 9-10 y Colosenses 3:23. ¿Cómo se correlacionan estos versos con esta última línea del poema?

Capítulo 24: La última carta

1. ¿Por qué la última carta de Jon para mí fue tan reconfortante? Jon siempre me escribía por la noche antes de acostarse. ¿Encuentras el significado de que me escribiera la mañana de su accidente?
2. Si pudieras escribirle una carta a alguien, sabiendo que ese sería el último día de tu vida, ¿a quién le escribirías y qué le dirías? Tómese el tiempo ahora para escribir esa carta y enviársela a esa persona.
3. ¿Por qué fue tan impactante la caja arrugada con las pertenencias del barco de Jon? ¿Alguna vez ha tenido un artículo que le ha traído un recuerdo doloroso? ¿Cómo te impactó y lo sigue haciendo hoy?

Capítulo 25: Restos en mis manos

1. En este capítulo, me enfrenté a la realidad de que Jon no regresaba con el escuadrón cuando vi pasar el paso elevado por el balcón de mi hotel. ¿Hubo alguna vez en que sentiste que Dios te puso en una situación que estabas tratando de evitar, pero te diste cuenta de que era por tu propio bien?
2. ¿Ha habido alguna vez en su vida en la que se engañó pensando que estaba emocionalmente bien cuando no era así? ¿Hubo un momento decisivo cuando te enfrentaste a la realidad?
3. Lea Job 14:1-5 y Salmo 56:8. Estas escrituras describen dolor y desesperación. ¿Qué significan estas escrituras para usted personalmente?

Capítulo 26: ¿Cómo lo superas?

1. ¿Alguna vez has sentido que Dios te estaba "castigando" con heridas o decepciones en tu vida? Explicar.

2. ¿Alguna vez ha tratado con "gente de torta de libra"? ¿Qué estrategias te parecieron más efectivas? ¿Quiénes son los verdaderos blues en tu vida?
3. ¿Qué parte de este capítulo fue más útil? Lea el Salmo 23. Escriba el versículo 4. Mientras lo escribe, piense en el significado que tiene para usted personalmente.

Capítulo 27: De los detonantes, a seguir adelante

1. ¿Cuáles son algunos factores desencadenantes en su vida?
2. ¿Cuáles son algunos rayos de sol que te han ayudado a superar un mal día o una mala temporada en tu vida? Lea Romanos 15:13 y Santiago 1:16-18. Estas escrituras hablan de esperanza y gozo. ¿Encuentras consuelo en estos versículos?
3. Los Wids fueron un gran sistema de apoyo para mí. ¿Ha habido algún momento en su vida en el que haya buscado un grupo de apoyo? Discuta los beneficios o los problemas que encontró.

Capítulo 28: Hola, señor presidente

1. En el libro del Dr. Dobson, When God Doesn't Make Sense, dice: "En tu hora de crisis, no exijas una explicación. No te apoyes en tu capacidad de comprensión. No pierdas tu fe. Pero elige confiar en Él... La única otra alternativa es la desesperación". ¿Qué significa esta afirmación para ti?
2. El Dr. Dobson también afirma: "El dolor y el sufrimiento no causan el mayor daño. La confusión es el factor que destruye la fe de uno". ¿Crees en esta afirmación? ¿Por qué o por qué no? Lee 1 Timoteo 5:5. ¿Qué nos dice este pasaje de las Escrituras acerca de la viuda y cómo se relaciona con mi viaje?
3. ¿Ha habido algún momento en su vida en que alguien se acercó a usted cuando menos lo esperaba y fue un rayo de sol justo

cuando lo necesitaba? ¿Cómo puedes ser un rayo de sol en la vida de alguien hoy? Comprométase a actuar en consecuencia.

Capítulo 29: Globos al cielo

1. ¿Usted o alguien que conoce ha mantenido una tradición para recordar a alguien que ha muerto?
2. El Dr. Reccord me dijo que "recordara mi legado". ¿Que quiso decir con eso? ¿Cuál es su legado y por qué es importante? Lea el Salmo 78:4 y el Salmo 145:4. ¿Qué te dicen estos pasajes de las Escrituras acerca de enseñar a nuestros hijos acerca de Dios?
3. ¿Ha habido algún momento en tu vida en el que clamaste a Dios con desesperación y sentiste que Él no escuchaba tus oraciones? Explicar. Lea el Salmo 18:6. ¿Cómo te asegura este pasaje de las Escrituras que Dios escucha nuestras oraciones?

Capítulo 30: Mi carta del cielo

1. Cuando encontré el globo a mis pies, estaba incrédulo. ¿Ha habido alguna vez en tu vida cuando Dios respondió tus oraciones de una manera inesperada?
2. Mi globo dijo: "¡Eres tan especial!" Tómate un tiempo para meditar en lo especial que eres a los ojos de Dios. Eres su obra maestra.
3. Si pudieras escribir una carta de amor a Dios, ¿qué diría? Tómese el tiempo para escribirle una carta. Se honesto. Después de haberlo escrito, recémoslo en voz alta. Haz de esto una oración diaria durante treinta días.
4. ¿Cómo es la Biblia la carta de Dios a sus hijos?

Capítulo 31: H.O.P.E. (Acrónimo de ESPERANZA en inglés)

1. Aférrate a la verdad: ¿Qué pasos puedes tomar para aferrarte a la verdad?
2. Abre tu corazón a los demás: ¿Cómo puedes acercarte a los demás o permitir que otros te ayuden de alguna manera?
3. Colóquese para la obediencia: ¿Con qué áreas de la obediencia tiene dificultades? ¿Cómo puedes tomar medidas para obedecer lo que Dios te está llamando?
4. Abrace el pasado, enfrente el futuro: ¿Se está aferrando al pasado? ¿Cómo puedes avanzar para enfrentar tu futuro?
5. ¿Cómo te ha ministrado Proveer Promesa? ¿Qué tres aspectos de este libro le resultaron útiles?

Sobre las Autoras

Kris Rystrom Emmert

La galardonada autora y oradora inspiradora Kris Rystrom Emmert impacta a lectores y audiencias con su poderoso mensaje sobre haber soportado una tragedia indescriptible y descubierto una esperanza inquebrantable. Con su contagioso entusiasmo por la vida, entreteje su historia de pérdida en un encuentro que cambia la vida y que inspira a otros a experimentar su propia sanación y descubrir los destinos que Dios les ha dado.

Graduada de Wake Forest Universito y Regent Universito, Kris tiene una maestría en comunicaciones. En sus escritos y en el escenario, combina su amplia educación, experiencia militar, desafíos de la maternidad soltera, talentos como mujer de negocios y años de enseñanza en instituciones de educación superior para llegar a miles con su mensaje motivador. Los temas incluyen esperanza después de la angustia, el amor inagotable de Dios, la belleza interior descubierta, el propósito en un mundo cambiante y la santidad de la vida.

Kris, miembro de Gold Star Wives of America y Advanced Writers and Speakers Association, reside en el este de North Carolina y es esposa de pastor, madre de cuatro hijos, abuela de uno y fundadora de Providing Promese Ministriles, una organización 501(c) 3 ministerio sin fines de lucro.

kris@providingpromise.com www.providingpromise.com.
Twitter: @KristaEmmert
Facebook: Facebook.com/providingpromise
Instagram: @providingpromise

Una parte de las ganancias de Provide Promese se donará al Fondo de becas en memoria de VAW-VRC. Para obtener más información sobre este fondo o para donar, visite www.vvosa.org.

Julie Voudrie

Julie Voudrie es una narradora versátil, capaz de capturar corazones y mentes de forma creativa para comunicar verdades convincentes. Como madre de siete hijos, abuela, educadora en el hogar, ex misionera, oradora pública y empresaria, a Julie le apasiona inspirar a otros a alcanzar su potencial y cumplir el destino que Dios les ha dado. Julie y su esposo viven en las hermosas Montañas Apalaches del noreste de Tennessee.

Referencias

Chapman, Nancy. "Encuentro a través de los anuncios personales." Portfolio. Vol. 5, No. 1. 06 de mayo–12 de mayo de 1995. Impreso.

Departamento de la Marina. "Investigación sobre las circunstancias del avión E-2C BUNO 161549 y su tripulación en el mar Jónico el 26 de marzo de 1993." Investigación JAG, 603

Accidente, BUNO 161549. 19 de abril de 1993. Norfolk, Virginia.

Dobson, Dr. James C. Cuando Dios no tiene sentido. Tyndale, 1993, cap. 1.

Shawshank Redemption. Dir. Frank Darabont. Perf. Tim Robbins, Morgan Freeman. Castle Rock, 2007. Película.

Woolley, John y Gerhard Peters. "Conferencia de prensa del presidente con el cancillerHelmut Kohl de Alemania." The American Presidency Project, 26 de marzo de 1993, presidency.ucsb.edu//ws/index.php?pid=46377.

Woolley, John y Gerhard Peters. "Comentarios a la tripulación del USS Theodore Roosevelt." The American Presidency Project, 12 de marzo de 1993, presidency.ucsb.edu//ws/index.php?pid=46330.

Reconocimientos

Agradezco a mi familia y amigos especiales
que hicieron posible este libro

Nuestras familias

Los Emmert

A mi amado esposo Joe quien es mi ¨pariente redentor¨. Tomaste una viuda y sus pequeñas niñas y nos hiciste tu familia. Siempre me has animado a contar mi historia todos estos años, y las palabras no pueden expresar cuan agradecida estoy. Jon fue el amor de mi juventud, y tú eres el amor de mi vida. 5-11-95.

A mi hija Jordyn por insistirme a que finalmente escribiera este libro. Debo este proyecto a tu persistente pero amoroso empuje. A mi hija Taylor por ayudarme a mantenerme enfocada en la meta – a Dios sea la gloria. A mis otros hijos, Cole y Makenzie, por ser pacientes mientras gastaba horas en soledad escribiendo, y por soportar todo el desempaque de papá Jon esparcido por toda la casa. A mi preciosa Isabella, esta historia está escrita para que siempre puedas conocer a tu otro abuelo.

A mi madre Doris Windham: Papá estaría tan orgulloso.

A mi otra madre Faye Emmert: A Richard le encantaría esta historia.

A mi familia de Nebraska: Barb y Gary Dean, Mike y Matt; Pat y Ken Everingham, Eric, Sara, y Joe; Jim y Laurie Parsley.

Jon estaba orgulloso de ser un Rystrom y el amaba Stromsburg, su pueblo natal.

A mi familia en Boston: Martin y Maria Rystorm, Dan, Adam, y Nick. ¡Jon amaba jugar con ustedes muchachos, en su piscina y alardear con sus flexiones de brazo a brazo!

En memoria de mis padres: Mervin y Josephine Rystorm- Jon los amaba tiernamente.

Los Voudries

A mi amado esposo Jeff quien ha soportado pacientemente la pérdida de uso de su mesa de la piscina por meses, mientras fue utilizada para esparcir el contenido de cajas de material de investigación. Gracias por ser paciente conmigo mientras desaparecía hacia otro mundo y gastaba incontables horas sostenida de mi escritorio día y noche, por creer en mi cuando dude de mi misma, siendo una caja de resonancia objetiva, asistiendo en cualquier manera que podías, y reafirmándome mientras continuaba hacia la meta. Eres el viento en mis velas. Y eres todavía la canción dentro de mí.

A mis hijos: Jonathan, Danielle (y Bryan y Davona), Hannah, Josh, Aaron, Grace y Leah. Gracias por su comprensión mientras mama estaba preocupada durante una temporada y por su ánimo mientras trabajaba lejos.

A mi amiga Kris: tu pequeño brote de una idea pronto se convirtió en un proyecto masivo que trascendió cualquier cosa que hayamos esperado alguna vez. Gracias por confiarme tu preciada historia. Gracias por ser valiente, abriendo tu cofre, y compartiendo tus cicatrices y tesoros con todos nosotros. He ganado una amiga fiel. Este es solo en principio.

A mi Abba: Tu medida de los tiempos es perfecta. Eres el Dios de las puertas abiertas. Tu Gracia es suficiente. Gracias por elegirme para este proyecto. Pero sobre todo por amarme más allá de lo que merezco o comprendo. Que, a través de mi vida, el Cordero reciba el galardón por sus sufrimientos.

Mi familia militar

Sin su ayuda este libro hubiese sido imposible de escribir. Gracias por darnos su pericia en escribir escenas militares y asegurarse que estemos ´´listas para la Armada´´.

Jefe de Campañas Teniente Comandante Dave E. Mullis retirado de la Armada de EEUU, al Mayor Ed Van Haute Cabo retirado de la Armada de EEUU, Capitán Randy ´´Bubba´´Bannisher retirado de la Armada de EEUU, Comandante John ´´waffle´´ Eggert retirado de la Armada de EEUU, Comandante Scott ´´Lenny´´Bruce retirado de la Armada de EEUU, Comandante Mike Purcell retirado de la Armada de los EEUU, Jefe de Campaña Capitán Timothy R. Eichler retirado de la Armada de los EEUU, y Capitán Steve Squires retirado de la Armada de los EEUU.

A Julie le gustaría un especial ´´Bravo Zulu´´ (¡Bien Hecho!) a Dave Mullins quien tan amablemente abrió su hogar y le dio un adoctrinamiento sólido en las cuestiones de la armada, y a Randy Bannister quien con disposición compartió su inmenso conocimiento y experiencia, tomando tiempo para responder pacientemente tantas preguntas de manera detallada sin hacerla sentir desatinada en ninguna manera.

Al Capitán Richard McCormack, comandante oficial, y al Capitán Brent Gaut, Oficial exclusivo, al Marín de EEUU Gerard R. Ford, y a la tripulación de bienvenida de familias y compañeros de escuadrón del Bear Ace 603 a su cubierta por nuestro 25va gira de reunión conmemorativa.

Al Capitán Nicholas Dienna, oficial comandante, y al Capitán Brent Gaut, oficial exclusivo, al Marín de los EEUU Gerald R. Ford, y la tripulación por dar la bienvenida a la familia Rystrom a su cubierta en el 25vo aniversario de la desaparición de Jon. Un especial agradecimiento a usted Teniente en Jefe Laura Stegherr, oficial de asuntos públicos, por hacer nuestra visita calida y memorable.

Al Capellán Teniente Comandante Kimberly Cain por ministrar a nuestras familias en el Servicio Memorial de Davis Adams, en la estación naval Norfolk por el 25vo servicio aniversario conmemorativo. Sus palabras y oraciones inspiradas por Dios levantaron nuestros espíritus, y fuimos todos bendecidos al ser parte de su servicio de adoración. También fue un honor especial al Vice Almirante Herman A. Shelanski, Inspector Naval General, y al Contraalmirante Jesse A. Wilson, Comandante Jr., Fuerza Atlántica de Superficie de la Armada, sean dadas sus palabras de aliento y apoyo a las familias de Bear Ace 603. Estamos eternamente agradecidos.

Al Comandante Christian Goodman, oficial comandante, y al Comandante Gregory Machi, oficial ejecutivo del VAW-124 Bear Aces, y al resto del escuadrón, por hacer muy especial nuestra 25va visita conmemorativa al hangar. Un agradecimiento adicional a usted Teniente Comandante Blake ´´Sharpie´´ Baccigalopi por seguir ´´una segunda milla´´ para hacer nuestra visita memorable. Gracias también Chris "Bolter" Bolt Capitán retirado de la Armada de EEUU y a su preciosa esposa Shelley por organizar nuestro 25va reunión aniversario en Norfolk, Virginia. Gracias también al contraalmirante John Lemmon y su esposa Julie por sus tiernas palabras y cálida bienvenida.

Un agradecimiento a mi Oficial Asistente de Llamadas de Bajas, Rick Vanden Capitán retirado de la Armada de EEUU, quien fue mi acompañante gentil a través de los días más oscuros de mi vida.

Mis Amigos de Apoyo

Al Dr. Bob Reccord, mi pastor, por escribir mi prefacio de buena gana. Usted y su dulce esposa Cheryl han hecho (causado) un impacto en mi vida como ningún otro. Sus palabras que ministran despertaron en mi, por primera vez, fe en Cristo. Gracias por obedecer su llamado personal de ayudar viudas y huérfanos. Siempre lo llamaré ´´mi pastor´´.

A Teresa Stanley mi editora y "hermana". Has querido que escriba este libro por años, y creíste en mi "llamado" antes que todo el resto. Tu mente brillante y atención al detalle me han mantenido fuera del "desorden gramatical". Verdaderamente aprecio tu talento y por sobre todo nuestra amistad.

Christy y Randy Horn, Kim y Rick Peters, Dennise Stanley, Cathy Huntley, y Vicki Hicks por su apoyo y por ser mi segundo par de ojos en la edición final.

Al equipo de marketing Thrive en Morristown, Tennessee: Leigh Sempkowski, Bobbi Odom, y Brittany Cross. Todos captaron mi visión desde el comienzo y me motivaron a estar segura de mi llamado.

Becca Perry. Este sueño se hizo realidad por ti. Nuestro viaje al Cementerio Nacional de Arlington en Abril del 2017 encendió la llama por este libro. Soy bendecida por llamarte mi amiga.

A Premier Designs, Inc. y la familia Horner. Mi compañía de joyas que me dio la oportunidad de contar mi historia a miles de mujeres a través del país. Estoy agradecida que sean una compañía que se levanta sobre principios bíblicos.

Mi fotógrafa, Casey Lauren Townsend. Ashley Lodge, Leah Belcher, Ben Gibson, Scotty Bruce, Craig Moran y Harry Gerwien. Cada uno de ustedes tiene un oficio increíble, y estoy tan agradecida que Dios los trajo a mi vida para capturar las imágenes para ayudarme a contar mi historia.

A mi equipo creativo: Robert y Amber Till, Tyton Rock. ¡Su visión creativa es un regalo de Dios! Gracias por crear mi página web y usar sus talentos artísticos para diseñar la historia de mi vida y que otros experimenten mi historia de manera impresa.

Jamie Lewis. Eres mi amiga a quien quiero como hermana. Estoy orando por puertas que se nos abran mientras cuento mi historia y doy esperanza.

Rebecca Statzer. Continuaremos buscando nuestros "destellos de esperanza" cada día.

Finalmente a mi coautora y amiga, Julie Vouldrie. Poco sabía de lo que Dios iba a hacer cuando El unió nuestras vidas. De buena gana tomaste una visión y la hiciste un sueño hecho realidad. No puedo agradecerte lo suficiente por las horas, semanas, meses y ahora un año que volcaste tu vida a este proyecto. Mi oración es que tú seas recompensada y bendecida más allá de cualquier medida. He encontrado una verdadera hermana en ti, mi amiga. Que descanses en nuestro Proveedor mientras El te bendice con Sus promesas en tu futuro.

A Dios sea la Gloria.